이탈리아
와인 여행

이탈리아 와인 여행

엄정선 · 배두환 지음

꿈의지도

여는 글

잔잔한 음악이 흐르는 제주도의 깊은 밤. 책상 위에는 이탈리아 와인 관련 서적과 자료들이 어지러이 쌓여 있다. 우리 부부는 각자의 노트북을 껴안고 지난 이탈리아 와인 여행을 정리하는 데 여념이 없다.

2014년, 1년간의 세계여행에서 이탈리아는 한 달이 안 되는 짧은 기간을 여행했다. 떠나면서도 못내 아쉬웠고, 한국에 와서도 빠른 시일 내에 다시 가기를 염원했다. 꿈을 현실로 만들기까지 적지 않은 인내심과 노력이 필요했지만, 결국 두 번째 이탈리아 와인 여행을 다녀왔다. 기간은 3개월 남짓. 첫 번째 여행보다 3배의 시간이 주어졌지만, 다녀온 지금, '여전히 짧다'라는 생각이 든다. 그만큼 이탈리아 와인은 방대하다.

우리 부부는 두 번에 걸쳐 이탈리아 15개 주를 여행했다. 마음 같아서는 우리가 경험한 모든 이야기를 독자들에게 전해주고 싶은 마음이 굴뚝 같지만, 과유불급過猶不及. 지나친 것은 미치지 못한 것과 같다는 교훈은 이미 전작인 《프랑스 와인 여행》을 통해서 뼈저리게 배웠다. 그래서 많은 지역을 소개하기보다 와인 여행지로 적합한 곳을 집중적으로 소개하기로 했다. 우리 부부가 이 책에서 소개할 와인 산지는 토스카나Toscana, 피에몬테Piedmont, 베네토Veneto다. 와인 애호가라면 이 세 곳을 꼽은 것에 누구라도 이의를 달지 않을 것이다. 그리고 실제로 여행을 해 본 결과 세 곳이 가장 매력적이었다. 와인으로써도, 관광지로써도.

책의 구성은 《프랑스 와인 여행》과 크게 다르지 않다. 이탈리아로 와인 여행을 떠나고자 하는 이들이라면 반드시 알아두어야 할 기초 상식을 먼저 다루었다. 이탈리아 와인의 역사, 대표 품종 등. 다소 지루한 내용이 될 수도 있지만, 와이너리를 방문하기 전에 읽어둔다면 반드시 도움이 될 것이다. 특별히 이번에는 이탈리아어 발음표와 중요 이탈리아 와인 용어도 첨부했다. 바로 앞에 와인이 있다 한들 읽을 수조차 없다면 무슨 소용일까? 세부 지역별 챕터에서는 해당 지역의 와인 역사, 주요 토착 품종, 주요 등급 와인을 다루었다. 이탈리아는 지방 분권적인 성향이 강한 곳이다. 주마다 역사가 다르고 심지어 언어가 다를 때도 있다. 예를 들어 피에몬테 방언은 다른 이탈리아인들은 이해하기 힘들다. 와인도 마찬가지다. 또한, 지역마다 그 지역을 대표하는 토착 포도 품종이 반드시 존재한다. 그 때문에 기초 상식에서 다루지 못한 중요 포도 품종을 챕터별로 다시 다룰 수밖에 없었다.

와이너리의 경우 초보자도 쉽게 방문할 수 있는 곳을 위주로 소개했다. 다만 그 지역의 와인 역사를 이야기할 때 반드시 다루어야 할 와이너리는 설령 방문이 불가능할지라도 빼놓지 않고 소개했다. 《프랑스 와인 여행》의 서두에서도 밝힌 바 있지만, 이 책에 소개되지 않은 수많은 와이너리들 또한 멋지게 자신의 역사를 써 내려가고 있다는 것을 다시 한번 강조하고 싶다. 우리 부부는 이 책을 통해 가이드라인을 제시할 뿐이다. 이를 바탕으로 독자 여러분들이 자기만의 와인 여행 루트를 짜보기를 추천한다.

두 번째 책이 세상에 나오기까지 도움을 준 분들이 많다. 우선 코로나라는 악조건 속에서도 꾸준히 우리 부부의 가능성에 대해서 믿어준 꿈의지도 김산환 대표님에게 진심으로 감사의 인사를 전한다. 또한, 이탈리아까지 따라와서 우리 부부와 함께 동고동락했던 각자의 어머님, 호연이와 인호, 민관&지영 부부에게도 깊은 감사의 인사를 전하고 싶다. 이 여섯 사람이 없었다면 우리 부부의 이탈리아 여행은 훨씬 무미건조했을 것이다.

인생은 늘 도전하고 배우는 것의 연속이라 생각한다. 그 과정이 실로 고통스럽고 지루할지라도 우리 부부는 한자리에 머물지 않고 끝없이 모험을 떠날 것이다. 그리고 이렇게 하나의 창작물을 세상에 내놓을 수만 있다면 그것만으로도 만족스럽다. 언젠가 개인 블로그에 끄적였던 말을 이곳에도 하고 싶다. 그럼에도 불구하고 한 걸음 나갈 수 있었던 건 오로지 당신 덕분이라고.

2022년 1월 엄정선, 배두환

CONTENTS

006 ··· 여는 글

이탈리아 와인 여행 준비

014 ··· 이탈리아 와인 여행자의 마음가짐
016 ··· 이탈리아 와인의 역사
022 ··· 와인의 천국, 이탈리아의 와인 산지
035 ··· 이탈리아 와인의 품질 시스템
041 ··· 이탈리아의 주요 포도 품종
047 ··· 이탈리아어 발음표
048 ··· 이탈리아 와인 용어
054 ··· 이탈리아 와인 레이블 읽기
056 ··· 이탈리아 와인 여행하기(와인쟁이 부부 따라하기)
064 ··· 이탈리아에서 운전하기
068 ··· 와인 테이스팅 노하우
069 ··· 시간이 빚어낸 예술 작품, 발사믹 식초
074 ··· 치즈의 천국 이탈리아
079 ··· 이탈리아 와인 페스티벌

토스카나

084 ··· 토스카나의 역사
088 ··· 토스카나의 볼거리
093 ··· 아그리투리스모를 이용한 와이너리 투어
095 ··· 토스카나의 미식
099 ··· 토스카나의 와인
104 ··· 슈퍼 투스칸의 탄생
106 ··· 토스카나의 주요 포도 품종
109 ··· 토스카나의 주요 와인 산지

토스카나 추천 와이너리

- 123 ··· 팔라쪼 베끼오 Palazzo Vecchio
- 124 ··· 아비뇨네지 Avignonesi
- 125 ··· 발데띠 Baldetti
- 126 ··· 라 브라체스카 La Braccesca
- 127 ··· 바론 리카솔리 Barone Ricasoli
- 128 ··· 펠시나 Felsina
- 130 ··· 알테시노 Altesino
- 131 ··· 카파르조 Caparzo
- 132 ··· 칸티나 디 몬탈치노 Cantina di Montalcino
- 133 ··· 발 디 수가 Val di Suga
- 134 ··· 콜 도르치아 Col d'Orcia
- 136 ··· 카스텔로 반피 Castello Banfi
- 137 ··· 카스텔로 비끼오마지오 Castello Vicchiomaggio
- 138 ··· 카스텔로 디 베라짜노 Castello di Verrazzano
- 139 ··· 파또리아 몬테끼오 Fattoria Montecchio
- 140 ··· 쿼르치아벨라 Querciabella
- 142 ··· 레 마끼올레 Le Macchiole
- 143 ··· 카스텔로 디 쿼르체토 Castello di Querceto
- 144 ··· 투아 리타 Tua Rita
- 146 ··· 로까 디 프라씨넬로 Rocca di Frassinello
- 148 ··· 오르넬라이아 Ornellaia
- 150 ··· 카스텔로 디 아마 Castello di Ama
- 152 ··· 카르피네토 Carpineto
- 153 ··· 카스텔로 디 알볼라 Castello di Albola
- 154 ··· 카스텔라레 디 카스텔리나 Castellare di Castellina
- 155 ··· 타로사 Talosa
- 156 ··· 니따르디 Nittardi
- 158 ··· 이솔레 에 올레나 Isole e Olena
- 160 ··· 폴리지아노 Poliziano
- 161 ··· 칸티나 가따베끼 Cantina Gattavecchi
- 162 ··· 데 리치 De Ricci
- 164 ··· 콘투치 Contucci
- 165 ··· 프레스코발디 Frescobaldi
- 166 ··· 안티노리 Antinori
- 167 ··· 프린치페 코르시니 Principe Corsini
- 168 ··· 리베르나노 Livernano
- 169 ··· 살케토 Salcheto

CONTENTS

베네토

172 ··· 베네토의 역사
176 ··· 베네토의 볼거리
182 ··· 베네토의 미식
185 ··· 베네토의 와인
188 ··· 베네토의 주요 포도 품종
192 ··· 베네토의 주요 와인 산지

베네토 추천 와이너리

205 ··· 베르타니 Bertani
206 ··· 보스카이니 카를로 Boscaini Carlo
207 ··· 테데스키 Tedeschi
208 ··· 이나마 Inama
209 ··· 쥬세뻬 퀸타렐리 Giuseppe Quintarelli
210 ··· 지니 Gini
212 ··· 달 포르노 로마노 Dal Forno Romano
214 ··· 마시 Masi
216 ··· 제니 Zeni
217 ··· 구에리에리 리자르디 Guerrieri Rizzardi
218 ··· 지메 Zýmē
219 ··· 테누타 산트안토니오 Tenuta Sant'Antonio
220 ··· 산티 Santi
221 ··· 비솔 Bisol
222 ··· 미오네또 Mionetto
223 ··· 라 토르데라 La Tordera
224 ··· 피에로판 Pieropan
225 ··· 칸티나 델 카스텔로 Cantina del Castello
226 ··· 마이넨테 Mainente
227 ··· 테누타 산타 마리아 Tenuta Santa Maria
228 ··· 마리온 Marion
230 ··· 스페리 Speri
231 ··· 알레그리니 Allegrini

피에몬테

- 234 ⋯ 피에몬테의 역사
- 236 ⋯ 피에몬테의 볼거리
- 242 ⋯ 피에몬테의 미식
- 246 ⋯ 가야 와이너리 추천 레스토랑
- 248 ⋯ 피에몬테의 와인
- 251 ⋯ 피에몬테의 주요 포도 품종
- 254 ⋯ 피에몬테의 주요 와인 산지
- 268 ⋯ 세 와인 전문가가 꼽은 바롤로 최고의 포도밭
- 270 ⋯ 전통과 현대의 대립, 바롤로 전쟁

피에몬테 추천 와이너리

- 275 ⋯ 프로두또리 델 바르바레스코 Produttori del Barbaresco
- 276 ⋯ 로께 데이 바르바리 Rocche dei Barbari
- 277 ⋯ 보파 Boffa
- 278 ⋯ 가야 Gaja
- 280 ⋯ 쟈꼬모 콘테르노 Giacomo Conterno
- 281 ⋯ 라 스피네따 La Spinetta
- 282 ⋯ 브루노 지아코사 Bruno Giacosa
- 284 ⋯ 도메니코 클레리코 Domenico Clerico
- 285 ⋯ 간치아 Gancia
- 286 ⋯ 콘트라또 Contratto
- 288 ⋯ 엘리오 알타레 Elio Altare
- 290 ⋯ 비에띠 Vietti
- 291 ⋯ 폰타나프레다 Fontanafredda
- 292 ⋯ 레나토 라띠 Renato Ratti
- 294 ⋯ 마쏠리노 Massolino
- 296 ⋯ 체레또 Ceretto
- 297 ⋯ 보르고뇨 Borgogno
- 298 ⋯ 프루노또 Prunotto

이탈리아
와인 여행 준비

PREVIEW

이탈리아 와인 여행자의 마음가짐

이탈리아에서 와인 여행을 한다는 것. 그것은 이탈리아의 파란만장한 역사, 그리고 그에서 비롯된 다채로운 문화와 미식을 함께 경험한다는 것과 일맥상통한다. 비옥한 땅이었던 이탈리아반도는 이곳을 차지하기 위한 수많은 세력의 각축장이었다. 그들 모두가 뛰어난 포도 재배자였으며 와인 생산자였다. 이탈리아반도를 거쳐 간 이들이 재배했던 다채로운 품종들은 오랜 세월을 거쳐 토착화되었고, 와인의 천국이라 불리는 지금의 이탈리아를 만들어냈다.

이탈리아 와인 여행자가 지녀야 할 가장 중요한 덕목은 이러한 다채로움을 인정하는 것이다. 까베르네 소비뇽, 메를로와 같이 국가 대표 품종을 명확하게 꼽을 수 있었던 프랑스와 달리 이탈리아는 국가를 이루는 20개 주 각자가 고유 품종을 지니고 있다. 또한 몇몇 고유 품종들은 외부에는 잘 알려지지 않은 채 오로지 그 지역에서만 재배하기도 한다. 이 때문에 이탈리아 와인을 이해하려면 반드시 각 지역의 특징과 그곳에서 재배되는 주요 토착 품종들에 대한 이해가 필요하다. 그래서 이탈리아 와인은 어려운 동시에 흥미롭다.

움브리아 아씨시의 목가적인 풍경

이탈리아 와인의 역사

반도로 이루어진 우리나라가 아시아 정세에 중요한 역할을 하는 것과 마찬가지로, 이탈리아반도는 고대부터 지중해를 둘러싼 세력들의 전략적 요충지였다. 셀 수 없이 많은 세력이 반도의 주인을 자처했고 그때마다 독특한 색깔을 지닌 문화들이 자연스럽게 뿌리내릴 수 있었다. 이탈리아 와인의 역사 또한 반도의 역사와 궤를 같이한다. 이곳에서 정치, 문화와 와인은 떼려야 뗄 수 없는 관계이기 때문이다.

이탈리아 와인의 시조는 고대 그리스인과 에트루리아인이다. 물론 이전에도 포도 재배와 이를 통한 와인 생산이 이루어졌다는 고고학적 증거가 있지만, 체계적이라 볼 수 없다. 고대 그리스인들은 자국에서 발전시킨 포도 재배와 와인 양조 기술을 이탈리아반도 곳곳에 식민지를 건설하면서 전파했기 때문에 진정한 와인의 조상이라 일컬을 만하다.

또 다른 민족인 에트루리아인은 로마인보다 앞서 이탈리아반도에 독자적인 문화를 남긴 민족이다. 기원전 8세기경부터 기원전 2세기까지 지금의 토스카나 지방부터 로마에 이르는 지중해 연안 지역, 즉 이탈리아 북부와 중부 대부분을 지배했다. 로마인들은 그들을 투스키Tusci라고 불렀고, 이것이 토스카나의 어원이다. 이들은 포도 재배와 와인 양조에 있어서 꽤 해박한 지식을 지니고 있었던 것으로 추정된다. 특히, 음주가무를 즐기는 향락적인 민족으로 유명했다. 토스카나 지역 곳곳의 무덤에서

1. 고대 그리스에서 발굴된 와인을 담던 토기
2. 고대 에트루리아인의 동굴
3. 움브리아의 와인 박물관에 있는 중세 시대 압착기

발굴된 증거에 의하면, 기원전 7세기부터 3세기까지 에트루리아인들이 만든 와인은 이탈리아 남부나 골족에게 수출될 정도로 퀄리티가 높았다고 전해진다. 또한, 그리스의 유명한 작가들은 그들이 만든 와인의 우수한 품질에 대해서 언급하기도 했다.

후에 고대 로마가 이탈리아반도를 지배하면서 반도에 살고 있던 에트루리아인과 그리스인들을 흡수했고, 자연스럽게 그들의 선진화된 와인 양조 비법을 물려받게 되었다. 지중해의 패자로 등극한 로마인들은 점령지마다 포도를 재배하고 와인을 만들어 마셨다. 이른바 유럽 와인의 근간을 마련한 셈이다.

로마의 정치가 카토Cato는 기원전 200년경 라틴어 최초의 포도 재배 기록이라 할 수 있는 《농업론De Agri Cultura》을 편찬했는데, 여기서 그 당시의 포도재배와 와인생산이 사회에 얼마나 중요한 부분을 차지했는지 확인할 수 있다. 농업론에 따르면 당시 로마인들은 1년에 1억8,000만 리터의 와인을 소비했다고 한다. 이는 로마의 모든 남녀노소가 하루에 0.5리터씩 와인을 마셨다는 의미다.

또한, 고대 그리스인과 로마인은 와인의 다양한 맛을 구분했고 이에 따라 기호가 나뉘었다. 흥미로운 점은 당시 와인에 대해 평가한 학자들이 눈에 띈다는 것이다. 특히, 플리니우스는 고대 로마의 로버트 파커Robert Parker(현대의 유명한 와인 평론가)쯤 되는 전문가였던지, 그 당시 와인에 여러 등급을 매긴 것이 기록으로 남아 있다. 이때의 와인은 정치적, 종교적으로 굉장히 중요한 역할을 담당하고 있었음은 물론, 군인들의 사기 진작을 위한 필수품이었다. 때로는 약용으로도 쓰였다.

로마 제국의 멸망 후 이탈리아반도는 수많은 이민족들에게 유린당했다. 반도는 갈기갈기 찢겼고, 여러 세력에 의해 왕국, 공화국 및 도시국가로 성장하게 된다. 중세를 주름잡던 도시국가나 세력의 면면을 살펴보면 베네치아 공화국, 모데나, 피렌체, 제노바, 피사, 나폴리 왕국, 시칠리아 왕국, 사르데냐 왕국 등이 있다. 이들 모두 막강한 군사력과 자금력으로 중세 유럽에 지대한 영향을 끼쳤다.

중세 이탈리아는 대표적인 역사라는 것이 존재하지 않을 정도로 혼란스러웠기 때문에 이 시기에 와인 산업은 쇠락할 수밖에 없었다. 그런데도 와인이 끊기지 않고 만들어졌던 이유는 크게 두 가지다. 첫째, 당시에는 식수가 깨끗하지 못했다. 이는 사람들이 모여 사는 도시일수록 심했다. 와인은 폴리페놀, 산, 알코올 등 천연 방부제 역할을 하는 성분들 덕분에 오염이 덜 했다. 즉 안전하게 수분을 섭취할 수 있는 중요한 음료였던 셈이다.

둘째, 와인은 신에게 올리는 성찬주의 역할을 했다. 고대의 주된 와인 생산국이었던 로마가 야만족에 의해 멸망하면서 와인 산업은 곤두박질치게 된다. 이때부터 중세 암흑시대가 시작되었고, 와인은 교회나 수도원의 몫으로 돌아갔다. 포도의 재배와 와인의 양조에는 전문성이 필요했고, 이를 제대로 익히고 전수할 수 있는 곳은 자금과 인력을 갖춘 교회만이 가능했다. 와인을 만들 명분

1. 고대 와인을 저장하던 대표적인 용기인 암포라 2. 고대 양조 기술로 와인을 만드는 시칠리아 COS 와이너리 3. 토스카나 프레스코발디 와이너리의 오래된 지하 셀러

1. 중세 와인 양조의 주역이었던 수도승 2. 이탈리아 와인의 르네상스를 이끈 슈퍼 투스칸 와인 3. 캄파니아의 오래된 와인 셀러

은 신에게 올릴 성찬주에 있었지만, 사실 수도사들의 음용은 물론 인근 마을에 와인을 판매하면서 경영에 필요한 자금을 마련하기도 했다. 또한, 포도 재배와 와인 양조는 고된 육체적 노동이 필요했다. 수도사들에게는 더할 나위 없이 좋은 수련의 현장이었다. 당시 수도원의 포도밭은 왕이나 귀족의 기부로 얻어진 것들이 대부분이었기 때문에, 한 번 수도원의 소유로 넘어오면 그 땅은 대대로 이어지면서 포도 재배 및 와인 양조 노하우가 축적될 수 있었다.

중세 시대에 이탈리아반도를 거쳐갔던 다양한 민족들 덕분에 이탈리아반도의 포도 품종은 점차 방대해졌고, 지역마다 특색 있게 발전해나갔다. 이는 통일 이탈리아를 이룬 1861년 이후부터 지금까지 이탈리아 와인이 내세우는 다양성에 기초를 마련해 준 셈이다.

이탈리아는 반도가 통일된 후 안정이 찾아오나 싶었지만, 와인 산업은 두 차례에 걸쳐 심각한 타격을 받게 된다. 하나는 1차, 2차 세계대전, 다른 하나는 필록세라다. 필록세라는 길이가 1mm 정도 되는 진딧물의 일종으로, 포도나무의 뿌리에 기생해서 수액을 빨아먹는다. 필록세라가 포도나무에 기생하게 되면, 뿌리에 혹이 생기고 가지는 말라비틀어지며 잎이 누렇게 변해 떨어지면서 생명을 다한다. 문제는 이 필록세라가 한 번에 수백 개의 알을 낳는다는 것이다. 번식력이 빠르고, 전파 속도가 상당하다. 19세기 중반 유럽 대부분의 포도밭이 이 필록세라 피해를 보았는데, 이탈리아도 예외가 아니었다.

죽어가는 포도밭을 바라만보면서 와인 생산자들은 생업을 등지고 도시로 떠났다. 그러나 와인 생산을 포기했던 것보다 더 심각한 것은 필록세라의 치료법이 발견된 이후 그동안 이탈리아에서 보존되어 왔던 많은 토착 포도 품종들이 멸종 위기에 처한 것이다. 필록세라 이후 포도 재배자들은 생산량이 좋고 대중적으로 인기 있는 품종을 심기 위해 포도밭을 갈아엎었다. 품질은 뒷전이었다. 다양성이 최대 장점이던 이탈리아 와인 산업이 작은 진딧물 하나 때문에 휘청였다.

이탈리아 와인 산업에 불어닥쳤던 재앙은 20세기 중반 즈음에서야 서서히 자취를 감추기 시작했다. 그 긴 와인 역사에서 이탈리아 와인 산업의 새로운 부흥은 불과 100년도 채 되지 않는다. 이탈리아 와인에 대한 희망의 끈을 놓지 않았던 생산자들이 양보다 질에 집중하면서 국제무대에서 빛을 발하기 시작한다. 그 중심에 있던 와인이 슈퍼 투스칸 와인이다. 이와 관련해서는 토스카나 챕터에서 자세히 살펴보도록 한다.

또한 필록세라의 습격으로부터 멸종 위기에 처했던 토착 품종의 부활에 힘쓰는 와이너리들도 늘어났다. 과거로의 회귀! 이탈리아가 다른 와인 생산국보다 앞설 수 있는 포인트가 전통의 보존, 그리고 다양성에 있음을 깨달은 것이다. 최근 와인 소비 트렌드 또한 천편일률적 와인에 대한 소비보다는 흥미로운 포도 품종으로 만든 개성 있는 와인으로 움직이고 있다. 이런 트렌드에 힘입어 파도 파도 끝이 없는 다채로운 이탈리아의 포도 품종과 와인 스타일이 새롭게 주목을 받고 있다.

1. 롬바르디아 니노 네그리 와이너리에 전시된 오래된 포도 압착기 **2.** 와인의 신 디오니소스를 묘사한 작품 **3.** 순례자들이 목을 축일 수 있는 아브루쪼의 와인 분수

와인의 천국, 이탈리아의 와인 산지

이탈리아반도 곳곳을 식민지로 삼았던 고대 그리스인들은 이탈리아를 와인의 땅이라는 뜻의 오에노트리아Oenotria라고 불렀다. 먼 과거에 이미 이 땅에서 포도 재배와 와인 양조가 성행했다는 의미다. 이탈리아인들이 자국의 와인을 우월하게 생각하는 가장 큰 이유도 이와 같은 유구한 역사에서 비롯된다. 고대 로마가 유럽 와인의 근간을 만든 것이 사실이기 때문에 충분히 자긍심을 가질만하다.

피에몬테의 와인 산지를 설명해주는 마쏠리노 와이너리 관계자

이탈리아 와인 여행 준비편

이탈리아 와인은 재배 지역, 기후, 생산자, 품종에 따라 저마다 개성이 뚜렷하고 다채롭다

미국의 유명한 와인 작가인 캐런 맥닐Karen MacNeil의 저서《The Wine Bible》에서는 이탈리아인들의 와인 사랑에 대해서 다음과 같이 묘사하고 있다.
"누군가 와인을 많이 마셔서 숙취로 고생하고 있다면 이탈리아인은 그 사람이 와인을 너무 많이 마셨다고 말하는 것이 아니라 음식을 충분히 먹지 않았다고 말한다."
이처럼 이탈리아인들에게 와인이란 술이 아닌, 매일 식탁에 올리는 음식이라는 인식이 강하다. 중세 이후 이탈리아에서 와인은 성찬식을 위한 필수품에서 부유한 특권층을 위한 산물, 종래에는 에너지를 제공하는 하나의 식품으로서 대중에 널리 자리 잡았다.
왜 이탈리아에 포도 재배가 성행했을까? 그것은 이탈리아가 따뜻하고 온난한 지중해성 기후를 보이기 때문이다. 겨울은 다소 따뜻하고 비가 내리며, 여름은 덥고 건조한 기후. 바로 포도가 자라기에 이상적인 환경이

아브루쪼에서 찍은 포도나무와 올리브나무

다. 이 안에서 다채로운 품종들이 한데 엉켜서 존재하는 것은 수많은 세력이 이탈리아반도를 거쳐갔던 역사적 사실에도 기인하지만, 이탈리아의 긴 국토가 지닌 다채로운 지형적 특성도 한몫했다.

이탈리아는 장화처럼 좁고 긴 지형적 특성을 보이고 있다. 또한 우리나라처럼 삼면이 바다로 둘러싸여 있고, 두 개의 거대한 섬이 존재한다. 내륙에는 험준한 산맥, 넓은 평야, 호수와 강, 때때로 빙하까지, 다채로운 지형적 환경들이 빼곡하게 들어서 있다. 최북단의 알프스에서 반도 남단으로 옮겨갈수록 달라지는 다양한 기후 특성을 자랑하는 이탈리아는 다채로운 포도 품종의 경작에 이상적인 환경을 지니고 있다. 가히 포도 재배의 천국이라 할만하다.

이탈리아는 20개 주로 이루어져 있다. 이 20개 주 모두 와인을 생산하며, 재배하는 포도 품종, 와인의 스타일이 모두 다르다.

아브루쪼 Abruzzo

아브루쪼는 내륙의 1/3이 국립공원과 자연보호 지역으로 지정되어 있다. 별칭도 '유럽에서 가장 깨끗한 지역'이다. 와인 산지는 대부분 해안가를 따라 조성이 되어 있으며, 마르케와 마찬가지로 레드에는 몬테풀치아노, 화이트에는 트레비아노가 유명하다. 아드리아해를 조망할 수 있는 숙소를 잡고 미식과 와인을 즐기기 좋다.

발레 다오스타 Valle d'Aosta

몽블랑을 벽 삼아 스위스, 프랑스와 국경을 접하고 있는 곳으로 대부분이 산악지대다. 인구밀도가 낮고, 와인 생산량 또한 20개 주 중 가장 낮다. 주로 재배하는 포도 품종은 프티 루즈, 비엉 드 뉘, 네이레와 같은 생소한 것 투성이다. 발레 다오스타 와인의 심각한 애호가가 아닌 이상 추천하지 않는 여행지다.

아브루쪼의 비나르테 와이너리에서의 와인 시음

가파른 산기슭에 위치한 발레 다오스타의 포도밭

트렌티노 알토 아디제
Trentino-Alto Adige

1차 세계대전 이전까지 오스트리아-헝가리 제국에 속해 있었기 때문에 문화적으로나 와인으로나 오스트리아의 영향을 많이 받았다. 알토 아디제를 현지인들은 Südtyrol(South Tyrol)이라고 부르는데, 본래 Tyrol은 오스트리아의 주 이름이다. 북으로 올라가면 이탈리아어보다 독일어를 더 많이 쓴다. 와인 산지는 크게 트렌티노와 알토 아디제로 구분된다. 남쪽의 트렌티노가 다소 평야가 많다면 알토 아디제는 장엄한 돌로미티산맥 기슭에 포도밭이 자리 잡고 있다. 화이트 와인이 강세이며, 특히 게뷔르츠트라미너가 일품이다.

장엄한 돌로미티산맥과 마을, 그리고 포도밭이 공존하는 트렌티노 알토 아디제

시칠리아 Sicilia

제주도 14배 크기의 지중해 최대의 섬. 지중해 중앙에 자리 잡고 있어서 예로부터 지중해를 둘러싼 각 세력의 전략적 요충지였다. 덕분에 수많은 세력에 의해 지배되면서 다양한 문화가 혼합된 아주 독특한 곳이다. 와인도 마찬가지. 둘째가라면 서러울 정도로 많은 수의 토착 품종을 보유하고 있으며, 그 때문에 와인의 스타일도 다채롭다. 특히 에트나 화산토에서 탄생하는 와인들과 섬의 서쪽 끝 마르살라 항구의 포티파이드 와인, 판텔레리아섬의 스위트 와인은 시칠리아를 갔다면 반드시 마셔봐야 할 명주다.

1. 연기를 내뿜고 있는 에트나 화산과 포도밭
2. 시칠리아 베난티 와이너리의 포도밭

베네토 Veneto

이탈리아 최대, 최고의 와인 산지. 베네토의 주도 베네치아에서는 과거 중세 시대를 풍미했던 베네치아 공화국의 찬란했던 문화유산을 확인할 수 있다. 또한 로미오와 줄리엣의 고향 베로나에서는 연인끼리 달콤한 추억을 남길 수 있다. 와인으로는 이탈리아 3대 명품 와인으로 꼽히는 아마로네, 베네토 레드 와인의 대명사 발폴리첼라, 이탈리아 화이트 와인의 대명사 소아베, 밸류 스파클링 와인의 정석 프로세꼬까지, 와인 여행자들의 오감을 만족시켜줄 수 있는 다채로운 와인들이 도처에 널려 있다.

1. 베네토의 전설적인 와이너리 쥬세뻬 퀀타렐리에서의 와인 시음
2. 이탈리아 최대의 와인 생산지 베네토의 포도밭

피에몬테 Piedmont

두말할 필요 없는 이탈리아 최고의 와인 산지다. 주도는 토리노이지만, 많은 와인 애호가들은 화이트 트러플로 유명한 알바에 머물면서 최고급 와인과 미식을 즐긴다. 이탈리아 3대 명품 와인으로 일컬어지는 바롤로, 이에 견주는 프리미엄 와인 바르바레스코, 자글자글한 기포와 달콤한 맛이 사랑스러운 모스카토 다스티 등 매력적인 와인으로 가득하다. 피에몬테는 우리가 기대하는 와인 여행의 모든 것을 갖춘 곳이다.

에밀리아 로마냐 Emilia-Romagna

와인보다는 미식에 초점이 맞춰진 곳. 파마산 치즈의 원조인 파르미지아노 레지아노, 세계 최고급으로 치는 모데나 발사믹 식초, 이탈리아 최고의 품질을 자랑하는 생햄 파르마산 프로슈토, 파스타 소스인 라구 볼로네제. 이 모든 것들이 에밀리아 로마냐가 원조다. 화려한 미식에 걸맞게 몇몇 와인도 특별하다. 이탈리아 최초로 DOCG를 획득한 알바나 디 로마냐나 레드 스파클링 와인 람브루스코는 한 번쯤 경험해볼 만하다.

1. 높고 낮은 언덕에 아름답게 자리 잡은 피에몬테의 포도밭
2. 자욱한 안개가 뒤덮은 피에몬테

1. 세계가 인정한 이탈리아의 전통 발사믹 식초
2. 광활한 람브루스코 포도밭

움브리아 Umbria

토스카나에 가려 제대로 빛을 보지 못하고 있는 듯하지만, 토스카나만큼 내실 있는 관광지다. 삼면이 바다로 둘러싸인 이탈리아에서 몇 안 되는 내륙 지방으로, 과거에는 로마 교황령에 속해 있었다. 때문에 아씨시, 오르비에토와 같은 종교적 색깔이 짙은 관광 명소가 관광객들을 유혹한다. 와인으로는 몬테팔코 지역에서 재배한 사그란티노 레드 와인을 반드시 맛봐야 한다. 화이트는 오르비에토에서 나는 트레비아노가 유명하다.

캄파니아 Campania

나폴리, 폼페이 유적, 아말피 해변, 카프리섬 등 이름만 들어도 황홀한 유명 관광지가 한데 몰려 있다. 또한 캄파니아는 이탈리아 남부 최고의 레드 와인을 생산하는 곳이다. 주인공은 바로 타우라지. 알리아니코라는 레드 품종으로 만든 이 장기 숙성 와인은 남부의 바롤로라는 별칭을 지니고 있을 정도로 뛰어난 품질을 자랑한다. 화이트 와인은 그레코 디 투포, 피아노 디 아벨리노를 추천한다.

1. 움브리아의 친환경 와이너리 디 필리포
2. 성스러운 도시 아씨시

1. 캄파니아의 유명 와이너리 안토넬리의 지하 셀러
2. 베수비오산을 등진 광활한 캄파니아의 포도밭

몰리제 Molise

과거 아브루쪼주에 속해 있었으나 1963년 떨어져 나왔다. 발레 다오스타와 더불어 포도밭 면적에서나 와인 생산량에서나 하위권에 머무르고 있다. 하지만 몰리제에서 주로 재배되는 두 포도 품종이 이 지역의 와인을 특별하게 만들어 준다. 레드 품종의 틴틸리아, 화이트 품종의 팔랑기나가 주인공이다. 이곳 와인 생산자들은 이 두 품종을 위해 평생을 헌신한다. 다채로움을 탐구하는 와인 애호가들에게 추천하는 와인 산지다.

1. 숨겨진 보석 같은 와인 산지 몰리제
2. 몰리제의 대표 와이너리 테레 사크레

마르케 Marche

에메랄드빛 바다가 펼쳐진 아드리아해와 신록이 가득한 구릉, 그리고 해발 2,000m가 넘는 시빌리니산맥이 유명한 자연친화적인 곳이다. 국내에는 잘 알려지지 않았지만 유럽인들에게는 오래전부터 유명한 관광지였다. 와인도 굉장히 훌륭하다. 트레비아노로 만들어지는 감각적인 화이트 와인은 지중해가 조망되는 해변에 앉아 홀짝이기 좋다. 또한 몬테풀치아노로 만드는 몇몇 레드 와인은 세계 명품 와인의 대열에 합류할 정도로 높은 품질을 자랑한다.

1. 몬테풀치아노 포도밭
2. 마르케의 최정상급 와이너리 오아시 델리 안젤리에서의 와인 시음

토스카나 Toscana

영화 〈냉정과 열정 사이〉의 배경이 됐던 피렌체를 주도로 두고 있는 이탈리아 와인 성지다. 매년 셀 수 없는 관광객들이 미식, 관광, 와인, 세 마리 토끼를 한 번에 잡기 위해 토스카나를 찾는다. 와인으로는 단연 키안티를 맛봐야 하고, 고급 와인인 브루넬로 디 몬탈치노나 비노 노빌레 디 몬테풀치아노도 지갑 사정이 허락한다면 꼭 한 번은 마셔보자. 이탈리아 와인에 새로운 기운을 불어넣었던 슈퍼 투스칸의 본거지 볼게리도 와인 애호가들에게는 필수 코스다.

1. 토스카나에 펼쳐진 광활한 포도밭
2. 카스텔로 반피의 테이스팅 룸

리구리아 Liguria

리구리아라는 이름보다 5개의 해안 절벽 마을이 모여 있는 세계적인 관광지 친퀘 테레가 더 익숙한 곳이다. 아펜니노산맥과 알프스산맥이 이어지는 산악 구간이 지역 대부분을 차지한다. 그 때문에 포도밭들도 가파른 해안 절벽에 아슬아슬하게 자리 잡고 있는 것이 특징이다. 알바롤라와 베르멘티노로 만든 화이트 와인이 유명하지만, 국내에서는 찾아보기 힘들다. 친퀘 테레 트레킹을 즐기고, 지역의 미식과 유니크한 와인을 즐기는 곳으로 추천한다.

1. 아찔한 해안 포도밭에서 일하는 농부
2. 포도밭이 비에 쓸려가지 않게 힘겹게 쌓은 돌담

롬바르디아 Lombardia

패션과 금융의 도시, 밀라노를 주도로 두고 있는 곳. 롬바르디아에서는 세 가지 와인을 꼭 맛봐야 한다. 첫째, 이탈리아에서 가장 퀄리티 좋은 스파클링 와인으로 명성이 자자한 프란챠코르타, 둘째, 현지에서 키아벤나스카라 불리는 네비올로로 만드는 레드 와인 발텔리나, 셋째, 롬바르디아가 자랑하는 스위트 와인 모스카토 디 스칸초가 그것이다. 밀라노로 쇼핑 하러 간다면 하루나 이틀 정도 이를 생산하는 와이너리에 투자해도 전혀 아깝지 않을 만큼 훌륭한 품질을 자랑한다.

프리울리 베네치아 줄리아
Friuli-Venezia Giulia

진정한 이탈리아 와인 애호가들의 워너비. 지역의 유명 포도 품종인 리볼라 쟐라와 말바지아, 토카이 프리울라노가 모두 화이트 품종인 것에서 짐작하듯이 레드보다는 화이트 와인이 퀄리티가 좋고 유명하다. 이 지역에서 생산되는 독특한 향과 맛의 오렌지 와인(대표적으로 그라브너)은 세계 와인 애호가들의 시선을 이 한적한 시골 마을로 돌려놓은 명품 와인이다. 슬로베니아와 국경을 마주하고 있기 때문에 두 국가를 동시에 여행하는 재미도 있다.

1. 발텔리나 지역의 가파른 포도밭
2. 제주도가 연상되는 포도밭의 돌담

1. 슬로베니아를 지척에 두고 펼쳐진 포도밭
2. 오렌지 와인의 거장 라디콘에서의 와인 시음

라치오 Lazio

이탈리아 수도 로마 때문에 1년 365일 북적대는 곳. 다만 이 지역 와인은 별로 유명하지 않다. 와인 애호가들에게 그나마 알려진 와인이 '에스트! 에스트!! 에스트!!!' 정도. 괴상한 이름이지만 실제로 존재하는 와인이다. 트레비아노와 말바지아를 많이 재배하기 때문에 화이트 와인이 우세하다. 로마로 관광을 가게 된다면 한번쯤 맛보는 것으로 족하다.

바실리카타 Basilicata

장화의 발등에 해당하는 곳. 유명 관광지로는 유네스코 세계문화유산에 빛나는 마테라가 있다. 국내에는 거의 알려진 바 없지만, 바실리카타에 가면 꼭 마셔봐야 할 와인이 있다. 바로 알리아니코 델 불투레. 불투레산 근방의 화산토에서 자란 알리아니코로 만든 레드 와인이다. 남부의 바롤로라 여겨지는 캄파니아의 명주 타우라지와 품질을 견준다.

사르데냐 Sardegna

이탈리아 땅이지만 사르데냐어가 따로 존재할 정도로 독립적이다. 과거 스페인의 지배를 받았기 때문에 스페인 포도 품종도 찾아볼 수 있고, 후에 변형돼서 토착화된 특이한 품종들도 많다. 사르데냐에서만 재배되는 품종으로 지로, 나스코, 누라구스 등이 있으며, 이와 같은 특별한 품종 와인을 마시기 위해 많은 와인 애호가들이 사르데냐로 여행을 간다. 아름다운 경치는 덤이다.

풀리아 Puglia

장화처럼 생긴 이탈리아반도의 뒷굽에 해당하는 주. 포도밭이 주 전체에 넓게 분포하고 있으며, 베네토 다음으로 많은 와인을 생산하고 있다. 다만 대부분의 와인이 대량 생산용 벌크라는 게 함정. 포도 재배 여건이 좋다 보니 질보다 양에 충실하면서 과거부터 다른 지역 와인의 블렌딩용으로 사용되거나 혹은 리큐르를 만드는 용도로 쓰였다. 위치상 여행하기 쉽지 않은 곳이지만, 만약 간다면 이 지역에서 만드는 프리미티보 와인을 마셔보길 권한다.

칼라브리아 Calabria

자동차를 끌고 시칠리아를 간다면 반드시 칼라브리아를 거쳐야 한다. 관광지로나 와인으로나 다른 지역에 비해서 매력적이지 않다. 만약 이곳을 여행하게 된다면 지역의 특산 와인 치로는 맛볼 가치가 있다. 치로는 문헌상으로 세계에서 가장 오래된 와인 중 하나다. 고대 그리스에서 이 와인을 성찬주나 올림픽에 참가하는 선수들을 위한 상품으로 썼다는 기록이 남아 있다. 현재까지도 전통 방식을 살려서 와인을 만들고 있다.

왜 토스카나, 베네토, 피에몬테일까?

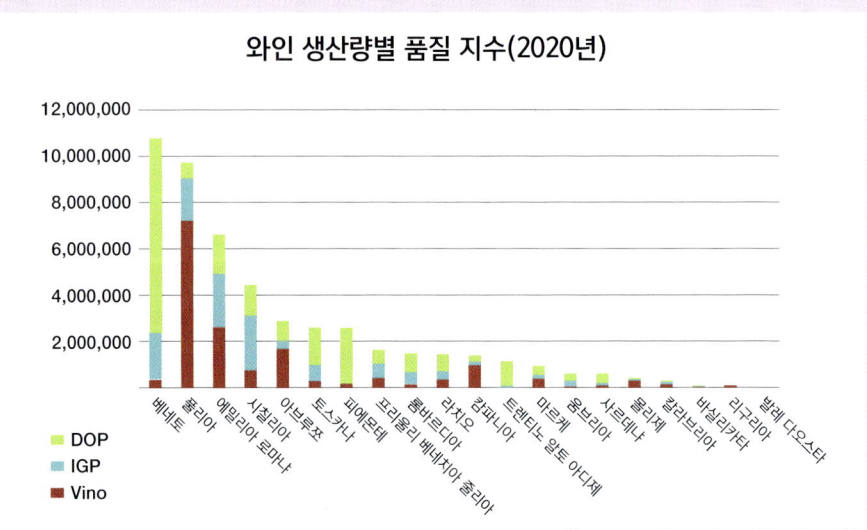

이탈리아 20개 주를 비교해서 서열을 매기는 것은 어불성설이다. 각 주는 저마다의 개성을 지니고 있고 충분히 여행할 만한 가치가 있다. 다만 여행자의 시간과 돈은 늘 한정되어 있다. 그래서 선택과 집중을 할 수밖에 없다. 이탈리아 와인 여행지로 토스카나와 베네토, 피에몬테 세 주를 추천하는 데는 몇 가지 이유가 있다. 우선 위 그래프를 살펴보자.

그래프에서 20개 주의 와인 생산량을 한눈에 살펴볼 수 있다. 특히 초록색 부분인 DOP 와인 생산량을 눈여겨보자. DOP는 이탈리아 와인 등급 중 최상위인 DOC와 DOCG를 합친 것을 의미한다. 즉 이탈리아 정부가 인증하는 품질 와인의 집합인 셈이다. 이 DOP 생산량 비율이 IGP나 VINO보다 월등히 높은 곳이 고급 와인을 많이 생산하는 곳이다.

예를 들어 두 번째로 랭크된 풀리아의 경우 생산량은 많지만, DOP의 비율은 낮은 편이다. 품질보다 양에 치우친 대량 생산 와인들이 많다는 의미다. 세 번째, 네 번째, 다섯 번째도 비슷한 양상을 보이지만, 토스카나와 피에몬테는 다른 것을 확인할 수 있다. 결국 1순위 베네토와 더불어 토스카나와 피에몬테가 이탈리아 품질 와인을 대표하는 곳이라고 해도 무방하다.

특히, 베네토의 경우 전체 생산량과 DOP 생산량 모두에서 다른 지역을 압도하기 때문에 이탈리와 와인 여행의 필수 코스로 꼽을 수 있다. 그 다음으로 꼽을 수 있는 곳이 피에몬테다. 이곳은 전체 생산량과 DOP 생산량이 거의 맞먹는다. 그만큼 주 전체에서 퀄리티 와인이 다수 생산된다는 뜻이다. 이곳에서 생산되는 바롤로 와인은 이탈리아 최고의 명품 와인으로 꼽힌다. 다음은 토스카나다. 전설적인 키안티 와인의 본산지이자, 또 다른 이탈리아의 명품 와인 브루넬로 디 몬탈치노의 탄생지다. 또한, 토스카나의 볼게리 지역에서 탄생한 슈퍼 투스칸 와인도 세계의 주목을 받으면서 핫한 와인 여행지로 떠올랐다.

이 세 개 주를 와인 여행지로 더욱 추천하는 이유는 또 있다. 와이너리마다 방문자를 위한 투어 상품이 잘 구비되어 있기 때문이다. 특히, 토스카나의 많은 와이너리들은 아그리투리스모를 운영한다. 아그리투리스모는 이탈리아 전통 가옥에 머물면서 와인과 음식을 즐길 수 있는 민박 시스템이다. 자연스럽게 이탈리아 현지인들의 삶을 엿보면서 그들의 전통 음식과 와인을 즐길 수 있기 때문에 많은 와인 여행자들이 애용하고 있다.

이탈리아 와인의 품질 시스템

많은 사람이 이탈리아 와인에서 혼란스러워하는 것 중 하나가 와인 이름이다. 우리가 마트나 와인 샵에서 보는 신대륙(미국, 칠레, 호주 등) 와인의 이름은 와이너리 명이 그대로 와인 이름이 되거나 와이너리에서 정한 명칭을 따르기 마련이다. 하지만 이탈리아 와인의 경우 정의 내리기 힘들 만큼 다채로운 방식으로 와인 이름을 정하고 있다.

예를 들면 바르베라 와인은 Barbera라는 이탈리아 레드 품종으로 만든 와인을 의미한다. 이탈리아 와인의 최고봉이라 할 수 있는 바롤로 와인은 이 와인을 생산하는 마을이나 정부에서 지정한 와인 생산 구역에서 생산된 와인을 말한다. 아마로네Amarone 와인은 이 와인을 만드는 독특한 맛(Amaro는 이탈리아어로 쓴맛을 의미한다)에서 비롯된 이름이다.

1. 이탈리아 와인의 병목을 장식한 씰에서 와인 등급을 확인할 수 있다
2. 와인 등급은 와인의 퀄리티를 짐작하게 하는 중요한 지표다 3. 짧은 시간 안에 품질 변화를 이룬 이탈리아 와인

이탈리아 와인 여행 준비편

간혹 품종명과 지역명을 섞어서 부르기도 한다. 대표적인 예가 몬테풀치아노 다브루쪼다. 이 와인은 아브루쪼 Abruzzo 지역에서 재배한 몬테풀치아노 Montepulciano 품종으로 만든 레드 와인을 의미한다. 이와 비슷한 형식의 베르나챠 디 산 지미냐노 Vernaccia di San Gimignano라는 화이트 와인은 마치 품종명과 지역명이 합쳐진 것처럼 보이지만, 본래 이 자체로 품종명으로 쓰인다.

이외에도 독특한 방식으로 만든 와인에는 특별한 이름이 붙기도 한다. 대표적인 것이 빈 산토 Vin Santo다. 성스러운 와인이라는 뜻의 빈 산토는 수확한 포도를 말린 뒤 긴 시간 천천히 발효시켜 만든 토스카나의 전통적인 스위트 와인을 지칭한다. 재미있는 사실은 이렇게 포도를 말려서 만든 스위트 와인 스타일을 지역마다 다르게 부르기도 한다는 것이다.

이처럼 복잡한 이탈리아 와인을 이해하는데 필수적인 스텝이 이탈리아 와인 품질 시스템을 이해하는 것이다. 현재 이탈리아 와인은 4가지 카테고리로 나뉘어진다.

최상위 등급인 DOCG는 Denominazione di Origine Controllata e Garantita의 약자로, 해석하면 원산지 통제 보증 명칭이라는 의미다. 즉 포도가 재배된 원산지의 경계를 정부가 지정하고 이곳에서 재배된 포도의 품질을 보증하고 있다. 예를 들어 피에몬테의 유명 와인 Barolo DOCG의 경우 이 DOCG 명칭을 붙일 수 있는 구역 내에서 재배된 포도로 와인을 만들어야 레이블에 Barolo를 붙일 수 있다. 쉽게 이야기해서 바롤로 DOCG는 와인 이름이 될 수도 있고, 이 와인을 만든 구역의 이름이 될 수도 있다.

DOC는 DOCG에서 G를 빼서 원산지 통제 명칭이라는

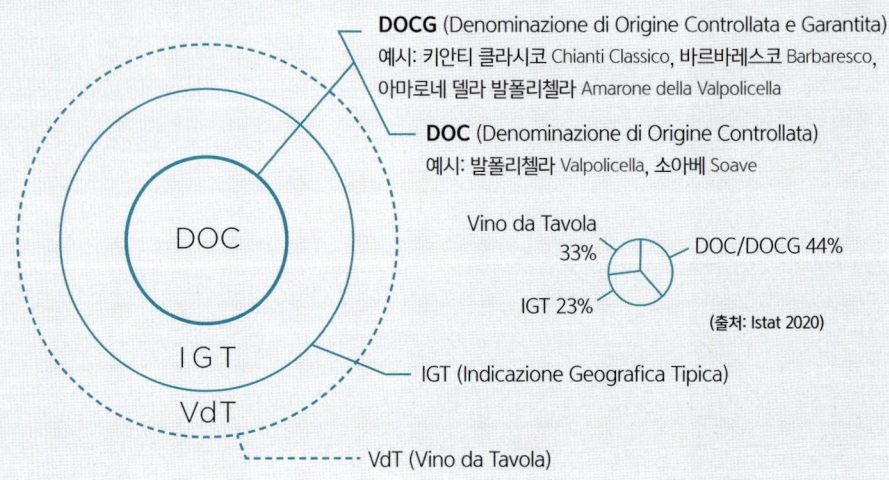

의미가 있다. DOCG보다 생산 규정 및 제한이 약간 느슨한 편이다. IGT는 Indicazione Geografica Tipica의 약자로 전형적 지형 표시라는 뜻이다. 마지막 VdT는 Vino da Tavola의 약자로 테이블 와인이라는 의미를 지니고 있다. 이 중 DOCG, DOC, IGT는 한국에서도 흔히 찾아볼 수 있는 등급이다.

프랑스와 마찬가지로 이탈리아 또한 포도 재배 및 와인 생산에 관해서 실로 까다로운 법률들이 제정되어 있다. 피라미드의 아래에서 위로 올라갈수록 이런 제한이 더 많아진다. 그 제한을 아주 간단히 살펴보면, 포도 생산지의 범위에 대한 규정, 허용된 포도 품종의 사용 비율, 면적당 최대 생산량 제한, 수확 시 잠재적 알코올 도수의 최저 제한, 포도 재배 방식(가지치기, 관개 등)에 대한 제한, 알코올 증가 방법에 대한 제한 등이다. 또한 DOCG와 DOC는 판매 전 반드시 해당 지역의 농업상공회의소 시음 위원회 테스트를 통과해야만 한다. 물론 DOCG는 시음 평가가 더 까다롭다.

이탈리아 와인 여행 준비편

키안티 클라시코 와인은 병 목에 검은 수탉 씰을 확인할 수 있다

가장 아래 등급인 VdT는 익명의, 즉 포도의 원산지와 상관없이 어느 포도든 사용할 수 있으며, 와인 색깔 또는 가상의 와인 이름을 와인 레이블에 표시할 수 있다. IGT 와인에는 사용된 품종의 원산지와 수확 연도를 레이블에 표시해야 한다. 소비자들은 와인의 레이블이나 정부에서 인증한 씰을 와인 병에서 확인하는 것으로 해당 와인이 어떤 등급을 받았는지 알 수 있다.

흥미로운 사실은 프랑스 와인의 경우 이탈리아의 DOCG나 DOC에 해당하는 AOC 와인에 대한 품질 신뢰가 크지만, 이탈리아는 DOC나 DOCG가 IGT 와인보다 반드시 우수한 품질을 지녔다고 확신할 수 없다는 것이다. 물론 프랑스의 경우도 AOC 와인의 품질에 버금가는 혹은 능가하는 하위 등급의 와인들이 많이 있지만, 그 비율이 이탈리아보다 낮다. 이유가 무엇일까?

과거 1963년 DOC 법규가 최초로 제정되었을 때 혁신적이고 창의적인 와인 생산자들은 불만을 터뜨릴 수밖에 없었다. 정부가 정한 DOC 법에 따르려면 엄격히 지정된 룰에 따라 전통적인 방식으로만 와인을 만들어야 했기 때문이다. 하지만 선구자적인 와인 생산자들은 1970년대부터 프랑스나 신대륙을 오가며 적극적으로 외래 품종을 도입하고 탈 전통적인 방식으로 와인을 만드는 시도를 했다. 그들은 정부가 시키는 대로 와인을 만들 수만은 없었다.

격동의 시대에 이탈리아 와인 역사에 한 획을 그은 인물이 등장하는데, 바로 피에로 안티노리다. 그가 탄생시킨 티냐넬로는 국제무대에서 세계 최고의 와인으로 꼽히는 쾌거를 이루면서 세계의 명품 와인 대열에 합류했다. 다만 티냐넬로는 프랑스가 원산지인 품종을 사용해서 만들었기 때문에 정부가 지정한 DOC 법을 통과할 수 없었다. 결국, 명성이나 품질의 여부를 막론하고 가장 낮은 등급인 VdT로 유통이 됐다.

한편 1980년대에는 세계 무대에서 활약하는 고품질의 이탈리아 와인들이 늘어남에 따라 정부에서 DOCG 등급을 새롭게 제정했다. 문제는 이렇게 지정된 DOCG 중에 이탈리아 최고라는 품질에 걸맞지 않은 와인들도 속해 있다는 것이다. 이에 따라 점차 많은 생산자가 등급에 연연하지 않고 각자의 스타일과 철학대로 와인을 만들기 시작했다.

이에 정부는 또다시 1992년 IGT라는 새로운 등급을 제정한다. 이에 해당하는 지역은 우수하고 뛰어난 와인을 만드는 지역들이지만 DOC, DOCG로 지명된 적이 없는, 이른바 소외된 곳들이다. 프랑스로 따지면 IGP(과거의 Vin de Pays)라고 할 수 있다. 등급으로 따지면 DOCG보다 낮지만 실제로 IGT 등급을 달고 와인 시장에 출사표를 던진 와인 중 굉장히 뛰어난 품질을 지닌 와인들을 쉽게 찾아볼 수 있다. 이는 현재진행형이다.

결론은 이탈리아 와인에 있어서 DOCG, DOC가 품질을 보증하기는 하지만, 반드시 IGT 등급의 와인보다 더 나은 맛을 보여준다고 확신할 수 없다. 따라서 등급에 연연해할 필요가 없다. 그저 자신의 입맛에 맞는 와인을 찾는 것이 제일 중요하다.

이탈리아의 주요 포도 품종

이탈리아 와인의 다채로움은 재배되는 품종의 개수로 증명이 된다. 이탈리아 통계청(Istat)의 2016년 조사에 따르면 이탈리아에는 대략 510종의 양조용 포도 품종이 재배되고 있다고 한다. 실로 어마어마한 숫자다. 향과 맛이 천편일률적인 대량생산 와인보다, 소량이지만 개성 있는 와인들이 점차 인기를 더해가는 최근 트렌드를 생각해보면 이탈리아 와인의 미래는 밝다고 할 수 있다.

하지만 까베르네 소비뇽Cabernet Sauvignon조차도 발음하기 어려운 와인 초보자들에게 이탈리아 포도 품종은 생소할 수밖에 없다. 더군다나 이탈리아 20개주 각자가 대표 품종을 내세우고 있기 때문에 개수도 만만치 않다. 때문에 뒤에 소개할 토스카나, 베네토, 피에몬테의 토착 품종은 각 챕터에서 다루기로 하고, 이곳에서는 이탈리아 전체에서 가장 많이 재배되는 TOP 10 품종만 살펴보도록 한다.

순위	포도 품종	재배면적(에이커)	2000년 대비 증감 추이
	이탈리아에서 가장 많이 재배되는 포도 품종(2015년 기준)		
1	산지오베제 Sangiovese	136,096	-21%
2	피노 그리지오 Pinot Grigio	104,149	+532%
3	트레비아노 Trebbiano	90,885	-53%
4	글레라 Glera	79,965	+298%
5	몬테풀치아노 Montepulciano	75,693	+3%
6	카타라또 Catarratto	73,050	-42%
7	메를로 Merlot	67,878	+7%
8	샤르도네 Chardonnay	58,904	+103%
9	프리미티보 Primitivo	44,419	+126%
10	바르베라 Barbera	44,285	-38%

출처 : Agea data

산지오베제 Sangiovese

토스카나, 나아가 이탈리아를 대표하는 레드 품종. 이탈리아 전역에서 재배하고 있는 인기 품종으로 가장 많이 재배하는 곳은 토스카나다. 이탈리아 전체 재배 비율의 65%를 차지하고 있다. 이 품종에 대한 최초의 자료는 1500년대 말로 당시에는 Sangiogheto라는 명칭으로 불렸다. 이후 많은 문서에서 San Gioveto, San Zoveto, Sangioeto 등 다채로운 명칭으로 등장한다. 그러나 이 품종에 대한 구별은 1800년대 중반에 들어와서야 이루어졌다. 포도알 크기를 기준으로 큰 것은 Sangiovese grosso, 작은 것은 Sangiovese piccolo로 나누었다. 최근에는 산지오베제를 총 6개로 구분한다. 이 밖에 Brunello, Morellino, Morellone, Nielluccio, Prugnolo, Riminese, San Zoveto, Sangineto, Sangioveto, Tignolo 등 전통적으로 불렸던 이름과 최근 새로 생겨난 이름을 포함하면 모두 48개의 명칭이 존재한다.

산지오베제는 생장력이 매우 뛰어나며 자갈이 풍부한 구릉을 선호한다. 가뭄과 바람에 대한 저항력은 강하지만, 싹이 일찍 나오기 때문에 봄에 내리는 서리 피해를 보기도 한다. 단일 품종으로 양조될 경우 진한 루비색에 과실 향, 특히 검은 딸기, 체리, 붉은 과일로 만든 잼의 뉘앙스가 특징이며, 입에서는 타닌이 느껴지는 드라이한 맛, 다소 쓴 후미를 보여준다. 훌륭한 산지오베제 와인은 맛의 균형이 매우 뛰어나고, 오랜 숙성에도 견딜 힘이 있다.

피노 그리지오 Pinot Grigio

프랑스가 고향이며, 프랑스에서는 피노 그리로 불린다. 샤르도네와 마찬가지로 이탈리아 북부 화이트 와인 명산지에서 주로 재배한다. 특히 프리울리 베네치아 줄리아, 트렌티노 알토 아디제의 피노 그리지오는 세계적인 수준의 퀄리티를 자랑한다. 그리지오는 회색이라는 뜻으로, 화이트 품종이지만 포도 껍질 색이 레드 품종처럼 붉고 회색을 띠는 것에서 유래했다. 와인에서 풍기는 독특한 스파이시한 캐릭터가 특징이다.

트레비아노 Trebbiano

이탈리아 중부에서 주로 재배되는 화이트 품종의 그룹명이다. 전혀 다른 특성의 수많은 개체가 모여 있는 모스카토나 말바지아 그룹과 달리 색깔이나 풍미에 있어서 매우 유사한 개체들로 이루어진, 진정한 의미에서의 그룹이라고 할 수 있다. 트레비아노 그룹의 각 개체는 주로 재배되는 지역의 이름이 붙게 되는데 예를 들어, 토스카나에서 재배되는 트레비아노는 Trebbiano Toscano라고 부른다.

트레비아노와 관련된 가장 오래된 기록은 1200년대로 거슬러 올라간다. 문서에는 트레비아노 와인이 고급스럽고 품질이 뛰어나다고 묘사되어 있다. 그룹에서 가장 널리 재배되고 유명한 것은 트레비아노 토스카노다. 트레비아노 토스카노의 경우 단일로 양조 되면 황갈색에 섬세하지만 진하지 않은 향과 평범한 맛, 그리고 적당한 알코올을 지닌 와인으로 탄생한다.

글레라 Glera

베네토의 주요 화이트 품종. 지금의 프리울리 베네치아 줄리아주에 위치한 동명의 프로세꼬 마을에서 재배되었던 품종이 서쪽으로 확산하면서 베네토에서도 널리 재배되게 되었다. 종종 프로세꼬라고 부르기도 한다.

글레라는 생장력이 뛰어나며 늦게 익는 편이다. 너무 건조하지 않은 구릉지나 경사면에서 잘 자란다. 포도 알맹이는 매우 작으며, 기후와 토양에 민감한 편이다. 보통 다른 품종과 블렌딩 해서 드라

1. 움브리아의 바르베라 포도밭
2. 포도 품종에 대해 설명하는 사르타렐리 와이너리 관계자
3. 이제 막 포도알이 영글기 시작한 포도송이
4. 오래된 수령의 포도나무

1. 베르디끼오 포도
2. 포도알의 형태가 어느 정도 윤곽이 잡힌 포도송이
3. 포도송이를 묘사한 예술 작품
4. 몬테풀치아노 포도
5. 형태를 잡아가는 포도송이

이한 스틸 와인으로 만들거나 혹은 스파클링 와인으로 만들어진다. 특히, 후자는 품종명인 프로세꼬가 이탈리아의 유명 스파클링 와인의 이미지로 굳어질 만큼 국제적인 명성을 지니고 있다.

몬테풀치아노 Montepulciano

이탈리아 중부에서 가장 많이 재배되는 레드 품종. 간혹 토스카나 지역의 고급 와인 중 하나인 Vino Nobile di Montepulciano DOCG와 혼동된다. 참고로 이 와인은 산지오베제의 형제 품종인 Prugnolo gentile로 만들어진다. 이 와인에서 Montepulciano는 포도 품종이 아니라 토스카나의 마을 이름을 뜻한다. 이런 오해는 과거 오랫동안 몬테풀치아노 품종이 산지오베제의 다른 이름 중 하나로 여겨졌기 때문이다. 물론 두 품종은 완전히 다른 특성을 보인다.

몬테풀치아노는 다소 고온 건조한 기후나 일조량이 좋은 지역을 선호한다. 단일 품종으로 만들면 진한 루비색에 풍부한 과일 향을 내며, 알코올과 타닌이 균형을 이룬 와인으로 탄생한다. 숙성에도 적합하다. 몬테풀치아노는 이탈리아 중부와 남부 전역에서 재배하고 있지만, 가장 높은 분포도를 보이는 곳은 이탈리아 중부의 아브루쪼와 마르케다.

카타라또 Catarratto

시칠리아에서 주로 재배하는 화이트 품종. Bianco Comune와 Bianco Lucido의 하위 품종으로 나뉜다. 시칠리아에서 고대부터 재배한 유서 깊은 품종이다. 단독으로 양조하면 다소 진한 황갈색을 띤다. 맛은 드라이하고, 풀바디의 좋은 구조감을 지닌 와인으로 탄생한다. 보통 카타라또 품종에 또 다른 시칠리아의 토착 품종인 그릴로를 블렌딩 해서 이탈리아의 유명한 포티파이드 와인 중 하나인 마르살라를 만든다.

메를로 Merlot

프랑스 보르도가 고향인 레드 품종. 소비자들의 국제 품종 와인에 대한 선호도가 높아지면서 자연스럽게 이탈리아에서도 재배가 늘어났다. 단일 품종으로 저렴하게 만들어지는 와인들이 많지만, 토스카나에서는 100%, 혹은 다른 국제 품종이나 지역의 토착 품종들과 블렌딩 해서 높은 품질의 와인을 만들기도 한다.

샤르도네 Chardonnay

프랑스 부르고뉴가 고향인 화이트 품종이지만, 이탈리아에서도 꽤 오랜 역사를 자랑한다. 샤르도네의 국제적인 인기에 힘입어 이탈리아에서도 지역을 막론하고 대부분 재배하고 있다. 한때 피노 블랑과 유사한 형태를 지니고 있어서 구분하지 않고 한 포도밭에 섞어서 재배하기도 했다. 현재 남부보다는 북부 지역에서 더 많이 재배하고 있다. 이탈리아에서 화이트나 스파클링 와인으로 유명한 베네토, 프리울리 베네치아 줄리아, 트레티노 알토 아디제에서 스파클링 와인을 만드는 재료로 쓰이거나 단일 품종 와인으로 만들어진다. 피에몬테에서도 샤르도네 단일 품종으로 만든 훌륭한 와인을 드물게 찾아볼 수 있다.

프리미티보 Primitivo

오랜 시간 미국의 진판델과 같은 품종으로 여겨져 왔다. 미국 캘리포니아의 진판델은 19세기 중반 헝가리에서 넘어간 것으로, 미국 UC DAVIS 대학의 DNA 분석 결과 이탈리아의 프리미티보와 큰 연관성이 있는 것으로 조사가 되었다.

프리미티보는 기온에 민감해서 재배하기 까다로운 품종이다. 다만 이탈리아 남부에서는 알베렐로라 불리는 전통 방식으로 재배해 매우 뛰어난 와인으로 탄생시킨다. 알베렐로 재배 방식은 부쉬 바인처럼 지지대 없이 가지만 쳐서 재배하는 것을 말한다. 포도나무는 땅에서 풀이 자라듯 자라며 뜨거운 햇살을 그대로 받는다.

잘 만든 프리미티보 와인은 매우 진한 색을 지니고 있으며, 숙성되면 오렌지빛이 감돈다. 뛰어난 바디감, 향신료 향, 높은 알코올 함량의 특징을 가진다. 품종의 향과 맛이 강렬해서 오래전부터 블렌딩용으로만 썼으나, 최근 양조 기술이 발전하면서 100% 프리미티보로 만든 최고급 와인들을 이탈리아 남부에서 종종 볼 수 있다.

바르베라 Barbera

피에몬테에서 주로 재배하는 레드 품종. 산지오베제와 더불어 이탈리아에서 가장 중요한 레드 품종이다. 이 품종에 대한 기록은 1700년대 말에서야 등장하는데, 그전에는 Grisa, 혹은 Grisola 같이 전혀 다른 이름으로 불렸기 때문이다. 바르베라를 재배하기 시작한 곳은 피에몬테의 몬페라토다. 바르베라는 포도나무 뿌리를 묘사한 Barba(수염)와 숲풀(당시 포도밭이 위치한)을 가리키는 방언 Albera가 어울려 파생됐다.

본래 바르베라는 높은 산도 때문에 재배자들이 별로 선호하는 품종은 아니었다. 하지만 선구자적인 몇몇 와인메이커들이 품종의 진가를 알아보고 현대적인 포도 재배 및 와인메이킹을 적극적으로 도입해서 질 좋은 와인을 만들기 시작했다. 현재 바르베라는 네비올로와 더불어 가장 중요한 피에몬테 품종이다. 보통 단일로 양조하면 풍부한 산미를 지닌 미디엄 바디의 와인으로 탄생한다. 물론 오크 숙성을 얼마만큼 더 했느냐에 따라 풍미가 달라질 수 있다.

이탈리아어 발음표

이탈리아에서 Chianti Classico를 영어식으로 발음하면 대부분의 사람이 알아듣지 못한다. 영어로 의사소통을 하더라도 와인과 관련된 고유 명사들은 이탈리아식으로 발음해야 한다. 다행히도 이탈리아어는 프랑스어만큼 발음이 까다롭지 않다. 영어 발음과 비슷하다. 하지만 몇 가지 예외가 있으니 알아두면 여행 내내 유용하게 쓰일 것이다.

이탈리아어 발음표					
순위	A	E	I	O	U
A	a 아	e 에	i 이	o 오	u 우
B	ba 바	be 베	bi 비	bo 보	bu 부
C	ca 까	ce 체, che 께	ci 치, chi 끼	co 꼬	cu 꾸
D	da 다	de 데	di 디	do 도	du 두
F	fa 파	fe 페	fi 피	fo 포	fu 푸
G	ga 가, gla 글라	ge 제, ghe 게, gle 글레	gi 지, ghi 기, gli 리	go 고, glo 글로	gu 구, glu 글루
H	항상 묵음				
L	la 라	le 레	li 리	lo 로	lu 루
M	ma 마	me 메	mi 미	mo 모	mu 무
N	na 나	ne 네	ni 니	no 노	nu 누
P	pa 빠	pe 뻬	pi 삐	po 뽀	pu 뿌
Q	qua 꾸아	que 꾸에	qui 꾸이	quo 꾸오	
R	ra 라	re 레	ri 리	ro 로	ru 루
S	sa 사, sca 스까	se 세, sce 쉐, sche 스께	si 시, sci 쉬, schi 스끼	so 소, sco 스꼬	su 수, scu 스꾸
T	ta 따	te 떼	ti 띠	to 또	tu 뚜
V	va 바	ve 베	vi 비	vo 보	vu 부
Z	za 자	ze 제	zi 지	zo 조	zu 주

이탈리아 와인 용어

와인이 어려운 것은 언어 때문이다. 한국은 아시아에서 꽤 중요한 와인 소비국이기 때문에 전 세계 다양한 국가의 와인들을 시중에서 볼 수 있다. 영어를 모국어로 쓰는 국가의 와인들은 그나마 레이블을 이해하기 쉽지만, 유럽 와인은 까다로운 편이다.

한국에는 프랑스 다음으로 이탈리아 와인이 많이 소개되고 있어 다소 익숙해지기는 했지만, 여전히 초보자들에게는 어렵다. 그 때문에 이탈리아로 와인 여행을 떠난다고 했을 때, 간단한 회화 공부 못지않게 중요한 부분이 이탈리아 와인 용어를 숙지하는 것이다. 와인 레이블은 와인의 얼굴인 만큼 이를 제대로 읽고, 해석할 줄 안다면 그 와인의 90%는 파악했다고 해도 과언이 아니기 때문이다.

A부터 Z까지 알파벳 순으로 와인에 쓰이는 이탈리아어를 정리해보았다. 이 가운데 빈번하게 사용되는 단어는 붉은색으로 강조처리 했다.

A

Abboccato: 드라이하지 않은. 보통 스틸 와인에서 잔여당이 7~15g/l 수준, 약발포성 와인의 경우 12~35g/l 수준, 발포성 와인의 경우 32~50g/l.

Acerbo: 익지 않은.

Acidità: 신맛.

Acido: 산.

Acino: 포도(알). 복수는 Acini.

Alcohol: 알코올.

Amabile: 약간 단. 보통 스틸 와인에서 잔여당이 15~45g/l 수준, 약발포성 와인의 경우 30~50g/l 수준, 포티파이드 와인의 경우 40~100g/l. 발포성 와인에는 쓰지 않음.

Amaro: 맛이 쓴.

Amarognolo: 후미에 쓴맛이 있는.

Ambra: 호박색.

Ampio: 풍부한, 풍만한 혹은 밸런스.

Anice: 아니스, 감초 풍미의.

Anidride carbonica: 이산화탄소, CO_2.

Anidride solforosa: 이산화황, SO_2.

Annata: 빈티지.

Antociani: 안토시아닌.

Appassimento: 포도를 말리는 프로세스.

Armonico: 조화로운, 밸런스가 좋은.

Aromatico: 아로마틱한, 혹은 꽃향이 풍부한.

Asciutto: 드라이한. 비슷한 용어로 Secco. 보통 스틸 와인에서 잔여당이 7g/l 이하, 발포성 와인의 경우 17~32g/l.

Assagio: 맛, 혹은 와인의 샘플.

Assemblaggio: 와인의 블렌딩.

Autoctono: 토착의, 자생의. 예를 들어 포도 품종의 고향.

Azienda agricola: 포도를 재배하고 그 포도로 와인을 빚는 와이너리.

Azienda vinicola: 포도를 대부분, 혹은 전부 사서 양조만 하는 와이너리.

B

Bacca: 포도(알). Acino가 더 많이 쓰인다.

Barile: 작은 와인 통. 보통 50리터 용량의 나무통을 의미함.

Bianco: 화이트. 복수는 Bianchi.

Bicchiere: 와인 글라스.

Biodinamica: 바이오다이나믹(농법).

Biologica: 유기농(법).

Bollicine: 기포.

Botrizzato: 보트리티스화된. 보트리티스에 감염된.

Botte: 와인통. 보통 200리터 이상의 용량을 지닌 나무통을 의미.

Bottiglia: 와인병.

Buccia(d'uva): 포도 껍질.

C

Caldo: 뜨거운, 알코올이 들어 있는.

Cannella: 시나몬.

Cantina: 와인 셀러, 와이너리.

Cantina sociale: 협동조합형 와이너리.

Caratello: 작은 와인통. 보통 100리터 용량의 나무통을 의미함.

Caratteristico: (와인의) 특징. 레이블에 기재된 포도 품종, 재배 지역, 와인 스타일 따위의.

Cascina: 시골의 와인 농장.

Castagno: 밤나무, 혹은 밤나무로 만든 나무통.

Cavatappi: 코르크 스크류.

Cerasuolo: 체리 레드. 체리 색의 와인.

Chiaretto: 암적색. 진한 로제나 밝은 레드 와인의 색.

Chiusura: (와인병) 마개.

Classico: 클래식. 보통 전통 방식으로 만든 와인이나 역사적인 와인 지역에 쓰임.

Colle: 언덕. 복수는 Colli.

Collina: 작은 언덕. 복수는 Colline.

Collo: (와인병) 목.

Colmatura: 오크통에서 증발한 와인을 채우는 것.

Colore: 색.

Consorzio: 컨소시엄. 특정 지역의 와인 생산자들(의 모임).

Consumatore: 소비자.

Consume: 소비.

Cooperative: 와이너리 협동조합.

Coppa: 컵. 고블렛처럼 입구가 넓은 와인 글라스.

Corpo: (와인의) 바디.

Corposo: 풀 바디

Corto: (와인의 여운이) 짧은.

Cuoio: 가죽.

D

Degustazione: (정석적인) 와인 테이스팅.

Denominazione: (와인 생산) 지역 명칭.

Densità: 포도나무의 식재 비율.

Distributor: 와인 유통업자.

Dolce: 스위트. 보통 스틸 와인이나 약발포성 와인에서 잔여당이 45g/l 이상, 발포성 와인의 경우 50g/l 이상, 포티파이드 와인에서 100g/l 이상.

Dorato: 황금빛의.

Dosaggio: 도자쥬. 스파클링 와인을 만들 때 (천연 포도의) 당을 첨가하는 행위.

E

Elegante: 우아한.

Enologia: 양조.

Enologo: 양조가.

Enoteca: 와인 샵 or 바.

Equilibrato: 균형감이 좋은.

Erbaceo: 허브, 야채 뉘앙스.

Etanolo: 에탄올.

Etichetta: 와인 레이블.

Ettaro: 헥타르. 1헥타르는 2.47에이커.

Ettolitro: 헥토리터. 1헥토리터는 100리터, 26.4 갤론(미국), 혹은 11.1 케이스

F

Fattoria: 와인 농장.

Fecce(feccia): 와인메이킹 과정 중에 생긴 찌꺼기.

Fermentazione: 발효.

Fillossera: 필록세라.

Filtrate: 필터가 된.

Filtrazione: 필터.

Fine: 우아한, 조화스러운.

Fiori: 꽃.

Floreale: 꽃 아로마, 플레이버.

Fragrante: 향기로운, 아로마틱한, 과일 향의.

Fresco: 신선한.

Frizzante: 약 발포성 와인.

Frutta: 과일.

Fruttato: 과일 맛이 강한.

G

Giallo: 노란색.

Gradazione alcolica: 알코올 함유량.

Granato: 석류석(색).

Grappa: 포도를 짜고 남은 찌꺼기를 증류한 증류주.

Gusto: 맛, 풍미.

I

Imbottigliato: 병입.

Importatore: 수입자.

Intense: (와인의 풍미가) 강렬한.

Invecchiamento: 숙성 과정.

Invecchiato: 숙성된.

L

Leggero: 도수가 낮은.

Legno: 나무.

Lieviti: 효모.

Limpidezza: 선명도.

Liquoroso: 포티파이드. 알코올을 더한 와인.

M

Macerazione: 침용. 마세라시용.

Macerazione carbonica: 카보닉 마세라시용. 탄산침용.

Maderizzato: 산화된.

Malolattica: 말로락틱 (발효).

Marchio: 브랜드.

Mattonato: 벽돌색.

Maturazione: 숙성.

Mature: 숙성된.

Metodo charmat: 밀폐된 탱크(autoclaves)에서 발효시켜 스파클링 와인을 만드는 방법(a.k.a metodo Martinotti).

Metodo classico: 2차 병 발효로 스파클링 와인을 만드는 방법. 프랑스의 샴페인을 만드는 방식과 같다(a.k.a metodo tradizionale).

Millesimato: 빈티지가 기입된 스파클링 와인.

Minerali: 미네랄.

Monovitigno: 단일 품종 와인.

Mosto: 포도즙.

Muffa nobile: 보트리티스 시네레아(Botrytis cinerea).

N

Nero: 검은.

Novella: 새로운. 햇 와인을 의미.

O

Odore: 아로마. 냄새.

Ossidato: 산화된.

Ossidazione: 산화.

P

Paglierino: 볏짚색. 혹은 창백한 노란색.

Passito: 당도나 알코올을 높이기 위해 포도를 말려서 와인을 만드는 방법.

Pergola: 포도 재배 방법의 하나로, 포도나무가 머리 위까지 길게 자라도록 하는 방법.

Persistente: 와인의 후미가 긴.

Pesante: 무거운. 알코올이 센.

Pieno: 풀 바디의. 풍부한.

Pigiatura: 파쇄, 압착.

Podere: 와인 농장.

Polifenoli: 폴리페놀.

Polpa: 포도의 펄프, 과육.

Porpora: 자주색. 진홍색.

Potatura: 가지치기.

Prezzo: 가격.

Produttore: 생산자.

Profumo: 향수. 아로마, 향.

Provenienza: 원산지.

Q

Qualità: 품질.

Quercia: 오크

R

Raspo: 포도나무 줄기.

Resa: 수확량.

Retrogusto: 후미.

Rifermentazione: 재발효.

Ripasso: 문자 그대로 다시 지나가다라는 뜻. 와인에 있어서 알코올과 풍미를 높이기 위해 말린 포도나 압착하고 남은 찌꺼기를 발효 중인 와인에 첨가하는 방법.

Riserva: 오래 숙성시킨 와인, 혹은 더 높은 품질을 지닌 와인에 붙이는 용어.

Robusto: 탄탄한, 풀 바디의.

Rosato: 장밋빛의, 핑크 혹은 로제 와인.

Rosso: 붉은.

Rotondo: 라운드한. 적당한 산도를 지니고 밸런스가 좋은 와인.

Rubino: 루비(색).

S

Sapido: 맛있는, 풍미 있는. 풀 바디의.

Sapore: 플레이버.

Satèn: 프란챠코르타에서 만드는 화이트 스파클링 와인.

Scelto: 선택된, 선별된. 포도를 수확할 때 포도알만 선별해서 수확하는 손 수확을 의미.

Secco: 드라이. 스틸 와인의 경우 잔여당이 4~9g/l 보다 낮은 와인. 발포성 와인의 경우 17~32g/l 수준, 포티파이드 와인의 경우 40g/l.

Solfato: 황산염.

Spuma: 거품 혹은 거품이 남.

Spumante: 스파클링 와인.

Struttura: 구조.

Sughero: 코르크.

Suolo: 토양.

Superiore: 우수한. 보통 와인보다 더 높은 기준에서 만든 와인. 더 잘 익은 포도로 만든 와인.

T

Talento: 샤르도네, 피노 비앙코, 피노 네로만을 사용해서 만든 2차 병 발효 스파클링 와인을 통칭하는 용어.

Tannico: 타닌이 풍부한.

Tannino: 타닌. 복수는 tannini. 포도의 씨나 줄기 혹은 나무에서 비롯되는 수렴성이 강한 물질.

Tappo: 코르크. (향에서) TCA 때문에 코르키 된.

Tappo a fungo: 스파클링 와인에 쓰는 버섯 모양의 코르크.

Tappo a vite: 스크류 캡.

Tenuta: 토지.

Terreno: 땅, 토양.

Tranquillo: 스틸 와인. 발포성이 없는.

U

Uva: 포도.

Uvaggio: 포도를 섞은.

V

Vaniglia: 바닐라.

Varietà: 품종.

Vecchio: 오래된.

Vellutato: 벨벳처럼 부드러운.

Vendemmia: 수확.

Vendemmia tardiva: 늦은 수확.

Vigna: 포도밭. 복수는 Vigne.

Vignaiolo: 포도 재배자.

Vigneto: 규모가 큰 포도밭.

Vinacciolo: 포도씨.

Vinificazione: 와인 양조.

Vino: 와인. 복수는 Vini.

Vin santo: 성스러운 와인이라는 뜻. 토스카나에서 만드는 전통 와인으로, 밀폐된 통에서 말린 포도를 오랫동안 천천히 발효시켜서 만든 스위트 와인.

Viola, Violetta: 보라색.

Vite: 포도나무. 복수는 Viti.

Viticoltore: 포도 재배자.

Viticoltura: 포도 재배학.

Vitigno: 포도 품종. 복수는 Vitigni.

Vivace: 생동감 있는.

Z

Zucchero: 당.

Zuccheri residui: 잔여당.

이탈리아 와인 레이블 읽기

다양성이 특징인 이탈리아 와인에서 대표적이라는 단어가 어울리지는 않지만, 가장 유명한 이탈리아 와인의 레이블을 예시로 레이블에 담긴 정보를 살펴보자. 참고로 레이블에 많은 정보가 없다면 백 레이블을 살펴보면 된다.

① BRUNELLO DI MONTALCINO

브루넬로 디 몬탈치노. 아래 적힌 DOCG 등급과 연계해서 생각하면 된다. 이 와인이 DOCG 등급을 받은 BRUNELLO DI MONTALCINO 와인이라는 것을 국가에서 증명하고 있다. 참고로 BRUNELLO는 토스카나 지방의 주요 품종인 산지오베제를 일컫는 방언이다. DI는 영어로 of라는 뜻이며, MONTALCINO는 토스카나의 유명한 마을 이름이다. 즉, 몬탈치노의 브루넬로라는 뜻이다.

② DENOMINAZIONE DI ORIGINE CONTROLLATA E GARANTITA

이탈리아 품질 와인 시스템에서 가장 높은 등급인 DOCG. 이 등급을 받으려면 국가에서 지정한 까다로운 절차에 따라서 포도재배 및 와인메이킹을 해야 한다. 또한, 와인을 만들면 반드시 해당 지역의 농업상공회의소 시음 위원회의 테스트를 통과해야 한다. 이 자체로 이탈리아에서 인정한 최고급 품질의 와인임을 증명하는 셈이다. 참고로 DOCG 등급의 와인은 병목에 보라색 종이 씰을 확인할 수 있다.

③ BIONDI SANTI

비온디 산티. 와이너리 명.

④ TENUTA GREPPO

테누타 그레뽀. TENUTA는 용어 설명에서도 다루었듯이 토지라는 뜻이다. GREPPO는 토지의 이름이다. 쉽게 이야기해서 이 와인을 만든 브루넬로 포도종이 그레뽀라는 토지(포도밭)에서 재배됐다는 의미다. 참고로 그레뽀는 비온디 산티 와이너리가 소유하고 있는 이 지역의 오래된 포도밭 명칭이다.

⑤
**Imbottigliato all'origine dal viticoltore,
FRANCO BIONDI SANTI,
NELLA CANTINA DELLA TENUTA "GREPPO",
MONTALCINO-ITALIA**

길게 설명한 이 문구는 이 와인이 포도 재배자에 의해서 병입되었다는 뜻이다. 영어로는 Estate bottled. 과거에는 포도 재배자와 와인 양조자가 따로 존재하거나, 혹은 와인을 만들어서 네고시앙을 통해 유통하는 일이 다반사였다. 그 때문에 포도를 힘들게 재배하거나 와인을 잘 만들어도 유통된 이후의 품질을 보증할 수가 없었다. 그래서 이 문구를 붙이면 포도 수확부터 와인 양조 및 병입까지 한 와이너리에서 모두 했으므로 믿고 마셔도 된다는 의미가 된다. 여기서는 병입한 사람의 이름(FRANCO BIONDI SANTI)부터 장소(CANTINA DELLA TENUTA "GREPPO", MONTALCINO-ITALIA)까지 기입되어 있다.

⑥
NON DISPERDERE IL VETRO NELL'AMBIENTE

병을 아무데나 버리지 마시오.

⑦
e750ml

와인의 용량.

⑧
ITALIA 13% vol.

알코올 도수.

이탈리아 와인 여행하기 (와인쟁이 부부 따라하기)

STEP 1 — 지역 선정하기

이탈리아는 20개주로 이루어져 있고, 모든 주에서 와인을 생산한다. 그 때문에 한정된 시간 동안 어느 지역을 여행할 것인지 정해야 한다. 이 책에서 소개하는 피에몬테, 토스카나, 베네토, 세 개 주가 여행지로나 와인으로나 이탈리아를 대표하는 곳이기 때문에 먼저 고려하는 것을 추천한다. 다만 일주일의 짧은 휴가 동안 세 개 주를 모두 돌아보는 것은 불가능에 가깝다. 일주일이라면 한 곳, 2~3주 정도의 시간이 있다면 두 곳, 한 달 이상이라면 세 곳까지 공략이 가능하다. 물론 일주일이라도 세 곳을 여행하는 것이 불가능한 것은 아니지만 수박 겉핥기식의 여행은 추천하지 않는다.

STEP 2 — 비행기표 예매하기

지역을 선정했으면 비행기표를 예매한다. 현재 로마, 밀라노, 베니스는 직항편이 있다. 가격이 부담스럽다면 다른 국가나 도시를 경유하는 저가항공을 찾아보자. 비행기표는 미리 준비할수록 경비를 아낄 수 있다.

1. 베네토 스페리 와이너리에서의 투어
2. 베네토 쥬세뻬 퀸타렐리 와이너리에서의 투어

STEP 3   와이너리 고르기

지역을 골랐으면 어떤 와이너리를 가고 싶은지 정해야 한다. 와인 여행이라는 테마에서 가장 중요한 부분이다. 혼자 가는 여행이라면 어디를 가도 상관이 없지만, 동행이 있다면 상대방의 취향까지 고려해서 와이너리를 선정해야 한다.

어떤 와이너리를 가야할 지 정하기 어렵다면 전문가들의 추천 리스트를 참고하자. 우리 부부의 경우도 생소한 와인 산지를 갈 때는《Decanter》나《Wine Spectator》같은 유명 와인 매거진을 참고하거나, 로버트 파커, 잰시스 로빈슨, 제임스 서클링 같은 와인 전문가들의 칼럼을 꼼꼼히 읽어보는 편이다.

와인이 직업인 우리 부부는 한 번 여행을 가면 수십에서 수백 곳의 와이너리를 방문한다. 이 때문에 와이너리를 A, B, C 등급으로 나눈다. 이 등급은 와이너리의 질을 의미하는 것이 아니다. 순전히 개인적인 취향을 바탕으로 방문하고 싶은 정도를 뜻한다. A는 사전 예약을 해서 반드시 가고 싶은 곳, B는 사전 예약 없이 들러서 간단히 테이스팅만 해도 되는 곳, C는 시간이 남는다면 가고 싶은 곳이다. A급 와이너리는 보통 세계적인 명성을 자랑하는 특급 와이너리들이 리스팅되기 때문에 방문 요청을 거절당할 수도 있다. 때문에 계획이 틀어졌을 때를 대비해서 B, C등급 와이너리도 꼼꼼히 리스팅한다. 참고로 C로 분류해 놓은 와이너리에서 잊지 못할 좋은 경험을 한 경우도 많다.

와이너리 리스트를 만들 때는 와이너리의 주소와 전화번호, 이메일 등의 세부 정보도 같이 적어 두면 나중에 편하다. 혹시 이탈리아 현지를 여행하는 도중 인터넷이 안 되는 지역이라면 파일을 열어서 주소로 찾아가거나 전화를 할 수 있기 때문이다.

〈이탈리아 방문 와이너리 리스트〉

지역	등급	이름 한글	이름 영문	주소	
베네토	A	달 포르노 로마노	Dal Forno Romano	Localita Lodoletta, 1 - 37031 Cellore d'Illasi, Verona	info@
베네토	A	마시	Masi	Via Delaini 1 – Loc. Sacro Cuor, 37017 Lazise – VERONA	wine.
베네토	A	퀸타렐리	Quintarelli	Via Ceré, 1, 37024 Negrar VR	giuse
베네토	A	트라부끼	Trabucchi	Località Monte Tenda, I-37031 Illasi, Verona	azienda.a
베네토	A	이나마	Inama	Località Biacche n.50, 37047 San Bonifacio/Verona	inama@
베네토	A	비솔	Bisol	Via Follo, 33, 31049 Santo Stefano, Valdobbiadene TV	
베네토	A	베네가쭈	Venegazzu	Via Martignago Alto, 23, 31040 Volpago del Montello (TV)	info@
베네토	A	마리온	Marion	ia Borgo 2, Marcellise 37036, San Martino Buon Albergo - Verona	in
베네토	A	안셀미	Anselmi	Via San Carlo, 46 - 37032 Monteforte d'Alpone (Vr)	ans
시칠리아	A	돈나푸가타	Donnafugata	Via S. Lipari 18, 91025 Marsala (TP)	visita
시칠리아	A	플라네타	Planeta	우선 두어부터 신청하자	
피에몬테	A	가야	Gaja	Via Torino 5 - 12050 Barbaresco	
피에몬테	A	쟈꼬모 콘테르노	Giacomo Conterno	12065 Monforte d'Alba, loc.Ornati	con
피에몬테	A	마쏠리노	Massolino	Piazza Cappellano, 8 – 12050 Serralunga d'Alba (CN)	visi
피에몬테	A	포데리 알도 콘테르노	Poderi Aldo Conterno	12065 - MONFORTE D'ALBA Loc. Bussia, 48	
피에몬테	A	프로두또리 델 바르바레스코	Produttori del Barbaresco	Via Torino, 54, 12050 Barbaresco CN	
피에몬테	A	엘리오 알타레	Elio Altare	Frazione Annunziata, n. 51, 12064 La Morra (CN)	elioal
피에몬테	A	체레또	Ceretto		
피에몬테	A	도메니코 끌레리코	Domenico Clerico	Località Manzoni, 22/A, 12065 Monforte d'Alba (Cn)	info@
피에몬테	A	로베르또 보에르지오	Roberto Voerzio	Loc. Cerreto, 7 La Morra (CN) Italy	info@
피에몬테	A	라 스피네타	La Spinetta	Via Annunziata 17, 14054 Castagnole Lanze, AT	info
피에몬테	A	포데리 루이지 에우다우디	Poderi Luigi Einaudi	Az. Agricola Srl – Borgata Gombe 31 – Cascina Tecc, 12063 Dogliani (Cn)	
토스카나	A	안티노리	Antinori	Via Cassia per Siena, 133 Loc. Bargino 50026 San Casciano Val di Pesa, Firenze	visite@
토스카나	A	프레스코발디	Frescobaldi	Via di Nipozzano, Nipozzano, Pelago, 50060 (Firenze)	HOSPITA
토스카나	A	리카슐리	Ricasoli	Loc. Madonna a Brollo, 53013 Gaiole di Chianti (SI)	
토스카나	A	이솔라 에 올레나	Isola e Olena	Loc. Isole, 1, 50021 Barberino Val di Elsa FI	
토스카나	A	퀘르치아벨라	Querciabella	Via di Barbiano 17, 50022 Greve in Chianti FI	visits

이탈리아 와인 여행 준비편

1. 피에몬테 엘리오 알타레 와이너리에서의 투어 2. 아름다운 소아베 마을 3. 와이너리 투어 안내장

이메일	홈페이지	연락처	테이스팅 예약	특이사항
fo@dalfornoromano.it	http://www.dalfornoromano.it/	(+39) 0457 834923	이메일 신청	쉽지 않을 듯
ne.experience@masi.it	http://www.masi.it/eng/	(+39) (0)45 6832532	홈피 혹은 이메일	어렵지 않을 듯
seppe.quintarelli@tin.it	x	(+39) 045 750 0016	무조건 이메일	5대 샤또 정도로 어려울 듯
.agricola@trabucchidillasi.it	http://www.trabucchidillasi.it/en/	(+39) 045 7833233	홈페이지에서 신청	법조계 집안이 설립
@inamaaziendaagricola.it	http://www.inama.wine/en/	(+39) 045 6104343	반드시 사전 예약	1948년 쥬세페 이나마가 설립
info@bisol.it	http://bisol.it/	(+39) 0423 900138	홈피 관리가 안되어 있음	방문할 수 있을지 애매함
fo@loredangasparini.it	http://www.loredangasparini.it/	(+39) 0423 870024	방문할지 말지(홈피 contact)	말백? 브로도 블렌딩?
info@marionvini.it	http://www.marionvini.it/	(+39) 045 8740021	홈피 공사중	그냥 차 끌고 가보자
anselmi@anselmi.eu	http://www.anselmi.eu/	(+39).0457611488	홈피에 정보가 최소한으로밖에 없음	그냥 가보자
itare@donnafugata.it	https://visit.donnafugata.it/en-us/	(+39) 0923 724 245	다재로운 스타일 투어 있음. 근데 가격 비쌈	필방
x	https://planeta.it/en/	없음	홈피 신청	필방
info@gaja.com	http://gaja.com/	(+39).0173635158	홈페이지 있긴 한데 최소 정보	북출북
nterno@conterno.it	www.conterno.it	(+39) 0173 78221	가려서 손님 받음. 업계 관계자나 기자만.	약간 가능성 있음
visite@massolino.it	http://www.massolino.it/en/	(+39) 0173 613138	이메일로 방문 친필해야 할	가능할 듯
x	http://www.poderialdoconterno.com/	(+39) 0173 78150	전화해서 약속 잡는 수 밖에 없음	알도의 자식들이 운영
x	http://www.produttoridelbarbaresco.com/	(+39) 0173635139	홈피에서 방문 신청. 그냥 가도 될 듯	협동조합. 퀄리티 상.
altare@elioaltare.com	http://www.elioaltare.com/en/	(+39) 0173 50835	예약에 한해서만 방문 받음	투어할 가치가 있는 곳인지?
@domenicoclerico.com	http://www.domenicoclerico.com/	(+39) 0173 78171	메일로 연락시도만 해보자	투어가 아예 없음
o@robertovoerzio.com	http://www.robertovoerzio.com/	(+39) 0173509196	홈피 혹은 이메일	필방
info@la-spinetta.com	http://www.la-spinetta.com/	(+39) 0141 877396	이메일	필방
홈피 신청	https://www.poderieinaudi.com/en/	(+39) 0173.70191	인당 18유로. 홈피 신청	끝내주는 게스트 하우스 있음
@antinorichianticlassico.it	http://antinorichianticlassico.it/en	(+39) 055 2359700	30유로부터 시작	
PITALITY@FRESCOBALDI.IT	https://en.frescobaldi.it/	(+39) 055 8311050	토스카나에 무려 6곳이나 있음(골라봐야 할)	
shop@ricasoli.it	https://ricasoli.com/#	(+39) 0577 7301	5유로부터 시작. 가이드 투어는 28유로부터 시작	
isolena@tin.it,	http://www.isoleolena.it	(+39) 055 8072763	홈피 또 만듦. 우선 이메일 컨택이 우선	
its@querciabella.com	http://www.querciabella.com/	(+39) 055 8592 7713	그냥 가서도 가능. 투어는 메일로	

STEP 4 방문 요청하기

〈방문 요청 메일 예시〉

Dear Sir

Do we have to make a reservation for visiting your winery? If so, you don't mind, we w your winery and taste your great wines.

We want to visit your winery on 21th April, 10am.

We are 2 people who wine lovers and working in the field of wine industry in South Ko

● Wanny BAE & Sunny UM: couple, wine writer, wine instructor, co-author of [Frencl (http://book.naver.com/bookdb/book_detail.nhn?bid=11270563). We also are runnir (http://post.naver.com/baedoobaedoo), 24,154 followers at now. If you follow the lin articles (all Korean, sorry). Especially we traveled 14 wine countries from March 2014 1 year.

Thank you so much for your time.

Best regards,

Wanny BAE

와이너리 위시리스트를 만들었다면 방문 요청을 해야 한다. 많은 와이너리들이 에노테카(와인 샵)를 운영하고 있어서 예약 없이도 간단한 시음정도는 할 수 있다. 하지만 멋진 와인 셀러나 웅장한 양조 시설 혹은 포도밭을 구경하고 싶다면 예약은 필수다.

예약은 전화, 메일, 팩스, SNS를 통해 할 수 있지만, 기록이 남는 이메일을 추천한다. 와이너리 홈페이지에 방문 예약란이 따로 있다면 그곳을 이용한다. 다만, 이 경우 상대방의 메시지 확인 여부를 파악하기가 어렵다. 메일은 영어나 이탈리아어로 써야 한다. 자기소개와 함께 와이너리 방문 의사를 짧고 간단히 기입한다. 와이너리로부터 답장이 올 수도 있고, 안 올 수도 있다. 확실하게 방문 허락이 될 때까지 몇 번에 걸쳐서 메일을 주고 받아야 할 수도 있다. 만약 거절당하거나 두 번 정도 메일을 띄웠는데 답장이 없다면 깔끔하게 포기하고 다른 와이너리를 알아보는 것이 좋다.

우리 부부의 경우 우선 A급 와이너리에 이메일 혹은 홈페이지를 통해 방문 요청을 한다. 일주일 정도 지나면 윤곽이 어느 정도 잡히는데, 답장이 안 온 A급 와이너리의 수만큼 B급 와이너리 중 가보고 싶은 곳으로 다시 메일을 보낸다. C급까지 메일을 보내지는 않는다. 원하는 리스트가 다 만들어지지 않더라도 크게 상관은 없다. 현지에 가서 추천을 받아도 되고, 드라이브하다가 눈에 띄는 곳이 있으면 무작정 노크해도 된다. 우연이 주는 인연도 여행에서 빼놓을 수 없는 즐거움이다.

한 가지 팁을 준다면, 방문 요청이 완료되는 와이너리는 구글맵을 통해 와이너리에 별표나 하트 표시를 하는 것이다. 와이너리들이 주로 어디에 분포되어 있는지 간편하게 확인할 수 있고, 이를 통해 중간 지점에서의 숙박을 정하기도 수월하다.

STEP 5 숙박 예약하기

80% 정도 와이너리 예약이 완료되면 숙박을 알아볼 차례다. 구글맵을 이용해서 와이너리의 위치를 확인한 뒤 가능한 모든 와이너리로부터 접근성이 좋은 중간 지점에 숙소를 구하는 것이 좋다. 우리 부부의 경우 대부분 에어비앤비를 통해 숙박을 알아보았다. 그 이유는 와이너리들이 대부분 시골에 있어서 호텔, 모텔과 같은 일반적인 숙소를 구하기 어려웠기 때문이다.

에어비앤비는 호텔과 다르게 현지인의 집을 빌려서 생활하는 시스템이다. 공유 시스템이라서 불편한 점이 없지 않지만, 잘만 고르면 집에서 생활하는 것 같은 아늑함을 느낄 수 있다. 가끔 호스트로부터 현지인들만 아는 와이너리나 레스토랑, 관광지를 추천받을 수도 있다.

만약 돈에 여유가 있다면 와이너리에서 운영하는 민박도 추천한다. 이탈리아에서는 이를 아그리투리스모라고 부르는데, 특히 토스카나에 활성화되어 있다. 좋은 곳들은 포도밭 한가운데서 수영을 즐길 수도 있다. 또한 와이너리에서 제공하는 음식과 와인이 숙박비에 포함된 경우도 있다. 다만 가격이 만만치 않은 편이다.

STEP 6 렌터카 예약하기

숙박 예약을 완료했다면 이동 수단을 정해야 한다. 와이너리가 도심에 있거나 근교에 있다면 대중교통을 이용해서 갈 수 있다. 하지만 와이너리는 대부분 시골에 있기 때문에 자동차가 반드시 필요하다. 그리고 이탈리아는 대중교통을 이용해서 와이너리를 방문하는 것이 매우 어렵기 때문에 렌터카를 추천한다. 개인적으로 렌터카는 대형 회사를 선호하는 편이다. 그편이 여러 면에서 안전하고 편리하다. 참고로 자동차 보험은 반드

1. 2. 이탈리아 셀프 주유소(왼쪽)와 톨게이트 이용료 지불 기기. 톨게이트 이용 전에 현금을 미리 준비하자

시 풀-커버리지를 적용한다. 이건 선택이 아닌 필수다.

비행기표는 미리 예약하면 값이 싸다. 그러나 렌터카는 사정이 다르다. 프로모션도 뜬금없이 뜨고 그에 따라 가격이 수시로 변하기 때문에 자주 확인하고 비교하는 인내심이 필요하다. 만약 한 달 이상 길게 여행을 간다면 푸조나 시트로엥에서 운영하는 리스카(단기 임대차)를 추천한다. 가격이 훨씬 저렴하다. 참고로 외국에서 운전하려면 한국에서 취득한 운전면허증과 국제운전면허증 둘 다 필요하다. 국제운전면허증은 가까운 경찰서에 가면 바로 발급해준다. 준비물은 여권(사본 가능), 운전면허증, 6개월 이내 촬영한 여권용 사진 1매(3.5cm x 4.5cm, 여권용 사진 이외는 불가)이며, 발급비는 8,500원(2021년 기준)이다.

외국에서 내비게이션은 필수다. 다만 렌터카나 리스카에 추가 임대를 하는 방법은 그다지 추천하지 않는다. 이미 우리의 생활 속에 깊숙이 들어온 스마트폰 하나면 충분하기 때문이다. 다양한 해외 지도 어플이 있는 것으로 알고 있지만, 베스트는 역시 구글맵과 연동되는 구글 내비게이션이라고 생각한다. 우리 부부의 와인 여행은 이미 구글맵 없이는 지속되지 않을 정도로 의존성이 높다. 가고 싶은 와이너리, 호텔, 레스토랑 리스팅 및 서치는 물론이고, 평가를 주기도 하며, 이를 통해 와이너리와 커뮤니케이션을 하기도 한다. 하지만 훌륭한 내비게이션 기능이 압도적인 장점이라 할 수 있다.

우리 부부의 경우 공항에서 차를 빌린다. 긴 비행 때문에 이미 공항에 도착한 순간부터 씻고 쉬고 싶은 생각이 간절해 차를 빌려서 바로 그날 머물 숙소로 간다. 공항에 도착해서도 해외에 나왔다는 실감이 나지 않는다. 하지만 렌터카에 시동을 걸고 공항을 빠져나오면 비로소 우리가 한국을 떠났다는 것을 체감하게 된다.

이탈리아에서 운전하기

두 번째 이탈리아 여행은 14개 주를 80일 동안 돌아보는 긴 여정이었다. 리스카를 반납할 때 확인해보니 약 1만5,000km를 운전했다. 서울과 부산을 25번 정도 왕복하는 거리다. 많은 시간 이탈리아에서 운전하고 나서 느낀 바를 몇 가지 적어본다.

우선 이탈리아 사람들은 운전을 꽤 거칠게 하는 편이다. 방향지시등 없이 끼어들거나 제한속도를 무시하고 과속으로 달리는 경우가 많다. 이는 남부에서 더 많이 느꼈고, 시칠리아에서의 운전은 괴로웠다. 어디서든 방어 운전을 하는 것이 중요하다. 특히, 고속도로 주행 시 추월할 것이 아니라면 1차로로는 주행하지 않는 것이 원칙이다.

시골은 상관없지만, 대도시에 차를 끌고 들어간다면 웬만하면 근교의 주차장에 차를 세우고 대중교통을 이용해서 관광하는 것을 추천한다. 주차비도 만만치 않거니와 ZTL(Zona Traffico Limitato) 때문이다. ZTL은 쉽게 이야기하면 교통제한구역이다. 이탈리아 도심부, 특히 구시가지는 길이 좁고 복잡하기 때문에 도심 내 교통을 원활하게 하고자 만든 시스템이다. 이 ZTL은 거주민이나 통행증을 발급받은 차량만 들어갈 수 있다. ZTL은 대도시, 소도시 가릴 것 없이 존재할 수 있으니 도심부로 진입할 때는 표지판을 잘 살피자.

이탈리아는 한국과 주행 방향이 같지만, 우회전을 할 때도 신호를 받아야 한다. 반대로 좌회전은 별도의 신호가 없는 경우가 많다. 이 경우 직진 신호에 진입할 수 있는데, 맞은편 차가 다 지나간 후 요령껏 해야 한다. 또한, 이탈리아에서는 신호등보다 원형 교차로를 더 자주 만난다. 원형 교차로에 진입할 때는 반드시 속도를 줄이고 왼쪽에서 차가 오는지 확인한 후 진입해야 한다. 원형 교차로에 진입해 있는 차량이 우선시 된다는 것을 절대로 잊지 말자. 그리고 원형 교차로에서 빠져나가기 전에 오른쪽 지시등을 켜주는 것이 원칙이다.

이탈리아 중북부는 톨게이트가 상당히 많다. 100km 달리면 10유로 정도 내야 한다. 신용카드로도 결제가 가능하지만 한국 신용카드가 먹통인 경우가 상당히 많으니, 반드시 현금(50유로 이하)과 동전을 구비하고 있어야 한다. 우리나라로 따지면 하이패스 차량만 통과 가능한 곳(T라고 적혀 있음)이 있고, 카드만 가능한 곳(카드 그림 표시), 현금만 가능한 곳(동전 그림 표시)으로 구분되어 있다. 작은 톨게이트의 경우 하이패스, 카드, 현금이 통합되어 있기도 하다. 가능하면 톨게이트에 진입하기 전에 미리 현금을 구비하고, 동전 그림 표시가 된 곳으로 입장하자.

주유소는 전국 어디나 상당히 많은 편이다. 우리 부부가 여행할 때는 주유비가 한국보다 약간 더 비싼 편이었는데, 국제 유가에 따라 달라진다. 대부분이 셀프 주유소이기 때문에 주유기에 딸린 기계에서 현금이나 신용카드 선결제로 주유할 수 있다. 주유기에 결제 시스템이 없다면 기름을 넣은 뒤 주유소 건물에 가서 주유기 넘버를 알려준 후에 지불해야 한다. 혹은 주유하기 전에 건물부터 들러야 하는 경우도 있다.

렌터카에 옵션으로 달린 내비게이션보다는 구글 내비게이션이 훨씬 더 정확하게 목적지까지 안내한다. 구글 내비게이션의 경우 도로 위 사고 및 정체까지 실시간으로 표시되기 때문에 효율적으로 운전할 수 있다. 핸드폰을 이용한 구글 내비게이션을 사용할 것이라면 차량 내에 부착 가능한 거치대를 미리 준비해 가면 편하다. 또한 구글 내비게이션이라도 와이너리를 향해 가다 보면 비포장도로로 안내하는 경우가 가끔 있다. 이 경우 주행 루트를 다시 한번 눈으로 확인한 후 시간이 좀 걸리더라도 포장도로로 주행하는 것이 안전하다.

STEP 7 와이너리 투어하기

1. 이탈리아는 와인 샵을 갖추고 방문자를 환영하는 와이너리도 많다
2. 테이스팅 가능한 시간을 알려주는 안내판

와이너리 투어는 가이드가 안내하는 데로 따라가면 되지만 몇 가지 사항을 미리 알아두면 훨씬 더 재미있게 즐길 수 있다.

첫째, 와이너리를 방문하기 전에 와이너리에 대한 기본 지식을 쌓고 가자. 알고 마시는 와인이 몇 배 더 맛있는 것처럼 와이너리에 대해서 알고 있는 정보가 많을수록 투어가 즐겁다. 특히, 와이너리 역사와 주요 재배 품종, 생산하는 와인의 종류와 특징은 기본이다. 여기에 수상 내역이나 평론가들의 점수까지 조사해가면 일석이조. 다만 와이너리에서 지식을 너무 뽐내는 것은 금물이다. 겸손한 마음으로 경청하는 자세가 좋다.

둘째, 시간과 복장에 유념하자. 보통 와이너리 투어는 포도밭, 양조장, 지하 셀러, 와인 시음 순서로 진행된다. 보통 1시간 30분 정도이나, 때에 따라 2시간이 넘게 걸릴 수도 있다. 다음 스케줄이 있는 경우 이를 잘 고려해서 투어를 예약해야 한다. 또한, 이곳저곳 많이 움직여야 하므로 예의에 어긋나지 않은 선에서 정장보다는 편안한 복장(구두보다는 신발)이 좋다. 그리고 지하 셀러가 생각보다 추우므로 여름이라도 가벼운 재킷 하나는 꼭 챙기자.

1. 독특한 와인 테이스팅 기계를 구비한 베네토의 제니 와이너리
2. 와이너리 직원으로부터 와인에 대한 설명을 듣는 즐거운 와이너리 투어

셋째, 와인 테이스팅 노하우를 알고 가자. 투어에서 와인 시음은 가장 기대되고 즐거운 순간이다. 미리 와인 테이스팅 노하우를 숙지하고 가는 것이 좋다. 와인을 음미하면서 향과 맛에 대해서 느끼는 바를 소믈리에나 직원에게 간단히 전달하는 편이 서로 좋다. 이야기만 잘 통하면 본래 시음 리스트에 없는 와인들이 셀러에서 나오는 경우가 많기 때문이다. 운전자는 와인을 마시지 말자. 어쩔 수 없이 마셨다면 운전을 하기 전에 충분한 휴식을 취하자.

참고로 한국어로 가이드를 해주는 와이너리는 이탈리아에 없다. 이탈리아어를 구사할 수 있다면 금상첨화지만 영어만으로도 충분하다. 다만, 와인과 관련한 단어가 빈번하게 쏟아지니 와이너리 투어 전에 관련 단어를 찾아보고 공부한다면 훨씬 더 유익한 투어가 될 것이다.

넷째, 작은 선물을 준비하자. 이탈리아에서 와이너리 투어는 대부분 비용이 들지만, 간혹 시음과 투어비를 받지 않을 때도 있다. 이럴 경우를 대비해서 우리 부부는 작은 선물을 준비한다. 한국의 미가 서려 있는 선물이라면 더욱 좋다. 주로 준비하는 선물은 자개 명함 케이스다. 부피도 작고 비즈니스가 일상인 와이너리 관계자들에게 인기가 좋다.

와인 테이스팅 노하우

와이너리 투어의 대미는 와인 시음이다. 이때 소믈리에는 절대 와인을 가득 따라주지 않는다. 중요한 것은 'Tasting'이지, 'Drinking'이 아니기 때문이다. 물론 점심을 먹으면서 와인을 곁들이는 투어의 경우 Drinking이니 굳이 아래와 같이 진지하게 테이스팅을 할 필요가 없다. 하지만 런치 투어는 가격이 꽤 비싸므로 대부분의 사람이 시음만 포함된 와이너리 투어를 하게 될 가능성이 크다.

와인을 잔에 받으면 우선 색을 관찰한다. 색은 흰색 종이나 천에 잔을 눕혀서 관찰하는 것이 정확하다. 와이너리에서 준비해주는 경우도 있으나 그렇지 않은 곳이 더 많으므로 여의치 않다면 손등을 이용해서 관찰해보자. 눕힌 잔 뒤로 손의 윤곽이 어느 정도 보이는지에 따라 와인의 색의 진하기를 확인할 수 있다. 색이 진하면 진할수록 그 와인은 바디가 높은 와인일 가능성이 높다. 또한 색의 강도에서 품종과 숙성 연도를 유추할 수 있다. 화이트 와인이 금색을 띠기 시작하거나 레드 와인에 주황색이 살짝 비춘다면 빈티지가 오래된 와인일 가능성이 높다.

향을 맡을 차례다. 향은 잔에 담긴 채로 맡아보고, 잔을 스월링(돌리는 행위)해서 맡아본다. 오래 맡을 필요는 없다. 코는 쉽게 지치기 때문에 짧게 여러 번 맡는 것이 좋다. 초보자들은 향이 나긴 하는데 어떤 향이 나는지 도무지 알 수 없을 것이다. 이 경우 크게 향을 구분해 본다. 과실 향인지, 꽃 향인지, 나무 향인지, 흙 향인지, 커피나 담배 향인지. 향은 포도 자체에서 비롯되는 향인 아로마와 와인 제조 과정에서 생기는 2차 향인 부케가 있다. 이 두 가지만 구분해서 표현해도 이미 훌륭하다.

향을 음미한 후에는 와인을 마신다. 포인트는 와인을 충분히 입안에 넣어야 한다는 것이다. 새 모이 먹는 것처럼 살짝 맛봐서는 와인의 느낌을 모두 파악하기가 힘들다. 와인을 입 전체에 굴려가면서 고루고루 느낀다. 화이트 와인이든, 레드 와인이든, 가장 중요하게 판단해야 할 것은 밸런스다. 와인의 전체적인 맛이 고루고루 잘 느껴지고 모나지 않았는지 판단한다. 만약 산도가 많으면 시게 느껴질 것이고, 타닌이 많다면 떫게 느껴질 수 있다.

중요한 것은 느끼는 이 모든 향과 맛에 대한 표현을 아끼지 말고 상대방에게 전달하는 것이다.

시간이 빚어낸 예술 작품, 발사믹 식초

오랜 시간 전승되어 온 이탈리아의 진짜 발사믹 식초는 여타의 묽은 식초와는 차원을 달리할 정도로 깊은 풍미를 자랑한다. 에밀리아 로마냐 지역을 여행할 때였다. 지역의 특산물인 발사믹 식초를 제대로 맛보고 싶어서 들렀던 아세타이아(발사믹 식초 공장)에서 무려 100년을 숙성시켰다는 제대로 된 발사믹 식초를 경험했었다. 그때의 기분은 마치 평소 흠모하던 와인메이커를 만나 그의 지하 셀러에서 수십 년을 숙성시킨 비밀스러운 와인을 맛보는 느낌이었다. 우리 주변 어디서나 쉽게 구할 수 있는 게 식초이지만, 엄격한 공정 아래 만들어진 좋은 발사믹 식초는 시간이 빚어낸 예술 작품이라 할만하다.

발사믹 식초는 포도를 원재료로 이탈리아에서 생산되는 짙은 색의 식초를 이야기한다. 이탈리아어로는 아세토 발사미코Aceto Balsamico라고 부른다. 발사믹의 어원은 라틴어 Balsamum, 그리스어 βάλσαμον에서 비롯된 것으로 알려져 있는데, 둘 다 '원기를 회복시키는', 그리고 '치유력이 있는'이라는 뜻을 지녔다.

발사믹 식초에 대한 최초의 기록은 12세기까지 거슬러 올라갈 정도로 역사가 깊다. 현재 가장 유명한 곳은 단연 에밀리아 로마냐다. 그중 최고로 모데나Modena와 레지오 에밀리아Reggio Emilia를 꼽는다. 왜 이곳이냐에 대한 해답으로 전문가들은 미세기후를 꼽는다. 모데나와 레지오 에밀리아는 여름에 덥고 습하다. 겨울은 춥고 습한 대륙성 기후다. 이렇게 습하고 뚜렷한 온도차를 지닌 기후가 좋은 식초를 만들기에 좋다. 에밀리아 로마냐에는 유럽의 원산지 보호법으로 보호받고 있는 발사믹 식초 두 가지와 조금 더 제약이 느슨한 IGP 한 가지가 있다.

① Aceto Balsamico Tradizionale di Modena DOP
② Aceto Balsamico Tradizionale di Reggio Emilia DOP
③ Aceto Balsamico di Modena IGP

이 가운데 중간에 Tradizionale라고 적혀 있는 1번과 2번이 중요하다. Tradizionale는 영어의 Tradition, 즉 전통이다. 때문에 이 두 발사믹 식초야말로 전통 발사믹 식초라 볼 수 있다. 그래서 품질 좋은 발사믹 식초를 사려고 마음을 먹었다면 레이블을 잘 살펴보고 Tradizionale라는 단어가 있는지 없는지부터 살펴봐야 한다. 다만 이런 발사믹 식초는 1년에 2만 병 정도만 생산하기 때문에 국내에서는 찾아보기 힘든 편이다.

전통 발사믹 식초라는 딱지를 붙이려면 아래의 다섯 가지 룰을 반드시 지켜야 한다. 이 룰은 모데나 산 발사믹 식초의 경우이며, 레지오 에밀리아는 약간의 차이가 있다.

① 원재료의 경우 화이트 품종은 트레비아노, 레드는 람브루스코를 사용한다.
② 포도의 머스트(포도를 짜낸 즙)를 끓여서 본래의 약 1/2에서 1/3로 줄어든 농축 주스를 사용한다.
③ 숙성은 여섯 가지의 나무통(Cherry, Mulberry, Juniper, Oak, Ash, Chestnut)에서만 진행한다.
④ 최소 숙성 기간은 12년이며, 18, 25, 25년 이상으로 할 수 있다.
⑤ DOP 컨소시엄의 패널에게 심사를 받고 통과해야 한다.

1. 세계적인 발사믹 식초 생산자 쥬세뻬 쥬스티
2. 3. 전통 발사믹 식초를 테이스팅 하는 모습
4. 발사믹 식초를 숙성시키는 셀러의 모습

우선 포도는 반드시 모데나와 레지오 에밀리아 근방의 것만 써야 한다. 수확한 포도는 먼저 파쇄해서 머스트를 얻어내고, 오픈 탱크(Cottura)에서 24~48시간 정도 천천히 끓인다. 대략 최초 용량의 절반에서 1/3 정도 될 때까지 끓이는 것이 포인트다. 머스트를 가열하는 이유는 머스트 내 갈변화를 촉진하는 단백질 효소를 파괴하기 위해서다. 또한 열은 수분을 증발시켜 머스트 내 여러 요소를 응축시키는 역할도 한다.

끓인 즙은 바데싸라 불리는 특별한 용기에 옮겨져서 알코올 발효를 통해 6~7%의 알코올을 지닌 일종의 베이스 와인을 만든 후 초산 발효를 거친다. 초산 발효에는 산소가 많이 필요하므로 통풍이 잘 되는 곳이어야 한다. 숙성은 아래 그림과 같은 배럴 세팅이 매우 중요하다. 왼쪽에서 오른쪽으로 갈수록 배럴의 사이즈가 작아지며, 가장 작은 배럴의 용량은 15리터다. 배럴의 재료가 되는 나무에 따라 발사믹 식초에 부여하는 특징이 아래와 같이 다른 것이 특징이다.

발사믹 식초 메이킹의 화룡점정은 아래의 배럴을 운용하는 방식이다. 5개의 배럴이 완전히 다 비어 있다고 가정했을 때, 우선 모든 배럴에 이제

Oak(60리터)	Chestnut(45리터)	Cherry(30리터)	Juniper(20리터)	Mulberry(15리터)
배럴 5	배럴 4	배럴 3	배럴 2	배럴 1
식초에 타닌과 바닐라 풍미를 준다.	식초에 색을 부여하고 식초화를 가속시킨다.	식초에 달콤함과 부드러운 풍미를 더 한다.	식초에 시원한 풍미를 제공한다.	식초를 구성하는 여러 요소의 조화를 돕는다.

오래 숙성시킨 전통 발사믹 식초의 맛과 향은 타의 추종을 불허한다

막 초산 발효를 끝낸 신선한 식초를 채운다. 그리고 12년이라는 시간을 보내는 동안 증발하는 만큼 바로 옆의 큰 배럴의 식초를 떠서 바로 옆의 조금 작은 배럴로 옮겨주면서 채워준다. 그러면 가장 큰 배럴은 계속 비어간다. 그럼 새롭게 만든 신선한 식초를 가장 큰 통에 채워주는 방식이다. 참고로 이렇게 식초를 옮겨주는 작업은 1년에 한 번만 진행한다. 와인으로 보면 셰리를 만들 때 쓰는 솔레라 시스템과 같다. 양이 줄어드는 이유에는 크게 세 가지 요인이 있다. 우선 나무통 내에서 자연스럽게 증발하는 앤젤스 쉐어, 식초를 병에 옮겨 담을 때 흘리는 일부의 양, 그리고 나무통의 내구력 약화로 인한 누수다.

병입은 항상 가장 작은 배럴에서 20% 정도만 한다. 또한 모데나 산 전통 발사믹 식초는 100ml 병에 담아 출하하도록 정해져 있고, 레지오 에밀리아의 경우 튤립 모양(Inverted)의 병에 담겨 출시된다. 가격은 숙성 시간에 따라 달라지는데, 대략 40~250유로 정도다. 식초를 만드는 과정이 고되고 시간이 오래 걸리기 때문에 비싼 가격도 충분히 납득이 된다.

치즈의 천국 이탈리아

이탈리아 와인 여행의 또 다른 즐거움은 각 지방에서 생산되는 다양한 치즈를 맛보는 것이다. 이미 우리 식생활에 깊숙이 들어와 있는 모짜렐라나 그라나 파다노, 파마산 치즈의 원산지가 바로 이탈리아다. 물론 이탈리아에는 이외에도 혀를 내두를 만큼 다채로운 치즈들이 있고, 와인이 있는 곳이라면 어디든 빠지지 않고 등장한다.

프랑스와 독일에 이어 세계 3위의 치즈 생산국인 이탈리아는 주마다 전승되어 오는 치즈 종류만 대략 2,500여 가지에 이른다. 가짓수로는 부동의 세계 1위다. 이 가운데 500여 가지 치즈가 상업용으로 판매되고 있고, 300여 가지 치즈는 PDO에 의해 보호받고 있다. 이 가운데 52가지는 유럽 차원의 원산지 보호법으로 보호받고 있다. 참고로 PDO는 Protected Designation of Origin의 약자로 농산물의 품질과 원산지를 법으로 보호하는 것을 말한다. 이탈리아 와인 여행을 한층 더 즐겁게 해 줄 매력 만점의 치즈 10가지를 소개한다

부라타 Burrata

마치 수란처럼, 건드리면 툭 터지는 부드러운 식감의 소프트 치즈. 이탈리아 남부 풀리아 지방이 원산지로 1900년대 초 탄생해, 다른 치즈에 비해 역사가 그리 길지 않다. 부라타는 이탈리아어로 '버터를 바른'이라는 뜻으로, 치즈의 식감과 풍미가 그와 비슷해서 이런 이름이 붙었다. 보통 소나 물소의 젖으로 만들며, 드물지만 염소의 젖을 활용하기도 한다. 부라타 치즈는 숙성시키지 않은 생치즈이기 때문에 유통기한이 길지 않다. 그 자체로도 훌륭한 영양 공급원이지만, 샐러드에 마치 수란처럼 올려서 함께 먹으면 영양과 맛이 두 배가 된다.

크림처럼 부드러운 부라타

샐러드의 영원한 친구 모짜렐라

모짜렐라 Mozzarella

이탈리아가 낳은 세계적인 명성의 치즈. 어원은 이탈리아어로 '잘라내다'라는 뜻의 Mozzare에서 유래했다. 모짜렐라는 소젖이나 물소젖으로 만드는데, 분리된 커드를 잘게 잘라 발효한 뒤 뜨거운 물에 넣어 탄성을 얻는다. 그리고 손으로 직접 반죽하면 우리가 아는 쫀득한 모짜렐라 치즈가 탄생한다. 피자 위에 토핑처럼 올려 먹는 게 가장 일반적이고, 토마토나 바질 등의 신선한 야채나 허브와 함께 먹어도 훌륭하다.

리코따 Ricotta

리코따는 치즈를 만들 때 생기는 맑고 노란색의 유청으로 만든 치즈다. 유청은 영양소가 굉장히 풍부하나 이를 하수구에 그냥 버리게 되면 오염이 심했고, 먼 과거에는 이 때문에 꽤 골머리를 앓았다고 한다. 그래서 유청으로 치즈를 만들게 된 것이 리코따의 기원이다. 리코따의 어원은 이탈리아어로 '두 번 데웠다'는 뜻의 Ricotto에서 유래되었다. 말 그대로 리코따는 치즈를 만들기 위해 우유를 데우고, 다시 분리된 유청을 데우는 과정을 거친다. 크리미한 풍미를 가지고 있기 때문에 디저트와 함께 먹어도 좋고 각종 허브를 곁들인 요리와 궁합이 잘 맞는다.

고소한 리코따 치즈는 견과류와 좋은 궁합을 이룬다

고르곤졸라 Gorgonzola

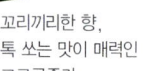

꼬리끼리한 향,
톡 쏘는 맛이 매력인
고르곤졸라

세계적인 명성의 블루 치즈. 고르곤졸라라는 이름은 이 치즈가 생산되는 이탈리아 롬바르디아의 지역명을 그대로 딴 것이다. 단맛이 살짝 있고 크림처럼 부드러운 돌체Dolce(달콤한)와 톡 쏘는 맛과 단단한 질감의 피칸테Picante(매운)로 나뉜다. 소젖에서 분리한 커드를 반죽해서 온도와 습도가 일정하게 유지되는 자연 동굴에서 숙성을 시킨다. 과거에는 숙성되는 치즈에 자연스럽게 푸른곰팡이가 피게 해서 만들었으나, 수요가 많아지면서 지금은 (대개) 푸른곰팡이 균을 접종시켜서 만든다. 독특한 향 때문에 음식에 넣어 먹으면 맛과 향이 배가되는 특징이 있다. 보통 이탈리아에서는 빵에 발라 먹거나 리조또 등에 첨가해서 먹는다.

스카모르차 Scamorza

호리병이 생각나는 스카모르차

서양 배 혹은 조롱박처럼 생긴 치즈. 스카모르차의 어원은 이탈리아어로 '자르다'라는 뜻의 Scamozzare에서 유래했다. 만드는 방식은 모짜렐라와 매우 유사하나, 공처럼 빚은 반죽의 1/3 지점을 끈으로 묶어서 매달아 놓고 건조하는 것이 특징이다. 우리네 시골에서 곶감을 말리는 것과 비슷한 모습이라고 생각하면 될 듯하다. 건조되는 과정에서 겉이 황금색을 띠기 시작하는데, 이대로 팔기도 하고, 스모크 과정을 거쳐 향과 맛을 극대화하기도 한다. 모짜렐라 대용으로 쓰기 때문에 활용도도 비슷하다.

폰티나 Fontina

프랑스 접경, 산악지대인 발레 다오스타에서 만들어지는 치즈. 젖소의 젖을 사용해 만드는데, 살균하지 않는 것이 특징이다. 그래서 다른 치즈보다 유산균이 풍부하다. 우유를 36도 정도에서 따뜻하게 가열해 응고시킨 뒤 건조해 단단하게 만든다. 여기에 소금으로 간을 하고 8도 정도의 온도와 90%의 습도를 갖춘 환경에서 3개월가량 자연 발효해서 만든다. 오래 숙성시키면 갈색으로 변하는데, 내부는 부드럽고 향과 질감이 풍부하다. 유럽의 산악지대에서 흔히 만들어 먹는 퐁듀의 훌륭한 재료이며, 얇게 슬라이스해서 파니니에 끼워서 먹기도 한다.

음식의 천연 조미료 역할을
톡톡히 하는 그라나 파다노

그라나 파다노 Grana Padano

이탈리아에서 가장 대중적인 치즈이자 세계적인 명성을 가지고 있는 치즈. 그라나 파다노의 그라나는 이탈리아어로 곡물, 알갱이를 뜻하는 Grana에서 유래했고, 파다노는 이 치즈가 처음 탄생한 파다나 밸리에서 유래했다. 역사가 매우 오래된 치즈로, 900년 전 파다나 밸리의 초원을 개간하고 소를 키웠던 키아라발레Chiaravalle 수도원의 수도사들이 남는 우유를 오래 보관하기 위해 개발했다. 우유에서 얻는 커드를 잘게 자르고 이를 높은 온도에서 가열해 응고시킨 다음, 강한 힘으로 압착 및 숙성시켜서 만든다. 치즈 자체가 천연 소금의 역할을 하므로 파스타, 리조또, 그라탕 등 각종 요리에 뿌려 먹는다. 얇게 슬라이스해서 와인 안주로 곁들여도 그만이다.

페코리노 로마노 Pecorino Romano

페코리노는 소가 아닌 양의 젖으로 만들어진 하드 치즈로, 치즈의 이름인 페코리노의 어원도 이탈리아어로 양을 뜻하는 Pecora에서 유래되었다. 페코리노 로마노는 이탈리아 내에서 가장 오래된 치즈로 그 역사가 무려 2,000년 전으로 거슬러 올라간다. 이름에서 짐작할 수 있듯이 이 치즈를 만들고 발전시킨 민족은 고대 로마인들이다. 기록에 따르면 군인에게 제공되는 식사에 페코리노 치즈가 필수적으로 제공되었다고 한다. 또한 고대 로마의 유명한 작가였던 콜루멜라는 그의 기념비적인 저서 《농업론》에서 페코리노 치즈의 제조 과정에 관해 기술한 바 있다. 페코리노 로마노는 전통적으로 로마 인근에서 만들어졌지만, 전 세계적으로 수요가 증가함에 따라 지금은 대부분 사르데냐섬에서 만들어진다. 만드는 방법은 그라나 파다노와 비슷하다. 다만 양의 젖으로 만들기 때문에 우유를 응고시키는 레넷은 반드시 어린 양의 위에서 추출한 것을 써야 한다. 그라나 파다노처럼 파스타나 라비올리, 리조또 등에 조미료처럼 뿌려 먹는 것이 보통이다. 물론 얇게 슬라이스 해서 와인 안주로 활용해도 좋다.

강렬한 향과 맛이 인상적인 페코리노

1. 파르미지아노 레지아노 생산 공장 **2.** 망치로 두드려서 치즈의 완성도 여부를 측정한다

파르미지아노 레지아노 Parmigiano Reggiano

치즈의 왕으로 불리는 치즈. 나폴레옹이 가장 좋아했던 치즈로 알려져 있다. 에밀리아나 로마냐의 특산품으로 품질 유지를 위해 제조 과정이 법으로 정해져 있다. 에밀리아나주의 파르마와 레지오 에밀리아에서 생산되며 치즈 이름도 여기서 비롯됐다. 그라나 파다노와 마찬가지로 키아라발레 수도원의 수도승들이 만들기 시작했으나, 그라나 파다노보다 생산 공정이 까다롭고 품질이 높다.

파르미지아노 레지아노는 첨가제나 보존제를 전혀 첨가하지 않으며, 우유, 바닷소금, 천연 레넷으로만 만든다. 우유를 하루 동안 그대로 두어 위에 뜬 기름만 걸러낸 것과 신선한 우유를 반씩 섞어서 레넷을 넣고 55도에서 데운다. 이때 생긴 커드를 잘게 부순 뒤에 그대로 두면 바닥에 덩어리가 가라앉는다. 이 덩어리를 분리해서 헝겊에 놓고 물기를 제거한 뒤에 원형 틀에 넣는다. 이후 한 달 정도 소금물에 담가 놓아 간을 하고, 긴 숙성을 거치면 비로소 하나의 치즈가 완성된다. 파르미지아노 레지아노는 틀의 사이즈가 정해져 있으며, 원형 틀 하나에 필요한 우유의 양은 무려 550리터라고 한다. 또한, 굳어진 치즈의 무게는 39kg이다. 치즈마다 고유 번호와 제조 연월일이 치즈 표면에 푸른색 점처럼 찍히는 것이 특징이다. 숙성은 18개월, 22개월, 30개월 이상으로 나뉘고, 오래 숙성시킬수록 맛과 향이 강해진다.

프로볼로네 Provolone

모짜렐라 치즈의 응용 버전. 소금물에 염장 중인 모짜렐라를 꺼내서 온도와 습도가 알맞은 곳에서 숙성을 시키면 프로볼로네가 된다. 숙성시킬 때는 마치 메주처럼 끈으로 묶어서 매달아 놓기 때문에 치즈의 외관이 울룩불룩한 형태를 띤다. 여러 형태가 있지만, 소시지처럼 긴 모양이 보통이다. 숙성 기간은 1개월에서 1년 이상이며, 숙성 시간에 따라 치즈의 풍미가 달라진다. 영한 프로볼로네는 살짝 감미가 있고 우유 맛이 많이 나지만, 숙성시킨 것들은 톡 쏘는 매운맛이 난다. 신선한 프로볼로네는 빵과 함께 먹거나 샌드위치의 속 재료로 쓰기도 한다. 오래 숙성시킨 것은 양념처럼 여러 음식의 풍미를 더하는 재료로 쓴다.

이탈리아 와인 페스티벌

이탈리아에서는 다채로운 와인 페스티벌이 연중 열린다. 이 가운데는 비니탈리처럼 세계적인 규모를 자랑하는 페스티벌도 있다. 또 각 지역의 개성을 듬뿍 담은 중소 규모의 와인 페스티벌도 흔하게 찾아볼 수 있다. 이탈리아 와인 여행을 플러스해 줄 중요한 와인 페스티벌을 소개한다.

1. 5월 마지막 주말에 열리는 칸티네 아페르테 축제 2. 칸티네 아페르테 전용 글라스

비니탈리 Vinitaly

프랑스의 비넥스포, 독일의 프로바인과 함께 세계 3대 와인 박람회로 꼽힌다. 1967년 처음 개최되어 셋 중에서 가장 오랜 역사를 자랑하며, 매년 봄 베네토의 베로나에서 열린다. 세계 최대 규모의 와인 경쟁 대회 및 전시회답게, 매년 4,000여 개가 넘는 업체와 13만여 명의 방문객이 찾는다. 전문인을 위한 전시회로 홍보하고 있지만, 꽤 많은 수의 일반인이 박람회에 참가하기 때문에 마치 축제 같은 분위기를 즐길 수 있다. 또한, 와인에 어울리는 각종 지역의 특산물이 함께 전시되기 때문에, 다채로운 이탈리아 와인과 음식을 즐기기 위한 사람들에게 이보다 완벽한 곳은 없다.

칸티네 아페르테 Cantine Aperte

칸티네 아페르테는 영어로 이야기하면 Open Cellars, 즉 와이너리를 개방한다는 의미다. 기간은 5월 마지막 주 주말, 단 이틀. 보통 와이너리들이 주말에 문을 닫는 곳들이 꽤 되는데, 이 시기만큼은 이탈리아 전국 방방곡곡 많은 와이너리가 셀러를 활짝 개방하고 손님들을 맞이한다. 다만 이 축제에 참여하는 와이너리는 Movimento Turismo del Vino라 불리는 단체에 속해 있는 곳들로 제한된다. 가야나 비온디 산티 같은 레전드 와이너리들을 기대하면 안 된다. 물론 행사에 참여하는 대부분의 와이너리들이 그 주를 대표하는 곳들로 리스팅 된다. 때문에 진정으로 어떤 주의 와인을 이해하려는 이들에게는 최고의 행사가 아닐 수 없다.

어디든 행사 리스트에 적힌 와이너리를 방문하면 Movimento Turismo del Vino라 쓰여 있는 글라스를 5유로로 살 수 있다. 그 글라스만 있으면 지역의 어느 와이너리든 약속 없이 방문해서 와인을 마음껏 테이스팅할 수 있다. 다만, 와인은 와이너리에서 정한 것만 무료로 맛볼 수 있다. 다른 주로 벗어나면 그 주의 이름이 쓰인 글라스를 새롭게 구매해야 한다. 또한, 와이너리마다 축제를 위해 준비한 여러 이벤트가 있어서 계속되는 시음과 와이너리 투어도 질리지 않고 즐길 수 있다. 예를 들어, 그 주에서만 맛볼 수 있는 특별한 햄이나 치즈 등을 페어링해 볼 수 있다든지, 무료로 와이너리 투어를 한다든지 등이다.

와인 앤 시에나 Wine & Siena

이탈리아에서 가장 먼저 열리는 대규모 와인 페스티벌. 토스카나의 매력적인 중세 도시 시에나에서 1월 말이나 2월 초에 열린다. 토스카나주가 자랑하는 와인은 물론, 이탈리아 북부와 남부를 대

1. 이탈리아인들과 함께 하는 즐거운 와인 행사 2. 캄파니아에서 열린 와인 시음회

표하는 주의 와인을 시음해 볼 수 있으며, 이에 어울리는 이탈리아 전통 음식 및 쿠킹 쇼가 함께 진행된다.

안테프리메 Anteprime

안테프리메는 안테프리마의 복수형으로, 안테프리마는 영어로는 프리뷰, 우리말로는 시사회라고 생각하면 된다. 즉 프랑스 보르도 엉프리뫼르처럼 토스카나 지역의 주요 와인들이 시장에 나오기 전에 미리 시음해 볼 수 있는 행사다.

토스카나 안테프리메는 대개 2월 중순 즈음 시작되며, 토스카나에서 열리는 모든 와인 행사 중에서 가장 중요한 것으로 여겨진다. 페스티벌은 토스카나가 자랑하는 와인 마을 곳곳에서 열린다. 토스카나 명품 와인 브루넬로 디 몬탈치노는 몬탈치노 마을에서, 귀족의 와인이라 일컬어지는 비노 노빌레 디 몬테풀치아노는 몬테풀치아노 마을에서, 토스카나 최상의 화이트 와인인 베르차냐 산 지미냐노는 산 지미냐노 마을 행사에서 시음해 볼 수 있다. 다만 키안티나 키안티 클라시코 쪽 와인들은 구역이 워낙 방대한 관계로 피렌체에서 몰아서 시음하는 경우가 많다. 각각의 도시들이 가진 매력이 넘치기 때문에 와인을 시음하고, 또 근처 레스토랑에서 이탈리아 전통 음식을 경험해 볼 수 있는 토스카나 최고의 와인 페스티벌이라 할 수 있다.

마리노 포도 축제 Sagra dell'Uva

이탈리아의 중세 도시 마리노에서 매년 10월 전후로 열리는 축제다. 마리노는 로마 남쪽의 구릉지 카스텔리 로마니의 대표적인 와인 생산지로, 고대 로마의 황제들이 이곳의 화이트 와인을 즐겨 마셨다고 전해진다.

마리노 포도 축제는 1925년에 시작해 현재까지 약 90여 년의 역사를 지닌 축제로, 한 해의 포도 농사가 무사히 끝난 것을 성모 마리아에게 감사하는 의미를 지니고 있다. 축제를 즐기는 거리의 사람들의 손에는 어김없이 와인잔이 들려 있는데, 과거부터 와인잔은 유리가 아닌 200ml 용량의 플라스틱이나 종이컵에 담는 것이 특징이다. 가격은 한 잔에 1유로.

축제의 하이라이트는 행사가 열리는 일요일 저녁, 마리노에 있는 센트로 스토리코 분수가 물 대신 와인을 뿜어내는 순간이다. 이 시간이 되면 기적의 분수 주변이 마비될 정도로 인산인해를 이룬다. 와인을 공짜로 마실 수 있기 때문이다. 와인이 다 떨어지면 마리노의 특산품인 청포도를 나눠준다. 흥겨운 축제의 분위기를 즐기고 싶은 이들에게 추천한다.

토스카나

이탈리아의 20개 주 모두가 각자의 역사와 와인 이야기를 가지고 있지만, 그중에서도
토스카나는 방대함과 다양성에서 끝판왕이라 할 수 있다. 한때 중세 이탈리아를 풍미했던
메디치 가문의 화려했던 과거를 엿보고 그들이 사랑했던 와인들을 마실 수 있는 곳.
이탈리아에서 와인 여행지로 단 한 곳만 꼽으라면 망설임 없이 토스카나다.

TOSCANA

토스카나의 역사
HISTORY

토스카나라는 이름은 과거에 이곳에 거주했던 에트루리아인에서 유래했다. 에트루리아인을 라틴어로 Etruscus라고 했는데, 전체를 발음하지 않고 짧게 Truscus로 불렀다고 한다. 로마인들은 그들을 Tusci라고 불렀고, 이것이 토스카나의 어원이 됐다.

에트루리아인들이 고대 로마에 의해 굴복 당하고, 로마가 다시 이민족들에 의해 멸망한 뒤 이탈리아 땅은 고트족, 비잔틴 제국의 지배를 차례로 받았다. 그리고 569년에는 롬바르드족이 토스카나 일대를 점령하면서 이 지역을 투스키아 공국으로 명명했다. 이후 롬바르드 왕국은 샤를마뉴 대제의 프랑크 왕국에게 굴복 당했고 그의 통치 아래 놓여 있었다. 샤를마뉴 대제의 사후 프랑크 왕국이 삼분되면서 복잡한 상황을 거쳤고, 결국 토스카나는 신성로마제국의 지배하에 놓이게 됐다. 하지만 기존의 이탈리아인이 살던 지역과 이민자가 사는 지역이 난립하고, 알프스산맥이라는 지리적인 차단 요소, 신성로마제국 황제와 교황 사이의 미묘한 갈등 때문에 각각의 도시들이 반독립적인 상태에서 자유롭게 성장할 수 있는 여건이 마련되었다. 이런 성향은 토스카나뿐만 아니라 이탈리아 전체에서 일어났던 현상이다. 이와 같은 자

토스카나의 역사적인 와인 비노 노빌레 디 몬테풀치아노

1. 토스카나의 역사와 궤를 같이 한 와인 **2.** 와인 라벨이 삭아 희미해진 빈티지 와인 **3.** 올드 빈티지 키안티

치 세력은 자유 도시나 공국, 공화국 등 다양한 형태로 발전했고, 유럽의 금융과 무역을 주도하는 막강한 세력으로 성장했다. 이들 도시국가는 고대 로마로부터 비롯된 문화적 유산이 풍부하게 남아 있던 덕분에 자연스럽게 종교, 사상, 철학의 중심지로 발전했고, 이것이 기반이 되어 르네상스 발원지가 될 수 있었다. 그리고 그 중심에 바로 토스카나가 있었다.

토스카나는 루카를 시작으로, 피렌체, 아레초, 시에나가 각자 세력을 넓히면서 발전해 나갔다. 이들 도시 국가는 로마와 프랑스를 오가는 순례자들을 위한 음식과 숙박업을 통해 교회와 여관을 중심으로 부를 쌓을 수 있었다. 특히 피사는 11세기 당시 토스카나에서 가장 강력한 도시국가였다. 피사는 해안가에 위치한 지리적 이점을 이용해 지중해 곳곳에 식민도시를 만들면서 부를 축적했고, 십자군 전쟁에서도 주된 역할을 했다. 한편 피렌체, 시에나, 루카는 은행업으로 부를 축적했는데, 플랑드르 지방(오늘날 네덜란드, 벨기에 지역)과 프랑스, 영국에까지 지점을 세우는 등 국제적인 사업으로 대단한 영향력을 끼쳤다. 하지만 피사는 멜로리아 전투에서 제노바에 패배한 뒤 13~14세기에 걸쳐 점차 쇠퇴하게 된다.

반면 피렌체는 아레초와 피사를 점령하여 15세기부터 토스카나 지역의 가장 중요한 도시이자 문화적 중심지로 군림하게 된다. 여기서 중요한 가문의 이름이 나온다. 바로 메디치Medici 家다. 약업으로 돈을 벌고, 그 돈으로 금융업을 시작해 유럽 제일의 부자로 등극한 메디치 가문은 15세기에서 18세기까지 피렌체 정계에 진출하여 막강한 영향력을 행사했다. 특히 르네상스 예술(가)의 대표적인 후원자였고, 3명의 교황과 2명의 프랑스 왕비를 배출하는 등 유럽 역사의 한 페이지에 기록되는 빛나는 행보를 보여줬다.

16세기에는 코시모 1세가 토스카나 대공으로 즉위하면서 대공가로 도약하면서 정점을 찍었지만, 이후 시대의 흐름을 타지 못하고 쇠퇴했다. 이유는 코시모 3세의 오랜 통치 기간 동안 무절제한 생활(향락) 때문이다. 1737년 메디치 가문의 마지막 토스카나 대공 지안 가스토네가 사망하고, 그의 누이이자 메디치 가문의 마지막 후계자였던 안나 마리아 루이자도 끝내 자식을 낳지 못하면서 대가 단절되었다. 안나는 메디치 가문이 소장하고 있던 모든 예술품을 피렌체 밖으로 반출하지 않는다는 조건하에 피렌체에 기증한다는 유언을 남기고 1743년 사망했다. 이후 토스카나의 대공 작위

1. 피사의 사탑 **2.** 우피치 미술관 **3.** 비너스를 묘사한 벽화

1. 와이너리에서 종종 오래된 와인을 저렴한 가격에 구입할 수 있다
2. 메디치가의 코시모 1세
3. 메디치가의 코시모 3세

는 당시 패자였던 합스부르크 왕가로 넘어갔고, 토스카나 공국은 레오폴드 1세의 통치 아래 이탈리아에서 가장 부유하고 강한 자치국이 되었다. 토스카나 공국은 1801년 합스부르크 왕가가 나폴레옹에게 패배하면서 잠시 부르봉 공작에게 넘어갔다가 1807년 나폴레옹 치하의 프랑스에 다시 병합되었다. 토스카나 대공 작위는 나폴레옹의 여동생이 차지했다. 1814년 나폴레옹이 몰락하자 다시 합스부르크에게, 그리고 1860년 최종적으로 이탈리아에 병합되게 되었다.

토스카나의 볼거리
TRAVEL

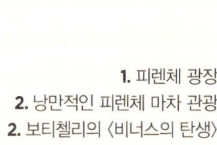
1. 피렌체 광장
2. 낭만적인 피렌체 마차 관광
3. 보티첼리의 〈비너스의 탄생〉

토스카나는 이탈리아의 한 주라기보다는 작은 국가로 표현해도 될 만큼 독보적인 여행지다. 토스카나의 진짜 매력을 탐구하기 위해 한 달을 기꺼이 투자해서 여행 오는 사람들도 많다. 목가적인 시골길, 중세의 모습을 그대로 간직한 도시와 마을들, 끝도 없이 이어지는 포도밭과 와이너리까지, 와인 애호가라면 평생에 한 번은 가봐야 할 곳이다.

르네상스 시대에 꽃피웠던 예술품 감상은 토스카나 와인 여행에서 또 다른 즐거움을 선사한다. 그리고 그 시작과 끝에 피렌체가 있다. 토스카나에서 시작해 온 유럽을 뒤흔들었던 메디치가는 르네상스 예술가들의 적극적인 후원자였기 때문에 피렌체에서 그들의 흔적과 역사를 찾는 일은 곧 르네상스를 꽃피웠던 예술가들의 발자취를 찾는 것과 마찬가지다. 그리고 그 중심에 피렌체가 자랑하는 우피치Uffici 미술관이 있다.

우피치는 영어의 Office로 사무실이라는 뜻이다. 이름 그대로 본래는 메디치가의 코시모 1세가 공무를 보기 위한 집무실이었다. 당대 유명 화가이자 건축가였던 지오르지오 바사리가 1560년부터 건축하기 시작해 알폰소 파리지에 이어 베르나르도 부온탈렌티가 1581년 완성했다. 짓는 데만 장장 20년이 걸린 당대 최고의 건축물로, 메디치가의 마지막 후손이었던 안나 마리아 루이자가 기부한 르네상스 회화의 걸작들이 전시되어 있다. 특히, 우피치 미술관의 작품들은 안나 마리아 루이자가 내건 '작품들은

외부로 유출할 수 없다'는 조항 때문에 이곳에서만 볼 수 있다는 점에서 더욱 특별하다. 우피치 미술관의 방대한 걸작 컬렉션 중에서 꼭 봐야 할 작품 5가지를 꼽아본다. 첫 번째 피에로 델라 프란체스카의 〈우르비노 공작 부부의 초상화〉. 사실주의 회화의 정수로, 공작 부부가 서로 마주 보는 형태로 전시되어 있다. 두 번째 레오나르도 다빈치의 〈수태고지〉. 다빈치의 화가로서의 천재적 재능을 확인할 수 있는 기념비적인 작품이다. 세 번째, 산드로 보티첼리의 〈봄〉. 우피치에서 가장 유명한 작품으로 캔버스를 수놓은 우아함과 섬세함에 넋을 잃고 바라보게 된다. 네 번째, 보티첼리의 〈비너스의 탄생〉. 이 또한 우피치를 대표하는 걸작으로 비너스가 바다에서 탄생해 조개를 타고 육지로 오는 장면을 묘사했다. 역사상 최초의 누드화이다. 다섯 번째, 라파엘로의 〈검은 방울새의 성모〉. 성모가 아기 예수와 성 요한을 바라보는 따뜻한 시선이 인상적인 작품이다. 여기서 예수와 요한이 손에 쥐고 있는 방울새는 고난을 상징한다고 한다.

우피치 미술관을 나오면 피렌체 한가운데로 통과하는 아르노강을 마주할 수 있다. 인생 사진을 남기기에 안성맞춤인 곳이다. 가장 추천하는 포토존은 베끼오 다리Ponte Vecchio. Ponte는 이탈리아어로 교량. Vecchio는 오래된이라는 뜻이다. 중세시대에 만들어진 유서 깊은 곳으로 우피치 미술관과 피티 궁전을 잇는다. 이외에도 영화 〈냉정과 열정 사이〉를 통해 우리에게 친숙한 두오모 성당, 피렌체의 만남의 광장인 시뇨리아 광장, 마키아벨리가 집무를 보았던 베끼오궁 등 매력적인 관광지가 피렌체 곳곳을 장식하고 있다.

피렌체를 벗어나면 또 다른 매력적인 도시 시에나가 기다리고 있다. 시에나는 공화국의 형태로 11세기 후반부터 1555년까지 존재했다. 14세기 시에나를 휩쓴 흑사병 이전에는 도시 인구가 무려 5만 명에 육박했을 만큼 번성했다. 하지만 오랜 경쟁 상대였던 피렌체 공국에 패배하고, 1555년 스페인에 항복하면서 시에나 공화국의 역사는 막을 내리게 된다. 비록 황금기가 짧았을지라도 그 번영의 산물은 거의 훼손되지 않은 채 남아 있다. 특히, 12세기부터 존재했던 시에나 대성당은 이탈리아 로마네스크-고딕 양식의 완성이라 볼 수 있다. 또한, 시에나 관광의 시작과 끝이라 할 수 있는 캄포 광장에서는 노천카페에 앉아 여유로운 시간을 만끽할 수 있다. 체력에 자신이 있다면 캄포 광장에 우뚝 솟아 있는 만자의 탑에 올라가 보자. 102m의 높이를 계단으로 올라가야 하지만, 시에나와 그 일대를 한눈에 담을 수 있다.

그 외에 피사의 사탑으로 유명한 피사, 피우스 2세 교황이 창조한 작은 도시 피엔차, 높은 타워로 자기들의 권력을 과시했던 귀족들의 마을 산 지미냐노, 광활한 포도밭 언덕과 구릉이 아름다운 발 도르치아도 토스카나의 주요 관광 포인트다. 이중 산 지미냐노는 꼭 가보기를 추천한다.

산 지미냐노는 피렌체에서 남쪽으로 약 56km 떨어진 역사적인 도시로 '아름다운 탑의 도시'라는 별명이 있다. 중세시대에 이 도시를 지배했던 귀족 가문들이 자신들의 부와 권력을 자랑하기 위해서 약 72채의 고층 건물을 세웠기 때문이다. 현재는 14채의 건물만 보존되어 있으며, 이중 몇몇은 높이가 50m에 달한다. 1262년에는 총 길이 2,177m의 성벽이 도시를 둘러싸면서 마을 전체가 요새화 되었다. 이 성벽에 걸터앉아 토스카나 시골 정경을 내려다보면서 한가로이 시간을 보내는 것도 산 지미냐노 여행의 묘미다.

미술학도들에게도 산 지미냐노는 중요한 관광 포인트다. 14, 15세기에 탄생한 걸작들이 본래 건축물에 설치되었던 상태 그대로 보존되어 있기 때문이다. 대성당에는 타데오 디 바르톨로의 프레스코 벽화인 〈최후의 심판〉과 〈천국과 지옥〉, 베노초 고촐리가 그린 〈성 세바스찬의 순교〉, 도메니코 기를란다요가 그린 〈성피나의 장례식〉과 〈성 요

1. 베끼오 다리와 아르노강 **2.** 피렌체 두오모
3. 시에나 캄포 광장 **4.** 피사의 대성당 **5.** 탑의 도시, 산 지미냐노

토스카나의 역사적인 도시, 시에나

한 세례당의 수태고지〉와 같은 훌륭한 벽화들이 전시되어 있다. 이외에 성 세바스찬과 성 아우구스티누스를 묘사한 베노초 고촐리의 거대한 벽화도 언급할 만하다.

마지막으로 볼게리를 빼놓을 수 없다. 볼게리는 이탈리아 토스카나주의 서부 해안에 있는 작은 마을이다. 현대 이탈리아 와인의 부흥을 이끈 슈퍼 투스칸으로 일약 스타덤에 오른 이곳은 전 세계 와인 애호가들의 성지가 되었다. 볼게리 마을은 천천히 걸어도 30분이면 모든 곳을 샅샅이 둘러볼 수 있는 규모다. 하지만 와인 애호가라면 한 걸음, 한 걸음을 섣불리 떼기가 어려울 정도로 온 마을이 와인 향기로 가득 차 있다. 골목골목을 수놓고 있는 에노테카에서는 이름만 들어도 가슴이 설레는 최고급 볼게리 와인들을 빈티지 별로 찾아볼 수 있다. 레스토랑에서는 매일 바뀌는 올드 빈티지 볼게리 와인과 토스카나 전통 음식의 마리아주를 즐길 수 있다. 우리 부부도 줄리아 거리(via giulia) 3번지에 위치한 Enoteca di Centro Di Innocenti Michele에서 지인들과 점심을 함께 했다. 그때 마셨던 레 마키올레 Le Macchiole의 팔레오 로쏘 Paleo Rosso 1993 빈티지와 트러플 파스타의 마리아주가 잊혀지지 않는다.

토스카나

| 아그리투리스모 Agriturismo |

종종 지인들로부터 이탈리아로 와인 여행을 가고 싶은데 어디가 좋은지 질문을 받는다. 그럴 때면 거의 망설임 없이 토스카나를 추천한다. 이탈리아의 20개 주 중에서 토스카나를 원픽으로 꼽는 가장 큰 이유는 아그리투리스모 때문이다.

아그리투리스모는 우리로 따지면 시골 농가 민박이다. 이탈리아 전역에 발달해 있지만, 토스카나가 가장 잘 되어 있다. 특히, 와이너리에서 운영하는 아그리투리스모를 심심치 않게 찾아볼 수 있어 와인 여행의 로망을 채우기에 정말 좋다. 잘만 고르면 토스카나 특산 음식에 와인을 매칭해 볼 수 있고, 드물지만 쿠킹 클래스를 운영하는 곳도 있다. 그리고 가끔 수백 년 된 고옥에서 하룻밤을 보낼 기회가 생길 수도 있다. 오래된 집은 분명 불편하겠지만, 모던한 호텔 방에서는 절대 느낄 수 없는 것들을 추억으로 남길 수 있을 것이다. 사심을 담아, 기회가 되면 꼭 가봤으면 하는 몇 곳의 아그리투리스모를 추천한다.

1. 토스카나 팔라쪼 베끼오 와이너리 2. 아그리투리스모에서는 요리도 배울 수 있다 3. 자연과 함께 하는 아그리투리스모에서의 진정한 휴식

팔라쪼 베끼오 Palazzo Vecchio(p123)

포도밭 정중앙에 위치한 와이너리 건물이 토스카나 전원 마을의 모범이라 할 수 있을 정도로 아름답다. La Dogana라는 레스토랑과 매력적인 쿠킹 클래스를 운영하고 있다.

카스텔로 디 아마 Castello di Ama(p150)

키안티 지역의 중심부 가이올레 인 키안티 Gaiole in Chianti에 있으며, 코르토나와는 차로 약 1시간 거리다. 카스텔로 디 아마는 토스카나의 TOP 와이너리 중 하나로, 가구 수가 몇 되지 않는 작은 중세 마을 아마에 있다. 마을 전체에 오너가 초대한 컨템퍼러리 아티스트의 작품들이 채워져 있으며, 레스토랑, 숙박시설, 와인 샵, 테이스팅 룸이 있다. 와인과 예술을 즐기기에 완벽하다.

니따르디 Nittardi(p156)

카스텔로 디 아마와 마찬가지로 키안티 중심부에 있으며, 코르토나에서는 차로 약 1시간 반 거리다. 이 역사적인 와이너리는 한때 이탈리아의 천재 예술가 미켈란젤로의 소유였다. 현재는 독일의 Die Gallery 관장인 피터 펨퍼트가 운영하고 있으며, 매해 유명 작가들을 초청해 아티스트 레이블을 만들고 있다. 와이너리는 아그리투리스모, 와인 샵, 갤러리, 테이스팅 룸, 넓은 정원까지 갖춘 복합문화공간이다. 다만 레스토랑은 없다.

이외에도 유명 와이너리 카스텔로 디 베라짜노 Castello di Verrazzano(p138), 카스텔로 디 퀘르체토 Castello di Querceto(p143), 카스텔로 비끼오마지오 Castello Vicchiomaggio(p137), 카스텔로 반피 Castello Banfi(p136)도 아그리투리스모를 함께 운영하고 있으니 토스카나 여행을 계획할 때 참고하자. 물론 와이너리에서 운영하는 것이 아니어도 매력적인 아그리투리스모는 얼마든지 있다. 여행 경비와 위치를 고려해 선택하면 된다.

1. 토스카나의 특산 살라미 피노끼오나 2. 판짜넬라 3. 치즈와 살라미를 시식해보고 구매할 수 있는 샵

토스카나의 미식
EAT

동쪽으로는 아펜니노산맥, 서쪽으로는 티레니안해, 가운데는 넓게 펼쳐진 구릉과 포도밭. 거기다가 중세 도시국가의 번영이 이루어 낸 풍부한 자본. 이런 배경이 토스카나의 미식 문화를 풍부하고 고급스럽게 만들어주었다. 이를 뒷받침해주듯 메디치가는 자기네들의 수준 높은 미식을 프랑스로 전파했고, 프랑스 요리의 원조가 토스카나 음식이라고 전해진다.

토스카나에서는 애피타이저로 구운 빵 위에 각종 소스나 재료를 올린 카나페가 일반적이다. 대개 닭의 간이나 비장을 익혀 으깬 크림을 빵 위에 발라 먹는다. 판짜넬라Panzanella라 부르는 토스카나 특유의 샐러드도 토스카나를 여행할 때 자주 볼 수 있는 애피타이저다. 촉촉한 빵과 토마토가 메인 재료이며, 여기에 양파와 바질 같은 각종 야채와 허브를 기호에 따라 넣은 뒤 올리브와 발사믹 식초를 뿌려서 먹는다. 지역의 특산 화이트 와인 베르나챠 디 산 지미냐노Vernaccia di San Gimignano와 환상적으로 어울린다.

토스카나의 특산 살라미인 피노끼오나Finocchiona도 식탁에 흔하게 올라오는 음식이다. 피노끼오나는 중세 말부터 먹기 시작했다는 기록이 있을 정도로 오랜 시간 토스카나 사람들이 즐겨 온 살라미다. 피노끼오나의 특징은 후추 대신 토스카나의 시골 어디서나 잘 자라는 펜넬을 주 향신료로 썼다는 것. 건조한 소시지인 살라미는 고기의 누린내를 잡기 위해 향신료를 첨가하는 것이 일반적이다. 다만 당시에는 후추가 매우 비쌌기 때문에 토스카나에서는 이를 대신해 펜넬을 쓰기 시작했다. 흥미로운 사실은 펜넬에는 입안을 얼얼하게 만드는 멘톨 성분이 매우 풍부하게 들어있기 때문에, 과거 질 낮은 키안티 와인이 서빙 될 때 미리 피노끼오나를 서빙해서 와인의 단점을 가리려 했다는 것이다. 물론 지금은 키안티 와인의 품질이 비약적으로 상승했기 때문에 이런 싸구려 눈속임은 사라졌지만, 여전히 키안티와 피노끼오나는 좋은 궁합을 이룬다.

유명한 수프로는 리볼리타Ribollita가 있다. 여러 스타일이 있지만, 보통 남은 빵과 카넬리니 콩, 당근, 양배추, 비트, 양파 등 쉽게 구할 수 있고 저렴한 채소를 한데 끓여서 먹는다. 대부분 토스카나 요리가 그렇듯, 이 수프도 소작농들이 만들어 먹던 것에서 출발했으며, 남은 미네스트로네Minestrone(채소나 파스타로 만든 전통 스프)를 다시 끓여서 만든 요리가 현재에 이르렀다. 리볼리타의 뜻 자체가 두 번 끓였다는 뜻이다. 중세 시대의 기록을 보면 영주의 연회에서 남은 음식들을 하인들이 큰 솥에 모조리 넣고 빵과 함께 걸쭉하게 끓여 먹었다는 기록이 남아 있다.

토스카나는 수제 파스타의 시초가 남아 있는 곳이다. 오로지 물과 밀가루로만 반죽한 것을 손으로 둥글게 밀어낸다. 특히 시에나에는 우동 같이 통통한 피치Pici 파스타가 유명하다. 누가 반죽하느냐에 따라서 굵기와 길이가 모두 다르며, 반죽에 달걀을 첨가

1. 고기의 잡내를 잡아주는 향신료 펜넬 **2.** 이탈리아인들의 주식 토마토와 치즈 그리고 바질

1. 카츄꼬 수프 **2.** 피치 파스타 **3.** 리볼리타

하는 곳도 있다. 피치 파스타는 소스와 고명에 따라 스타일이 천차만별이기 때문에 그에 맞춰 와인 매칭도 다채로워진다. 보통 토마토소스나 라구 소스에 비벼 멧돼지, 토끼 같은 야생 고기를 함께 주기 때문에 풍미가 좋은 키안티 클라시코와 함께 먹는 것을 추천한다.

해산물 요리로는 카츄꼬Cacciucco 수프가 있다. 토스카나의 해변 마을과 북쪽의 리구리아주에서 자주 해먹는 요리로, 일종의 해산물 수프라고 생각하면 된다. 특히, 토스카나의 항구 도시 리보르노가 매우 유명하다. 흥미로운 것은 정통 카츄꼬라면 반드시 각기 다른 다섯 종의 생선이 들어가야 한다는 점이다. 그리고 요리 이름이 C로 시작하기 때문에 적어도 한 종의 생선은 이름이 C로 시작되어야 한다. 지역마다 부재료는 천차만별이며, 대개 양파, 토마토, 주키니호박, 마늘, 여러 향신료가 들어간다. 우리나라의 해물탕처럼 시원한 맛이 일품이다. 토스카나에서 나오는 신선한 화이트 와인과 주로 매칭한다.

고기 요리로는 비스테까 알라 피오렌티나Bistecca alla Fiorentina를 반드시 맛봐야 한다. 피렌체식 티본 스테이크다. 피렌체는 르네상스 시대부터 가죽 산업으로 명성을 떨쳤던 곳으로 자연스럽게 소고기를 활용한 요리법이 발달했다. 비스테까 알라 피오렌티나는 지금까지 최고의 소고기 요리로 전 세계적인 사랑을 받고 있다. 단순히 소고기 스테이크라 생각할 수 있지만, 비스테까 알라 피오렌티나는 매우 까다로운 조리법을 지켜야 한다. 잘 손질된 소고기를 차가운 온도에서 적어도 2주는 숙성을 시켜야 하며, 무게는 1~1.5kg 정도가 되어야 한다. 두께는 5~6cm. 바비큐 그릴을 데울 때는 오크, 올리브나무로 만든 숯불을 사용해야 한다. 고기 한 면당 3~5분 정도 익혀야 하는데, 겉은 바삭하게 잘 구어야 하고, 속은 선홍색을 띠는 레어 상태지만 따뜻해야 한다. 씹었을 때 부드럽고 풍부한 육즙이 나오면 좋은 비스테까 알라 피오렌티나다. 이밖에 뿔닭이나 돼지고기, 사냥한 고기(특히 토끼)는 꽤 대중적인 고기 요리로 레스토랑 메뉴에서 쉽게 찾아볼 수 있다. 유명한 디저트에는 카스타나쵸Castagnaccio라 불리는 체스트넛 케이크, 부첼라토Buccellato라 불리는 아니스 케이크, 빵에 견과류가 들어간 칸투치Cantucci가 있다.

| 안티코 리스토란테 페스텔로 Antico Ristorante Pestello |

토스카나에 수도 없이 많은 비스테까 알라 피오렌티나 전문 레스토랑이 있을 텐데, 우리 부부가 선택한 레스토랑은 이곳이었다. 한 마디로 가성비 좋은 비스테까 알라 피오렌티나 레스토랑이다. 피렌체에서 남쪽으로 차로 한 시간 정도 걸리는 시골에 있어서 접근성은 좋지 않지만, 목가적인 토스카나 전원 풍경 속에서 차분하게 식사할 수 있다. 비스테까 알라 피오렌티나뿐만 아니라, 피치 파스타를 비롯해 다채로운 토스카나 전통 음식들을 맛볼 수 있다. 맛도 좋은데 가격까지 착해서 매우 추천하고 싶은 곳이다. 근방에 와이너리들이 몰려 있기 때문에 다채로운 토스카나 와인들을 갖추고 있으며, 와인 또한 저렴한 편이다. 레스토랑의 기본적인 정보는 구글 검색을 통해 쉽게 찾아볼 수 있다.

 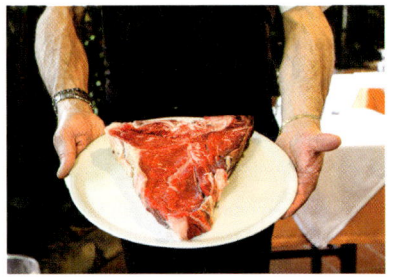

토스카나의 와인
WINE

와인은 잘 몰라도 키안티라는 단어는 어디선가 들어봤을 정도로 키안티Chianti는 토스카나는 물론 이탈리아를 대표하는 와인이라고 할 수 있다. 이밖에 브루넬로 디 몬탈치노Brunello di Montalcino라든지, 비노 노빌레 디 몬테풀치아노Vino Nobile di Montepulciano는 이 지역을 대표하는 슈퍼 프리미엄 와인이다. 토스카나는 포도 재배 면적으로만 따지면 시칠리아, 베네토, 풀리아에 이어 4위를 차지하고 있는데, 생산량은 6위(88,040ha, 2020년 기준)다. 토스카나의 땅이 척박하고, 생산자들은 양보다는 질에 우선해서 포도를 수확하기 때문이다.

토스카나의 와인 역사는 에트루리아인들로부터 시작됐다. 고대 그리스인들과 더불어 이탈리아 와인의 시조라고 여겨지는 민족이다. 이후 에트루리아인들은 고대 로마에게, 로마는 이민족들에게 멸망하고 중세를 거쳐 와인의 주체는 수도원으로 넘어갔다. 중세로 들어서자 귀족과 상인 계급이 생겼고, 밭을 빌려주고 이익을 챙기는 소작농에 대한 개념도 생겨났다. 당시에는 이를 Mezzadria라고 했는데, Mezza라는 단어는 '절반(중간)'이라는 뜻이다.

지주들은 소작농으로부터 포도 생산량의 절반을 받아 와인으로 양조한 뒤에 피렌체의 상인들에게 팔았다. 이와 같은 와인 소매업자에 대한 기록은 무려 1079년으로 거슬러 올라간다. 그리고 이들의 연합인 길드는 1282년에 최초로 설립되었다고 전해진다. 당시 가장 유명한 길드로는 Arte dei Vinattieri가 있었는데, 현재 토스카나 최고의 와이너리

비노 노빌레 디 몬테풀치아노가 저장된 오래된 와인 셀러

인 안티노리Antinori의 선대 지오반니 디 피에로 안티노리Giovanni di Piero Antinori도 길드의 일원(1385년 가입)이었다.

당시 이 길드의 엄격한 와인 판매 규칙도 기록이 남아 있다. 예를 들어 교회 근방 100야드 안에서 와인 판매 금지, 15세 이하 어린이, 임산부, 건달, 도둑에게 와인 판매 금지 같은 조항이다. 참고로 14세기 피렌체에서 연간 팔린 와인의 양이 무려 2억9,904만 리터였다고 한다. 당시 와인이 사회적, 문화적으로 얼마나 중요한 위치에 있었는지 반증한다.

귀족의 와인이라 일컫는 비노 노빌레 디 몬테풀치아노에 대한 기록도 14세기부터 찾아볼 수 있다. 당시 토스카나의 상인이었던 프란체스카 디 마르코 다티니의 기록에 의하면 이 와인을 가벼운 화이트 와인으로 묘사한다. 다티니는 책으로도 출판된 바 있는 《프라토의 중세 상인》의 주인공이다. 그 당시는 화이트나 스위트 와인이 레드 와인보다 대중적이었다. 특히, 스위트 와인은 만들기가 까다로워 고급 와인으로 여겨졌다. 토스카나를 대표하는 화이트 와인인 베르나챠 디 산 지미냐노는 사프론보다 귀했다고 한다. 이후 나폴레옹이 몰락하고 이 지역이 다시 합스부르크가에 의해 통치될 때 리카솔리Ricasoli의 이름이 토스카나 와인 역사에 등장한다.

리카솔리 가문은 1141년 피렌체 공화국으로부터 카스텔로 브롤리오Castello Brolio의 땅과 성의 소유권이 주어지면서 봉신으로 임명된 가문이다. 이후 15세기 리카솔리 가문은 피렌체와 시에나의 긴 싸움이 끝난 후 브롤리오 지역에 포도 재배를 시작했다. 리카솔리 가문의 전성기는 브롤리오의 백작이자 두 번째 남작이었던 베띠노 리카솔리 Bettino Ricasoli 시절이다. 그는 독일과 프랑스를 여행하면서 선진화된 와인메이킹 비법을 공부했고, 고향으로 돌아오면서 몇몇 국제 품종을 들여와서 자신의 포도밭에서 여러 실험을 했다고 한다. 그런데 오히려 그 과정에서 토착 품종인 산지오베제, 카나이올로, 말바지아의 우수성에 눈을 뜨게 되었고, 이탈리아 전통 품종으로 훌륭한 품질의 와인을 만드는 와인 명가로 거듭났다. 바론 리카솔리는 현재 세계에서 가장 오래된 와이너리 중 하나이다.

현재는 키안티 클라시코 와인의 심볼인 검은 수탉의 탄생도 도시 국가가 발전하던 중세시대에 생겨났다. 토스카나 서열 1, 2위를 다투던 피렌체와 시에나는 구릉이 즐비한 키안티 지역을 차지하기 위해 늘 으르렁댔다. 키안티 지역은 곡식을 재배하기에는 적당하지 않았지만, 포도만큼은 예외였다. 질 좋은 포도주의 땅을 차지하기 위한 영토 싸움 때문에, 두 도시 국가는 별로 얻는 것도 없이 피해만 커졌고, 결국 특이한 방법으로 국경을 정하기로 한다. 새벽에 우는 수탉의 울음소리를 신호탄 삼아 출발한 기사가 서로 만나는 지점을 국경선으로 정하기로 한 것. 이 경쟁에서 이기려면 상대보다 우리 수탉이 먼저 우는 게 관건이다. 피렌체는 검은 수탉을 골라 굶겼고, 시에나는 하얀 수탉을 골라 배불리 먹였다. 결전의 날, 굶주린 검은 수탉은 배고픔에 일찍 울음을 토했고, 피렌체의 기사는 시에나보다 12km를 더 달려 더 많은 땅을 차지할 수 있게 되었다는 이야기다. 이후 검은 수탉은 피렌체의 용맹을 상징하는 심볼이 되었고, 20세기 초 결성된 키안티 클라시코 와인 협회는 자신의 심볼을 검은 수탉으로 정했다.

참고로 이 검은 수탉 엠블렘을 자세히 보면 아래에 'dal 1716'이라 쓰여 있는 것을 볼 수

키안티 클라시코 엠블렘

있다. 이는 키안티 와인 지역이 최초로 지정 된 해다. 토스카나의 대공 코시모 3세는 카스텔리나 인 키안티, 가이올레 인 키안티, 라다 인 키안티 세 마을과 약 3.2km에 달하는 그레베 언덕의 마을들만이 키안티 와인을 생산할 수 있다는 칙령을 발표했다. 이는 키안티 와인의 품질을 보호하기 위한 것으로, 세계 최초의 원산지 보호법 중 하나라고 볼 수 있다.

두 차례에 걸친 세계대전, 그리고 필록세라 이후 최악 일로를 걷던 토스카나의 와인 산업은 한 인물에 의해서 재기의 발판을 마련한다. 안티노리 와이너리의 현 오너 피에로 안티노리가 주인공. 당시 토스카나의 대표 와인인 키안티 와인을 만들기 위해서는 정부의 지침에 따라 화이트 품종을 섞어서 만들어야 했다. 이에 반발해 정부의 규제를 따르지 않고 탄생한 와인들의 집합이 슈퍼 투스칸이다. 최초에는 사씨카이아Sassicaia가 있었고, 이어 세계적인 명성의 티냐넬로Tignanello가 세계 와인 업계를 강타하면서 와인 애호가들의 이목을 토스카나로 집중시켰다. 이 와인들은 규제를 무시하고 만들어졌기 때문에 이탈리아 와인 법에서 가장 낮은 등급인 비노 다 타볼라로 유통되었지만, 세계의 찬사를 받으며 토스카나는 물론 이탈리아 와인 산업의 한 단계 발전을 이루어냈다.

1. 유명한 키안티 생산자인 펠시나에서의 테이스팅
2. 유명 와이너리 니따르디의 키안티 클라시코
3. 숙성 중인 키안티 와인
4. 토스카나의 명품 와인 브루넬로 디 몬탈치노
5. 키안티 와인을 상징하는 검은 수탉

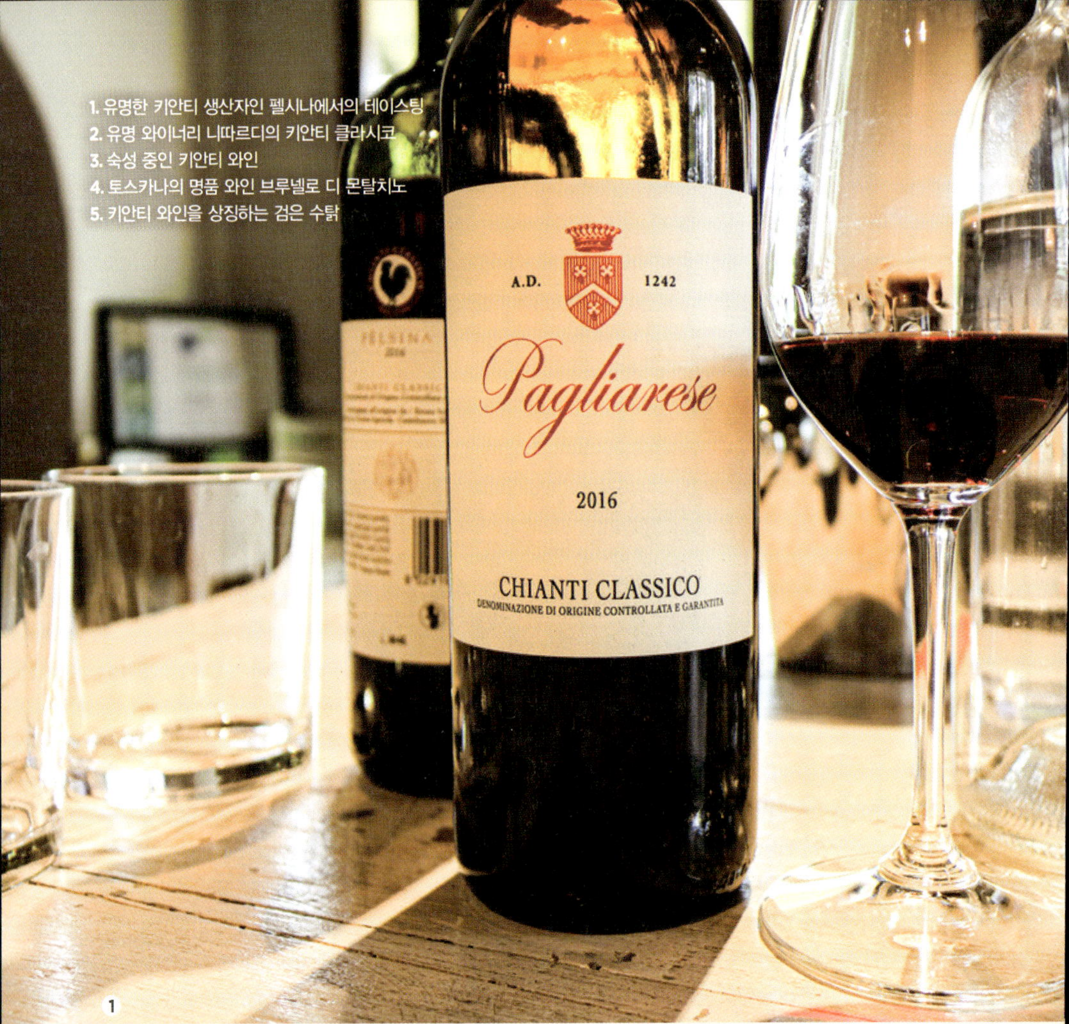

1

3

4

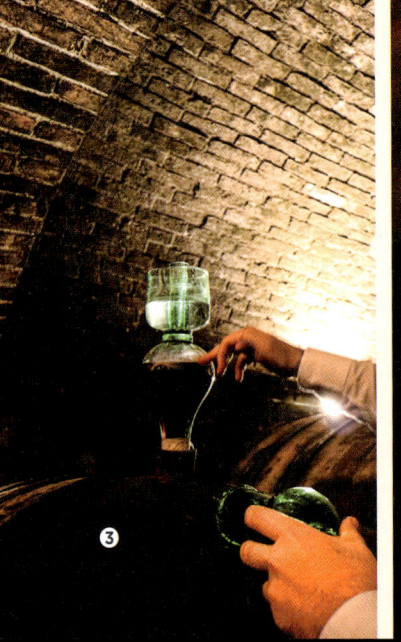

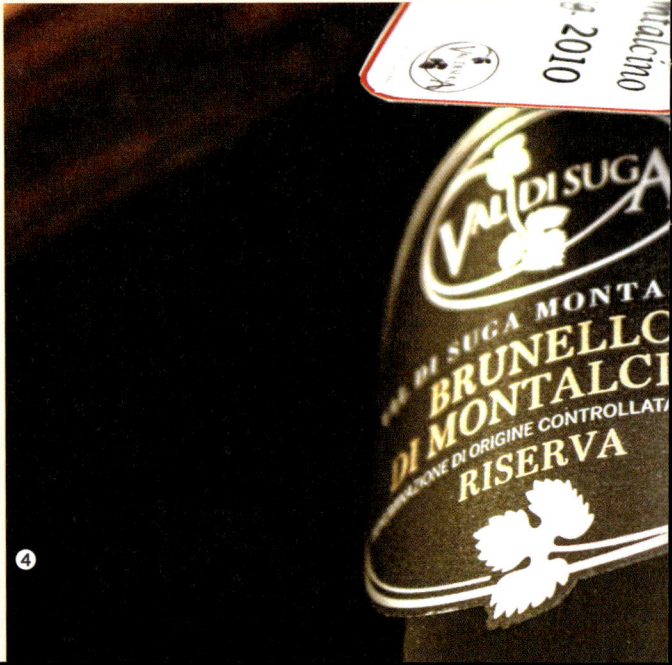

| 슈퍼 투스칸의 탄생 |

이탈리아는 통일 국가를 이룬 뒤에도 한동안 프랑스 와인에 가려 제대로 빛을 보지 못한 비운의 와인 생산국이었다. 국가적인 통합을 이룬 프랑스 와인과는 달리 지방 분권적인 성향이 매우 강했던 이탈리아는 와인의 세계 또한 통합을 이루기가 불가능했다. 이 와중에 1960년대 중부 토스카나 지방의 혁신적인 품질 향상을 이룬 슈퍼 투스칸이라는 와인이 혜성처럼 등장하면서 극적인 변화를 이루게 된다.

슈퍼 투스칸의 역사는 키안티 와인에서부터 시작했다. 키안티는 토스카나 면적의 절반 정도를 차지하는 방대한 넓이의 지명을 이야기하는데, 슈퍼 투스칸이 등장하기 이전의 키안티는 적포도인 산지오베제에 청포도인 말바지아나 트레비아노를 블렌딩 하도록 법으로 정해져 있었다. 레드에 화이트 품종을 섞다니, 지금 생각하면 이상하지만 그때는 그랬다. 그렇다 보니 키안티 와인은 자연스럽게 산도가 높을 수밖에 없었다. 또 다른 문제는 키안티의 수요가 늘자 생산자들은 질보다는 양에 우선한 것이다. 심지어는 다른 지역에서 가져온 저급의 산지오베제 클론으로 와인을 만들어 수요를 충당했다. 당연히 품질이 날로 떨어지고, 국제적인 명성도 추락하기 시작했다. 당시 키안티의 별칭이 스파게티 키안티였는데, 이 말은 키안티가 불티나게 팔리는 대중적인 와인이라는 뜻도 있지만, 싸구려 와인이라는 의미도 섞여 있었다.

키안티의 와인 산업이 붕괴할 조짐을 보이자 산지오베제에 청포도를 섞어 와인을 만들도록 한 정부의 규제에 거부하는 와인들이 모습을 드러내기 시작했다. 바로 슈퍼 투스칸의 등장이다. 최

1. 유명한 슈퍼 투스칸 구아도 알 타쏘 2. 슈퍼 투스칸 와인의 본고장 볼게리 마을
3. 토스카나 와인 애호가들의 성지 볼게리

슈퍼 투스칸의 상징 사씨카이야

초의 슈퍼 투스칸 와인은 마르케제 마리오 인치사 델라 로케타Marchese Mario Incisa Della Rocchetta가 탄생시킨 사씨카이아Sassicaia였고, 그다음이 안티노리에서 출시한 티냐넬로 Tignanello다. 사실 이 두 와인은 깊은 관계를 지니고 있다.

1948년 마리오는 당시 볼품없는 와인 산지였던 토스카나의 해안 마을 볼게리에 프랑스의 5대 샤또 중 하나인 샤또 라피트 로칠드에서 가져온 까베르네 소비뇽으로 사씨카이아를 처음 탄생시켰다. 결과는 실망스러웠다. 하지만 그는 포기하지 않고 전설적인 와인메이커였던 안티노리의 쟈코모 타키스Giacomo Tachis에게 컨설팅을 요청했다. 그때가 1965년이다. 참고로 안티노리와 마리오 집안은 서로 혼인관계여서 이런 도움을 요청하고 받기가 수월했다고 한다. 쟈코모의 컨설팅으로 포도밭은 새롭게 옮겨졌고, 까베르네 소비뇽 이외에도 까베르네 프랑과 메를로도 재배되었다. 그리고 당시에는 센세이션이라고 불릴만한, 프렌치 오크에서 24개월을 숙성시켰다.

쟈꼬모 타키스의 터치를 받은 사씨카이아는 마치 마법처럼 유명 와인 매거진《Decanter》에서 주최한 블라인드 테이스팅의 최고의 레드 와인으로 꼽히면서 전 세계를 놀라게 했다. 자존심 강한 이탈리아인들이 자존심을 구기고 프랑스 품종으로, 또 프렌치 오크통에서 숙성시켜 만든 슈퍼 투스칸은 당시 허물어져 가는 이탈리아 와인의 미래이자 뉴웨이브라 부를 수 있을 정도였다.

쟈코모는 본래 안티노리의 와인메이커였으니, 안티노리도 바로 티냐넬로를 출시했다. 곧이어 티냐넬로 포도밭에서 가장 좋은 포도만을 이용한 솔라이아Solaia도 차례로 출시한다. 그리고 2000년, 미국의 유명 와인 매거진인《Wine Spectator》에서 솔라이아 1997년 빈티지를 올해의 와인으로 꼽으면서 사씨카이아가 단순히 운이 아니었음을 증명했다. 슈퍼 투스칸의 성공으로 이탈리아는 비로소 길고 길었던 자기만의 터널에서 벗어나 새로운 세계를 맞이하게 된 셈이다.

토스카나의
주요 포도 품종
MAIN GRAPE

※ 토스카나의 대표 품종은 레드에 산지오베제, 화이트에 트레비아노가 있다. 다만 이 두 품종은 이미 이탈리아 TOP 10 품종에서 설명 했으니 여기서는 제외한다.

카나이올로 Canaiolo

토스카나에서 산지오베제 다음으로 잘 알려진 대중적인 레드 품종. 품종의 기원은 불확실하지만, 이미 에트루리아시대 때부터 재배된 토스카나의 토착 품종으로 여겨진다. 최초의 문헌은 14세기 중반으로 거슬러 올라가며 볼로냐 출신의 학자 Pier De Crescenzi의 작품에 Canajuola라는 이름과 함께 아름답고 보존해야 할 포도로 묘사되어 있다. 다른 기록으로는 1600년대 초 문서에 Uva Canaiola Colore, 또는 Uva di Canaiolo Colore라는 이름으로 여러 차례 등장한다.
카나이올로는 단일 품종으로 양조될 경우 풀 바디하며 진한 색, 높은 알코올 도수, 쓴맛의 특징을 보이기 때문에 어느 정도 숙성이 필요하다. 강한 풍미를 지니고 있어서 대부분 산지오베제에 소량을 블렌딩하는 용도로 주로 쓰인다.

칠리에지올로 Ciliegiolo

레드 품종. 품종의 어원은 '체리 색의 껍질', 혹은 '만들어진 와인에서 나는 체리 향'에서 비롯되었다. 경사지에서 잘 자라고 고온 건조한 기후에서 풍부한 생산량을 보인다. 중부 지방 전체에서 널리 재배되고 있는데, 그 중에서도 원탑은 역시 토스카나. 특히 마렘마 Maremma 근처에서 많이 재배된다.
단일 품종으로 양조할 경우 체리빛 테두리를 두른 전형적인 루비색, 좋은 바디와 적당한 알코올, 때때로 산미의 결핍으로 다소 밋밋한 풍미의 특징을 지닌다.

베르나챠 디 산 지미냐노
Vernaccia di San Gimignano

토스카나를 대표하는 프리미엄 화이트 품종. 간단히 베르나챠라고도 부른다. 이 품종에 대한 최초의 자료는 1276년으로 거슬러 올라간다. 이 포도로 만든 와인은 이미 그때부터 뛰어난 품질을 인정받아 최고급으로 여겨졌다. 이 때문에 교황청이나 메디치가 같은 귀족 혹은 왕가에 바치는 선물로 쓰였다고 전해진다. 이 품종과 와인에 관한 역사적 문헌들은 산 지미냐노의 시립 도서관에 보관되어 있을 정도다.
베르나챠는 일정하고 높은 생산량을 보장한다. 와인으로 만들어지면 황갈색을 띠지만, 시간이

지날수록 황금빛에 가까워진다. 섬세하면서도 강렬한 향, 야생 사과와 흰 꽃을 연상케 하는 아로마, 드라이하며 조화로운 맛, 다소 쓴 후미, 적당한 산미를 지닌 와인으로 탄생한다.

말바지아 Malvasia

이탈리아 와인 산업에서 가장 중요한 위치를 차지하고 있는 화이트 품종(소수의 레드도 포함) 중 하나. 말바지아는 수많은 유사 품종들이 있는데, 대체로 와인으로 만들어지면 달고 향이 강하며 약간 쓴 맛을 지니는 것이 특징이다.

이 품종의 명칭은 그리스의 작은 해안 마을 Monemvasia에서 유래했다. 과거에 유명한 항구였기 때문에 이곳을 방문한 다른 곳의 상인들이 이 품종을 유럽의 다른 지역에 팔기 시작하면서 널리 퍼지게 됐다. 중세시대 말바지아는 베네치아 공국의 후원으로 1700년대에 이르기까지 가장 중요한 와인으로 유럽 전체에서 유명세를 떨쳤다. 당시 베네치아에는 말바지아라는 이름을 단 수많은 술집이 있었으며, 여기서는 오직 말바지아로 만든 와인만 마셨다고 한다. 토스카나에서 주로 재배되는 말바지아는 말바지아 비앙카 룽가Malvasia Bianca Lunga다. 간단히 말바지아 토스카나라고 부르기도 한다. 키안티 지역에서 수세기에 걸쳐 재배된 유서 깊은 품종으로 과거에 리카솔리가 만들어 낸 키안티 제조법에 포함된 품종이기도 했다.

단일로 양조되면 황갈색을 띠며, 아로마가 가볍고 신선하다. 맛은 부드럽고 알맞은 바디감과 알코올 도수를 지닌 무난한 와인으로 탄생한다.

안소니카 Ansonica

고대에 시칠리아로 넘어와 이탈리아 남부와 사르데냐, 엘바 섬으로 퍼진 유서 깊은 품종. 이탈리아 중부의 덥고 건조한 지역에서도 잘 자라는 뛰어난 적응력을 자랑하며, 산성토, 미네랄 함유가 적은 불모지에서도 굉장한 생존력을 보여준다. 토스카나에서는 주로 해안지대에서 재배하고 있다. 단일 품종으로 양조 되면 초록빛이 감도는 투명한 색 또는 금빛을 띠며, 향이 좋은 와인으로 탄생한다. 특히 산미가 다소 낮으며 전체적으로 균형 잡힌 맛과 약간 높은 도수를 지니는 것이 특징이다.

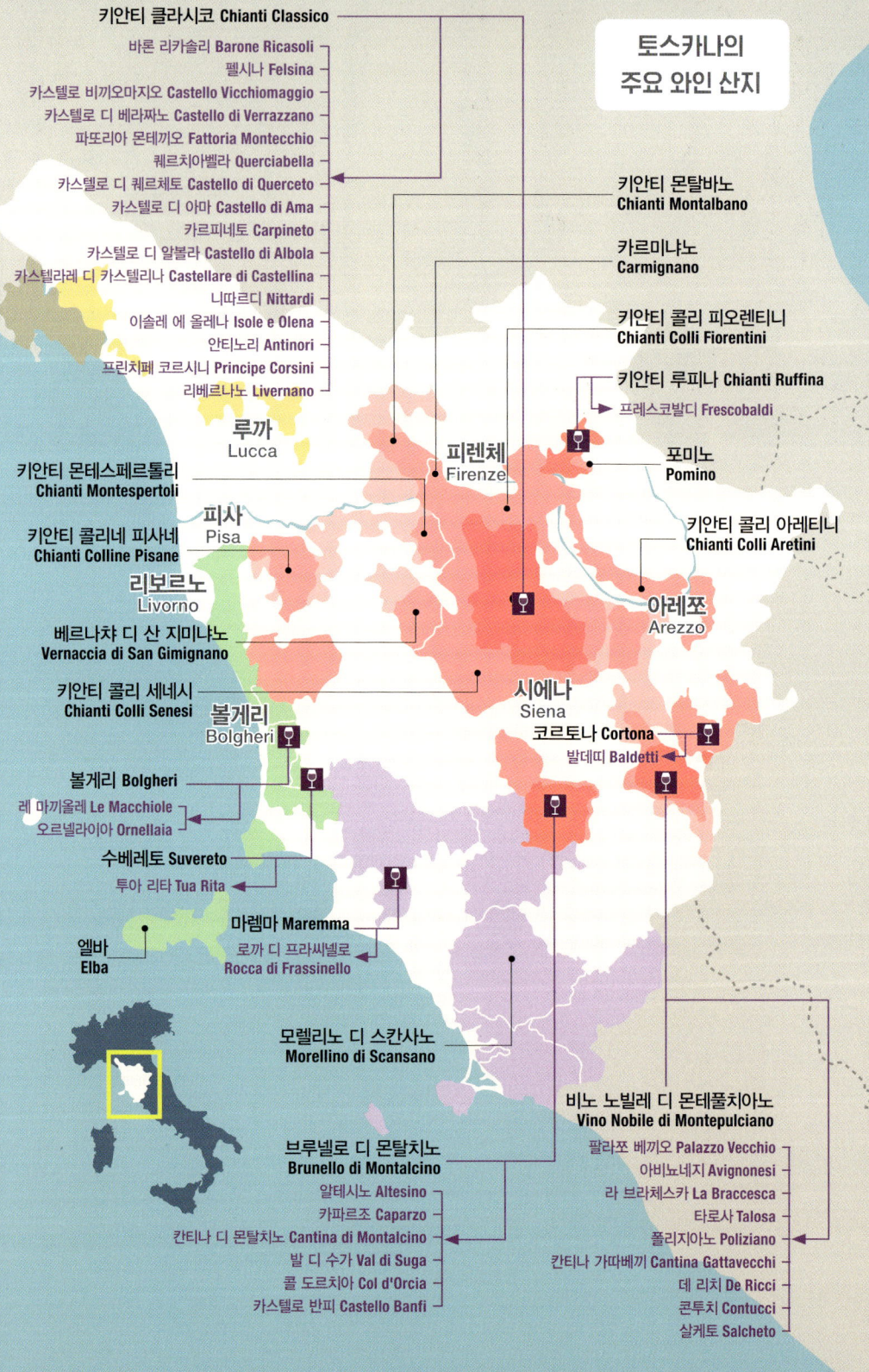

토스카나의 주요 와인 산지

몬탈치노 마을

브루넬로 디 몬탈치노 Brunello di Montalcino **DOCG**

이탈리아가 자랑하는 3대 명품 와인 중 하나. 긴 이름 때문에 줄여서 BdM이라고도 부른다. 현지에서는 브루넬로라 부르는 산지오베제 100%로 만든다. 브루넬로 디 몬탈치노 DOCG의 명성은 세계적인 와이너리인 비온디 산티Biondi Santi가 일구었다고 해도 과언이 아니다.

산티 가문은 본래 포도 재배와 와인으로 유명한 학자 가문이었다. 특히 피사에서 약학을 공부한 클레멘테 산티Clemente Santi는 농업에도 관심이 지대했는데, 그의 어머니가 소유하고 있던 그레뽀Greppo의 포도밭에 애정을 갖고 평생을 헌신해서 포도를 재배했다. 이 그레뽀가 지금까지도 비온디 산티의 최고의 와인을 만들어 내는 포도밭이다.

한편 클레멘테의 딸인 카테리나Caterina는 피렌체의 의사였던 쟈코포 비온디Giacopo Biondi와 결혼했고, 그의 아들 페루치오 비온디 산티Ferruccio Biondi Santi가 할아버지의 유지를 받들어 지금의 비온디 산티의 명성을 만드는데 혁혁한 공로를 세웠다. 하지만 그가 활동하던 19세기는 힘든 시기였다. 전쟁으로 세상은 흉흉했고, 포도밭에는 오이디움균과 필록세라까지 겹치면서 최악으로 치달았다. 많은 와이너리가 도산하고 포도밭도 황폐해졌지만, 페루치오는 포기하지 않고 꾸준히 포도밭을 일궜다. 모든 재앙이 끝났을 때 다른 포도재배업자들은 생산성이 좋고 빨리 마실 수 있는 가벼운 와인을 만드는데 온 힘을 쏟았다. 하지만 그는 산지오베제만 이용해서 장기 숙성할 수 있는 레드 와인을 만드는데 헌신했다. 이를 위해 오로지 그레뽀 밭에서 자란 포도나무 대목에 접붙이기를 시도해서 진짜 산지오베제(브루넬로)로 포도밭을 새롭게 갈아엎는 시도를 했다. 이외에도 2차 발효의 필요성을 깨달았다는 점, 그리고 대형 오크 배럴에서 와인을 숙성시켰다는 점은 그가 이 지역에 남긴 유산이라고 할 수 있다.

1. 몬탈치노 마을의 와인 테이스팅 샵 **2.** 몬테풀치아노 마을
3. 자유롭게 와이너리를 둘러볼 수 있는 진정한 와인 마을 몬테풀치아노의 와인 셀러

현재 브루넬로 디 몬탈치노 DOCG는 비온디 산티처럼 슬로베니안 대형 오크 배럴에서 숙성하는 올드한 스타일과 작은 배럴에서 숙성하는 방식 두 가지로 나뉜다. 전자가 더 오래 숙성할 수 있다. 반면 후자는 좀 더 빨리 소비될 수 있는 장점이 있다. 브루넬로 디 몬탈치노 DOCG 레이블을 달려면 최소 4년(이 가운데 2년은 오크 배럴, 4개월 병 숙성)을 숙성시켜야 하며, 리제르바를 획득하려면 최소 5년 숙성(2년 배럴, 6개월 병 숙성)을 시켜야 한다. 많은 생산자들은 규정보다 더 길게 와인을 숙성시키는 편이다. 로쏘 디 몬탈치노 DOC는 DOCG가 될 수 없는 산지오베제를 가지고 영하고 마시기 편한 스타일로 만들어진다. 여기 또한 100% 산지오베제(브루넬로)다.

비노 노빌레 디 몬테풀치아노 Vino Nobile di Montepulciano DOCG

몬테풀치아노 마을을 대표하는 와인. 참고로 몬테풀치아노 마을은 와인 애호가라면 반드시 방문해야 할 곳이다. 몬테풀치아노 마을 내에 자리한 대부분의 와이너리들은 무료 시음, 혹은 굉장히 저렴한 시음비를 제안한다. 심지어 마을의 지하를 파고 들어간 경이로운 규모의 지하 셀러 및 양조장을 무료로 셀프 투어할 수 있는 곳도 많다. 몬테풀치아노는 많은 이탈리아 중세 마을이 그러하듯 마을 아래에서 중심부로 갈수록 고

③

도가 높아지는 요새의 형태를 띠고 있다. 좁은 골목골목 사이로 아기자기한 에노테카와 레스토랑이 즐비하기 때문에 와인 애호가는 물론 단순 여행자들에게도 안성맞춤인 여행지다.

전설에 따르면 몬테풀치아노는 토스카나의 고대 민족 에트루스칸이 건설한 것으로 알려져 있다. 고고학적 발견에 의하면 이미 기원전 4~3세기부터 정착민이 거주하기 시작했다고 한다. 실로 유구한 역사를 지닌 셈이다. 실제로 몬테풀치아노 마을에 위치한 와이너리 데 리치(p162)의 지하 셀러에는 에트루리안들이 종교적 의식(혹은 무덤으로)을 치렀을 것으로 추정되는 동굴을 구경 할 수 있다. 몬테풀치아노는 로마 멸망 이후 랑고바르드족에 의해 종교적 도시로 성장했다. 중세에는 유명 건축가들이 이곳에 머물면서 호화스럽고 멋진 건물을 많이 지어 눈이 즐거운 곳이다.

비노 노빌레 디 몬테풀치아노는 브루넬로 디 몬탈치노와 마찬가지로 산지오베제를 메인으로 만드는 레드 와인이다. 이 카테고리에서는 산지오베제를 프루뇰로 젠틸레 Prugnolo Gentile라고 부른다. 다만 BdM과는 달리 다른 레드 품종을 최대 30%까지 블렌딩할 수 있다. 콜로리노Colorino, 카나이올로, 맘몰로Mammolo 같은 토착 품종이나, 카베르네 소비뇽, 메를로 같은 국제 품종도 블렌딩이 가능하지만 현지에서는 산지

1. 몬테풀치아노 마을에 즐비한 에노테카 **2.** 몬테풀치아노 마을의 메인 광장

오베제만 사용하는 걸 선호한다. 비노 노빌레는 중세부터 아주 유명했던 와인이다. 교황 폴 3세도 이 뛰어난 와인의 품질에 대해 언급한 바 있으며, 시인 프란체스코 레디는 '토스카나의 바쿠스 Bacco in Toscana'라고 극찬한 바 있다. 또한 프랑스 작가 볼테르는 그의 저서 《Candide》에서 이 와인을 '모든 와인의 왕'이라고 표현했다.

Vino Nobile(귀족적인 와인)라는 이름은 아다모 파네띠가 탄생시켰다. 1930년대까지 비노 노빌레는 Vino Rosso Scelto di Montepulciano라고 불렀는데, 아다모 파네띠는 자신의 와인을 차별화하기 위해 Nobile이라는 명칭을 붙였다. 그만큼 자신의 와인에 대한 자신감이 있었던 것이다. 실제로 그의 와인은 이탈리아는 물론 국제적으로도 엄청난 성공을 거두었다. 비온디 산티의 탄크레디도 아다모 파네띠가 만든 와인을 마시고는 '이 와인에 미래가 있다. 파네띠는 반드시 비노 노빌레 디 몬테풀치아노 와인을 생산한 첫 번째 인물이 되어야 한다'고 극찬한 바 있다. 일반 Rosso di Montepulciano DOC의 경우 DOCG보다 짧게 숙성시킨다. 로쏘는 최소 6개월, 비노 노빌레는 최소 24개월이다.

키안티 Chianti DOCG

키안티는 아주 오랜 역사를 지닌 와인 산지다. 최초의 기록은 13세기로 거슬러 올라간다. 당시 키안티 와인은 피렌체 근처 키안티산의 포도로 만든 와인을 뜻했다. 그리고 그 근처의 상인들이 모여 Lega di Chianti라는 길드를 형성해서 키안티 와인을 알리기 시작했다. 그때의 키안티는 화이트 와인이었다. 후에 메디치가의 코시모 3세가 카스텔리나 Castellina, 가이올레 Gaiole, 라다 Radda, 그레베 Greve를 공식적으로 키안티 생산지로 선포했다.

키안티는 18세기에 이미 토스카나를 대표하는 와인으로 자리 잡았다. 여러 품종으로 중구난방 만들던 키안티는 19세기 중반 베띠노 리카솔리의 노력으로 키안티 레시피가 생겼다. 이 레시피에는 산지오베제를 메인(70%)으로, 15%의 카나이올로, 15%의 말바지아를 블렌딩해서 와인을 만들도록 권고하고 있다. 이후 1967년 정부로부터 키안티가 DOC로 지정된 후 리카솔리 레시피를 적극 채택하면서 산지오베제, 말바지아, 트레비아노 블렌딩으로 굳혀졌다.

키안티도 시련이 있었다. 오이디움, 필록세라, 두 차례의 세계대전으로 포도밭은 완전히 황폐해졌고, 많은 포도 재배자가 이민을 가거나 포도 재배를 포기했다. 어느 정도 회복이 될 무렵에는 질보다는 양에 치우치면서, 생산성이 좋은 트레비아노와 질이 떨어지는 산지오베제 로마냐Sangiovese Romagna를 주로 재배하면서 키안티 와인의 질은 급격히 낮아졌다. 그야말로 '빨리 만들어서 빨리 팔고 빨리 마셔서 빨리 취하자'가 모토였던 것. 1950년대에는 키안티에 화이트 품종인 트레비아노를 무려 30%까지 블렌딩하기도 했다.

1. 짚으로 병을 두른 전통적인 키안티 와인
2. 키안티 지역 여행 시 자주 볼 수 있는 검은 수탉 엠블렘

하지만 키안티는 새로운 국면을 맞는다. 진정으로 맛있는 키안티를 만들 수 있다고 믿었던 생산자들이 있었기 때문이다. 한 세력은 슈퍼 투스칸을 탄생시킨 이들, 그리고 또 하나는 100% 산지오베제만을 이용해서 만드는 진정한 키안티 생산자들이다. 둘 다 지금의 토스카나 와인의 빛나는 미래를 책임지고 있다.

현재 키안티 DOCG 블렌딩은 과거와 매우 달라졌다. 2006년부터 키안티 와인에 화이트 품종을 블렌딩하는 것이 금지되었다. 대신 까베르네 소비뇽이나 까베르네 프랑 같은 프랑스 국제 품종들이 블렌딩에 허용되었다. 진하고 풍미가 강한 키안티 와인으로 변모한 셈이다.

키안티는 넓은 지역이며, 다음과 같이 서브 존으로 나뉜다.

콜리 아레티니 Colli Aretini
콜리 피오렌티니 Colli Fiorentini
콜리네 피사네 Colline Pisane
콜리 세네시 Colli Senesi
몬탈바노 Montalbano

몬테스페르톨리 Montespertoli
루피나 Rufina

이중 콜리 피오렌티니와 루피나를 고급으로 친다. 참고로 일반 키안티 DOCG보다 고급인 키안티 클라시코 DOCG는 키안티 DOCG에 속하는 것이 아니라 별도로 구별된 산지다. 또한, 최고의 키안티 와인인 그란 셀레찌오네Gran Selezione는 반드시 키안티 클라시코 DOCG 에서만 탄생할 수 있다. 서브 존에 따라, 그리고 Riserva 혹은 Superiore 라는 단어가 레이블에 있는지에 따라 와인의 숙성 기간이 달라지니 113페이지의 인포그라픽을 참고하자.

카르미냐노 Carmignano DOCG

브루넬로 디 몬탈치노나 키안티, 그리고 비노 노빌레 디 몬테풀치아노에 가려 상대적으로 잘 알려지지 못한 지역이다. 하지만 합리적인 가격에 맛있는 토스카나 와인을 찾는 이들에게 적극 추천하고 싶은 밸류 와인을 만들고 있다. 1369년 만들어진 문서에 따르면 카르미냐노 와인은 당시 근방의 다른 와인보다 무려 4배나 높은 가격에 거래되었다고 한다. 와인에 관심이 많았던 메디치 가문은 카르미냐노를 토스카나 제일의 와인 산지로 꼽고 다른 곳에서 Carmignano 라는 이름을 쓰지 못하게 법으로 규정하기도 했다. 이탈리아 최초의 원산지 통제라고 볼 수 있다.

또한 카르미냐노는 슈퍼 투스칸의 고향인 볼게리보다 앞서 까베르네 소비뇽이 심어진 곳이다. 이 또한 메디치 가문에서 최초로 시도했는데, 당시 유명한 프랑스의 샤또 라피트 로칠드의 까베르네 소비뇽 묘목을 수입해서 심었다고 전해진다. 지금도 카르미냐노는 산지오베제(최소 50%), 까베르네 프랑이나 까베르네 소비뇽(10~20%), 이외 다양한 품종을 블렌딩할 수 있도록 정해져 있다.

와인은 오크통 숙성을 통해 한결 더 그윽한 풍미를 갖춘다

베르나챠 디 산 지미냐노 Vernaccia di San Gimignano **DOCG**

대개 DOCG나 DOC 명은 앞에 품종(예: 브루넬로), 뒤에 지역명(예: 디 몬탈치노)으로 구성되지만, 베르나챠 디 산 지미냐노는 전체 이름이 화이트 품종 이름이다. 포도 품종 이름 전체가 DOCG 명으로 선택된 드문 예다. 이런 호사(?)를 누릴 수 있었던 것은 중세시대부터 타의 추종을 불허했던 최고의 화이트 와인이었기 때문이다. 그 명성에 힘입어 1966년 이탈리아 최초의 DOC로 제정되었다. 이 와인은 반드시 베르나챠 디 산 지미냐노 품종만 사용해서 만들어야 한다.

조금 더 저렴하고 대중적인 산 지미냐노 DOC의 경우는 화이트에 말바지아와 트레비아노, 레드에 까베르네 소비뇽, 메를로, 피노 네로(피노 누아), 산지오베제, 시라가 메인으로 쓰인다. 일반 레드 와인 DOC도 꽤 퀄리티가 좋다.

포미노 Pomino **DOC**

1716년 토스카나 공작은 '토스카나에 4곳의 주요 와인 산지가 있는데, 포미노가 그곳 중 하나'라고 극찬했다. 와인을 참 좋아했던 시인 프란체스코 레디는 포미노에 대해 '회

질 토양에서 자라는 포도로 아주 뛰어난 와인을 만드는 곳'이라고 언급한 바 있다. 또한, 프란체스코는 이곳에 뿌리내린 알비지Albizi 가문에 대해서 특별히 언급했다.

그에 따르면 알비지 가문은 프랑스 샤블리 옥세르Auxerre에서 이곳으로 이주한 뿌리 깊은 와인 가문이다. 이민 오면서 샤르도네, 메를로 같은 프랑스 품종들을 가져왔고, 1800년대 중반 이미 수준급의 포미노 와인을 탄생시켰다. 알비지의 자손들은 후에 프레스코발디Frescobaldi 가문과 혼인했다. 지금도 프레스코발디가 포미노 지역에 무려 1,000ha에 가까운 포도밭을 소유하고 있다. 한국 시장에도 프레스코발디의 포미노 비앙코가 수입되니 꼭 마셔보기를 추천한다.

현재 포미노 DOC는 화이트에 샤르도네, 피노 비앙코, 피노 그리지오, 소비뇽 블랑, 레드에는 메를로, 피노 누아, 산지오베제를 재배하고 있다.

빈 산토 Vin Santo

트레비아노나 말바지아 포도를 말려서 만든 스위트 와인이다. 토스카나에는 빈 산토를 만드는 DOC가 4가지가 있다.

1. 산 지미냐노 마을 2. 베르나챠 디 산 지미냐노 DOC 레드 와인
3. 포미노 DOC의 포도밭 풍경 4. 프레스코발디 카스텔로 포미노의 지하 셀러

펠시나 와이너리의 환상적인 빈 산토

빈 산토 델 키안티 클라시코 Vin Santo del Chianti Classico DOC
빈 산토 델 키안티 Vin Santo del Chianti DOC
빈 산토 디 카르미냐노 Vin Santo di Carmignano DOC
빈 산토 디 몬테풀치아노 Vin Santo di Montepulciano DOC

어느 DOC이든 와인을 만드는 방식은 비슷하다. 우선 말린 포도를 압착해서 얻은 걸쭉하고 달콤한 즙을 카라텔리Caratelli라 불리는 작은 오크통에서 발효시킨다. 포도즙 당도가 워낙 높아서 발효시키는데 최대 4년까지도 걸린다. 제조 공정이 까다롭고 오래 걸리기 때문에 가격이 비쌀 수밖에 없다.

빈 산토는 대부분 스위트 와인이지만, 몇몇 생산자들은 드라이하게 만들기도 한다. 드라이 빈 산토는 알코올 도수가 20%에 육박할 정도로 파워풀하다. 스위트 타입은 약 14%의 알코올 볼륨을 지니고 꿀처럼 달다. 하지만 적절한 산도가 뒷받침해줘 물리지 않게 마실 수 있는 최고의 디저트 와인으로 여겨진다. 산지오베제나 말바지아 네라로 레드 타입의 빈 산토도 만든다. 현지에서는 자고새의 눈이라는 뜻의 오끼오 디 페르니체Occhio di Pernice라고 부른다.

모렐리노 디 스칸사노 Morellino di Scansano **DOCG**

모렐리노는 산지오베제를 일컫는 지역 방언이다. 이 지역의 특산 말(morelo horse)에서 유래했다는 이야기도 있고, 모렐로 산 체리에서 유래했다는 설도 있다. 토스카나의

고가의 토스카나 와인들이 전시된 토스카나의 레스토랑

최남단인 스칸사노 마을 근교 지역에 DOCG가 지정되어 있다.
이곳 와인은 보통 위쪽 지방의 산지오베제 베이스 와인보다 약간 더 라운드하고 풍미가 좋은 스타일의 와인으로 여겨진다. DOCG는 숙성에 대한 규제가 없지만, 리제르바를 달려면 최소 2년(1년은 오크)은 숙성시켜야 한다.

볼게리 Bolgheri DOC

토스카나에서 브루넬로 디 몬탈치노만큼 유명한 산지다. Bolgheri라는 이름은 Bulgari (Bulgarians)에서 비롯됐다. 한때 이탈리아 반도를 장악했던 랑고바르드족의 동맹이었던 불가리아인의 군영이 이곳에 있었기 때문이다. 이후 특이할 만한 스토리가 없을 만큼 평범했던 이곳은 와인의 성공과 더불어 활력을 찾게 된다. 슈퍼 투스칸의 효시라고 할 수 있는 사씨카이야와 오르넬라이아 등의 와인들이 볼게리 지역에서 생산된다. 최초의 슈퍼 투스칸 와이너리인 테누타 산 귀도Tenuta San Guido는 볼게리 지역이 프랑스 보르도와 떼루아가 비슷한 것에 착안, 보르도 품종으로 당시에는 없던 이탈리아 와인을 만들었다. 그렇게 탄생한 것이 바로 그 유명한 사씨카이아다.
이후 친척 관계였던 안티노리의 피에로 안티노리가 티냐넬로를 탄생시켰고, 그 와인이 세계의 주목을 받으면서 보잘것없던 볼게리를 이탈리아에서 가장 핫한 와인 산지로 발돋움시켰다. 실제로 그 전에 볼게리는 DOC 산지가 아니었다. 그냥 해안 마을이었다. 그

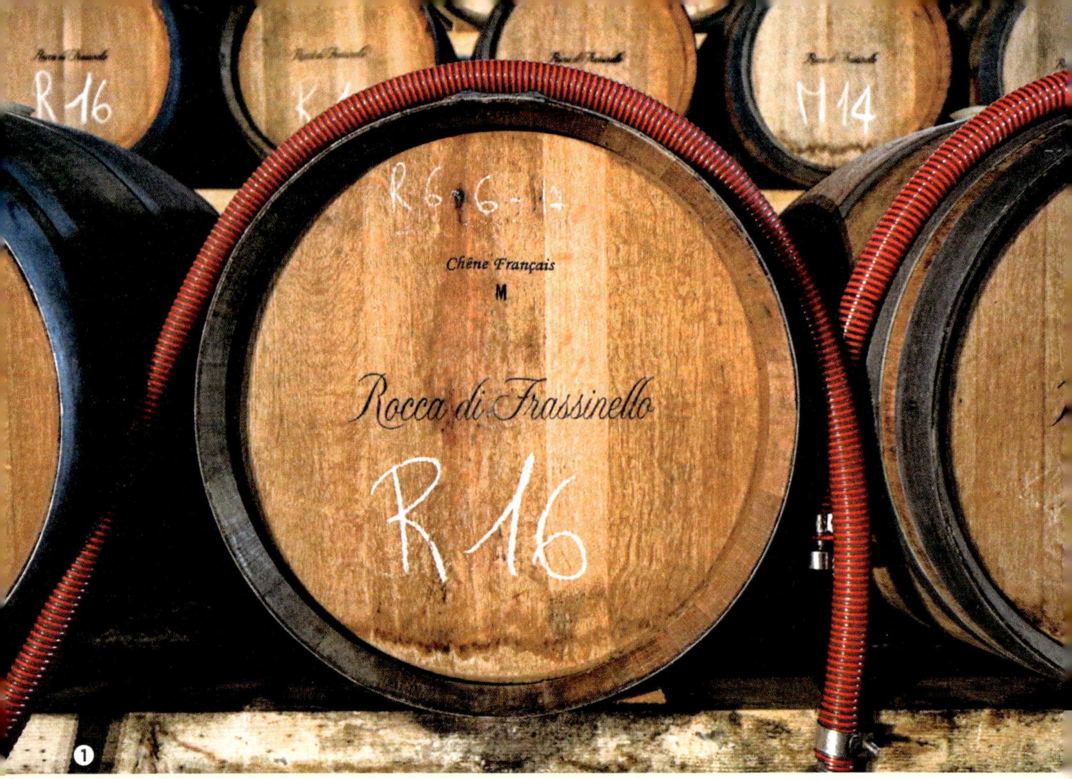
R16
M14
Chêne Français
M
Rocca di Frassinello
R16
1

DEGUSTAZIONE AL
BICCHIERE DI:
-SASSICAIA
-ORNELLAIA
-SOLAIA
-GUADO AL TASSO
ED ALTRI VINI SUPERIORI O
BASE DI BOLGHERI
WINE
TASTING
2

3

4

5

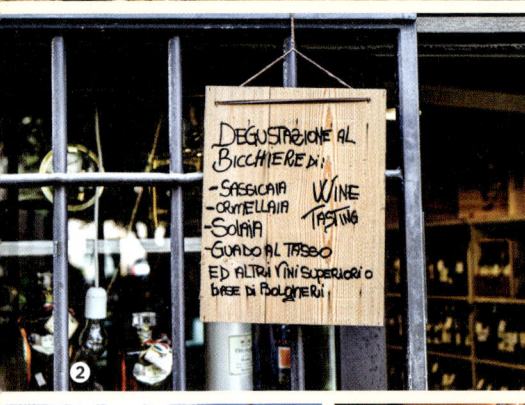

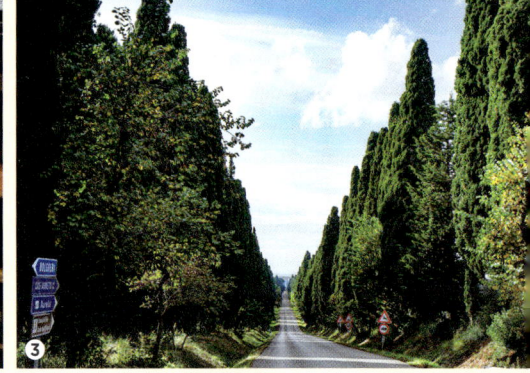

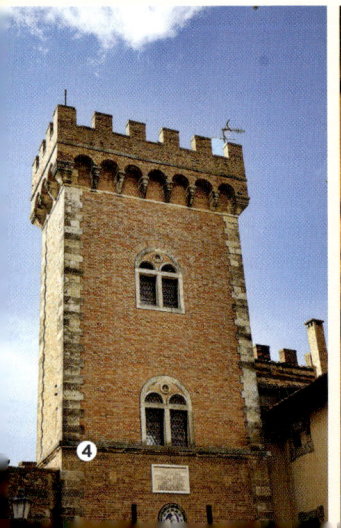

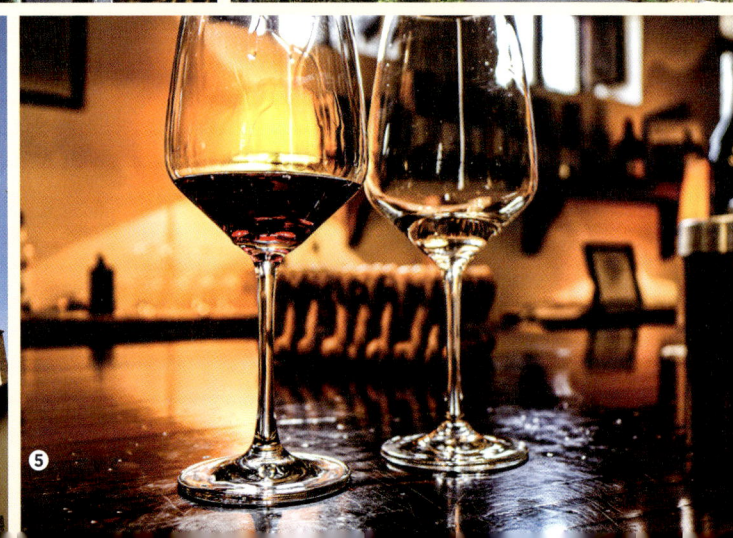

랬기 때문에 사씨카이아든, 티냐넬로든 출시 당시에는 이탈리아에서 가장 낮은 등급인 비노 다 타볼라로 유통이 됐던 것이다.

이탈리아 와인 역사에 한 획을 그은 사씨카이아에 대한 정부의 헌사로, 사씨카이아만을 위한 볼게리 사씨카이아 DOC를 2013년 특별 제정했다. 당연한 이야기지만 이 DOC 레이블을 달려면 반드시 테누타 산 귀도 포도밭의 포도로 와인을 만들어야 한다. 품종은 까베르네 소비뇽이 최소 80% 이상 쓰여야 한다. 1994년 제정된 일반 볼게리 DOC의 경우 화이트, 레드, 로제까지 다양한 스타일의 와인을 만들 수 있다. 화이트의 메인 품종은 소비뇽 블랑과 베르멘티노. 레드에는 까베르네 프랑, 까베르네 소비뇽, 메를로, 시라, 산지오베제가 허용된다.

엘바 알레아티코 파씨토 Elba Aleatico Passito **DOCG**

레드 품종인 알레아티코를 말려서 만든 스위트 와인. 엘바섬은 나폴레옹이 유배되었던 곳이다. 섬 전체에서 와인이 만들어지지만, DOCG를 붙일 수 있는 것은 오로지 스위트(현지에서는 파씨토라고 부른다) 와인에만 한정되어 있다. 2010년에 DOCG를 획득했다. 사실 엘바섬 와인은 고대부터 유명했다. 고대 로마의 유명한 작가 플리니 더 엘더는 엘바섬을 가리켜 'Insula vini ferax(많은 와인을 생산하는 섬)'이라고 표현했다. 나폴레옹도 유배 당시 와인 덕분에 엘바섬에서의 생활이 건강하고 힘찼다고 말한 적이 있다고 한다.

보통 스위트 DOCG를 만들 때는 알레아티코를 늦게 수확한 뒤 2주 동안 나무틀에서 건조해서 당도를 최대한 응축시킨 후에 오랫동안 발효시켜서 만든다. 엘바섬의 일반 DOC의 경우 화이트 와인은 트레비아노(최소 50%), 안소니카, 베르멘티노가 블렌딩 된다. 레드의 경우 산지오베제(최소 60%)가 메인이다.

1. 유명 와이너리 로까 디 프라씨넬로의 지하 셀러
2. 볼게리 마을에서는 슈퍼 투스칸 와인을 글라스로도 테이스팅 할 수 있다
3. 포플라나무가 인상적인 볼게리 마을의 메인 도로
4. 볼게리 성
5. 유명 와이너리 카스텔로 디 알볼라에서의 와인 시음

토스카나

추천! 와이너리
Recommended Wineries

○ 팔라쪼 베끼오 Palazzo Vecchio

포도밭, 사이프러스 나무, 구름이 깔린 얕은 구릉, 그리고 중세 가옥. 팔라쪼 베끼오는 이 모든 것이 어우러진 한적한 시골에 있다. 와이너리 건물 주변으로 잘 가꿔진 포도밭이 360도로 펼쳐져 있어 탁 트인 풍광을 감상할 수 있다. 포도밭은 15개의 구획으로 나눠서 관리한다. 가장 오래된 포도밭 라 비냐 델 보스코La Vigna del Bosco가 약 70년 수령. 나머지가 1971, 1999, 2000년대로 다채롭다. 포도밭 정중앙에 있는 와이너리 건물은 '오래된 궁전(Palazzo Vecchio)'이라는 의미처럼 매우 고즈넉한 분위기를 풍긴다. 본래 와이너리는 1300년대부터 이 지역을 대표하는 유명한 농장이었다. 1951년 경매로 나온 건물과 포도밭을 현재 오너 마리아 루이자Maria Luisa와 마르코Marco 남매의 할아버지가 사들였고, 이후 그들이 물려받았다. 1982년 대대적인 리노베이션을 거치면서 포도밭도 차츰 정리되었다. 이 지역의 대표적인 와인 비노 노빌레 디 몬테풀치아노 DOCG를 1990년에 처음 선보이면서 유명세를 타기 시작했다. 아그리투리스모를 운영하며, 와이너리 근처에 La Dogana라는 레스토랑 겸 에노테카도 소유하고 있다.

○ 몬테풀치아노 마을에서 차로 20분
⌂ Via di Terra Rossa 5 Localita Valiano 53045
☏ +39 05 78 72 41 70
사전 약속에 한해서 오픈
런치가 제공되는 투어 및 쿠킹 클래스 투어까지 다양. 홈페이지나 이메일(palazzovecchio@vinonobile.it)을 통해 투어 신청 가능.
🔗 www.vinonobile.it

추천 와인

로쏘 디 몬테풀치아노 도가나Dogana와 비노 노빌레 디 몬테풀치아노 마에스트로Maestro를 추천한다. 전자는 수령이 다소 어린 산지오베제로 만든 밸류 와인으로 매력적인 버섯향이 장점이다. 수년 더 숙성을 거친 마에스트로는 부드럽게 변한 벨벳 같은 타닌이 매혹적으로 느껴진다. 클래식한 와인을 좋아하는 이들에게 추천한다. 각각 11유로, 16유로로 와이너리에서 구매 가능하다.

아비뇨네지 Avignonesi

명실공히 이탈리아를 대표하는 와이너리 중 하나다. 와이너리의 시그니처 와인 50&50은 유명 와인 만화 《신의 물방울》에도 등장한 명품 와인이다. 호스피탈리티에 아낌없이 투자하는 곳이기 때문에, 와인만 마시는 단순한 와이너리에서 벗어나 음식 페어링, 액티비티 등 다채로운 경험을 할 수 있다. 직원들도 매우 친절하다. 아비뇨네지라는 이름은 이 와이너리를 설립한 가문의 이름이며, 역사가 굉장히 오래되었다. 로마의 교황청이 프랑스 아비뇽으로 이전했던 아비뇽 유수 이후, 1377년 교황 그레고리 11세에 의해 교황청이 다시 로마로 복귀하면서 몇몇 귀족 가문이 따라 들어왔다. 그중 한 곳이 바로 아비뇨네지다. 이들 구성원은 로마, 시에나, 몬테풀치아노까지 이탈리아 곳곳으로 뿔뿔이 흩어졌는데, 몬테풀치아노에 정착한 이들이 와이너리의 선조다. 이후 와이너리는 아비뇨네지 가문과 혼인한 팔보Falvo 가문을 거쳐 벨기에의 유명 해운 가문이 2009년 인수해 지금에 이르렀다. 약 200ha의 포도밭을 전부 유기농 및 바이오다이나믹 농법으로 친환경 관리하고 있다.

추천 와인

가장 추천하는 와인은 빈 산토다. 카라텔리에서 약 10년 동안 천천히 발효 및 숙성시켜 만든다. 달콤함에 적절한 산도가 받쳐줘 질리지 않고 마실 수 있다. 1990년 빈티지의 빈 산토는 《Wine Spectator》로부터 만점을 받았다. 1993년 빈티지는 파커로부터 96점을 받은 바 있다. 100ml 용량이 50유로. 50&50은 명성에 걸맞게 비싼 가격을 자랑하지만, 현지에서라면 시도할만한 가치가 있다. 가격은 와이너리에서 99유로.

- 몬테풀치아노 마을에서 차로 20분
- Via Colonica 1, 53045 Montepulciano
- +39 05 78 72 43 04
- 시즌마다 상이, 홈페이지 확인
- 단순 테이스팅부터 쿠킹 클래스, 애드벌룬 투어, 슈퍼카 투어 등 다채로운 프로그램이 준비되어 있다. 홈페이지 확인
- www.avignonesi.it

토스카나_추천 와이너리

°발데띠 Baldetti

발데띠는 코르토나Cortona DOC에 헌신하는 와이너리다. 토스카나의 주요 포도 품종을 꼽으라면 산지오베제, 카나이올로, 맘몰로 같은 이탈리아 토착 품종들이 연상된다. 하지만 코르토나는 토착 품종보다 국제 품종이 많이 재배되는 곳이다. 국제 품종이라 하면 토스카나의 볼게리가 가장 핫하지만 코르토나도 못지않게 중요하다. 그중에서도 가장 높은 평가를 받는 품종은 시라. 프랑스가 고향이지만 코르토나 땅에 훌륭히 적응했고, 현재 다채로운 밸류 와인으로 재탄생해 그 가치를 인정받고 있다. 발데띠는 가문의 이름이다. 오랜 시간을 포도 재배에 헌신했던 곳으로, 1960년대에 현 오너의 아버지 마리오 발데띠Mario Baldetti가 코르토나 지역의 잠재성을 미리 알아보고 포도밭을 개간하면서 와이너리의 근간을 마련했다. 첫 와인을 출시한 건 1974년. 현재는 그의 아들 알폰소Alfonso와 아내 파올라Paola, 그리고 자녀들인 다니엘레Daniele, 지안 루카Gian Luca가 함께 와이너리를 운영하고 있다.

추천 와인

마리우스Marius와 크라노Crano를 추천한다. 마리우스는 산지오베제(90%)와 메를로가 블렌딩 된 와인으로 가벼운 타닌과 신선한 산미가 잘 살아 있다. 가격은 10유로. 코르토나 지역의 전설적인 왕의 이름을 딴 크라노는 100% 시라로 만든 와인이다. 12개월 프렌치 오크에서 숙성시켜 부드러운 타닌과 긴 여운이 매력적이다. 가격은 20유로.

⊙ 몬테풀치아노 마을에서 차로 20분
⌂ Loc. Pietraia N° 71/A, 52044 Cortona
☏ +39 05 75 67 077
🗓 월~금, 10:00~17:00
📷 단순 와인 테이스팅과 음식 페어링, 예약 필수
🔗 baldetti.com

라 브라체스카 La Braccesca

와이너리 이름은 낯설어도 기사의 팔 모양을 한 독특한 와이너리 로고는 이탈리아 와인 애호가라면 꽤 익숙할 것이다. 본래 이 와이너리 부지는 한때 브라치Bracci 백작의 소유였으며, 와이너리 이름과 로고도 이 브라치 가문의 이름과 문장에서 따왔다. 참고로 '팔'을 이탈리아어로 'Braccio'라고 부른다. 모기업이 이탈리아의 국가대표 와이너리 안티노리다. 안티노리의 엄청난 자금력을 바탕으로 라 브라체스카 또한 340ha 넓이의 광활한 포도밭을 소유하고 있다. 참고로 1ha는 10,000m^2(약 3,000평)이니 실로 엄청난 넓이다. 라 브라체스카가 집중하고 있는 지역은 몬테풀치아노(103ha)와 코르토나(237ha). 특히 몬테풀치아노는 103ha 중 73ha가 이 지역에서 가장 유명한 세부 와인 산지인 체르보냐노Cervognano, 그라치아노 Gracciano, 산타 피아Santa Pia에 속해 있다. 대부분이 산지오베제를 재배하지만, 소량의 메를로와 시라도 재배한다. 다만 코르토나의 경우 대부분 시라를 재배하고 있다. 포도밭 규모가 크지만 재배하고 있는 품종과 와인의 종류가 많은 편이 아니고, 퀄리티에 집중하는 내실 있는 와이너리다.

몬테풀치아노 마을에서 25분
Via Stella di Valiano 10,
53045 Montepulciano
+39 05 78 72 42 52
월~토, 10:00~16:00
전화나 이메일(visite@labraccesca.it)로 사전 예약 필수
www.antinori.it

추천 와인

와이너리의 아이콘 와인 비노 노빌레 디 몬테풀치아노 DOCG는 필수 시음 대상이다. 매우 우아한 스타일로 입에서 타닌과 산도의 절묘한 조화를 느낄 수 있다. 가격은 19유로. 가격이 살짝 높은 브라마솔레Bramasole도 추천한다. 코르토나 지역의 시라 100%로 만들었으며, 시라 고유의 잘 익은 과실 향과 스파이시한 뉘앙스가 매우 매력적이다. 가격은 35유로.

바론 리카솔리 Barone Ricasoli

토스카나 와인을 이야기할 때 반드시 짚고 넘어가야 하는 역사적인 와이너리다. Barone Ricasoli는 '리카솔리 남작'이라는 뜻. 이름에서 유추할 수 있듯이 역사가 굉장히 오래됐는데, 1141년 피렌체 공국이 카스텔로 브롤리오 영지를 리카솔리에게 하사한 이후 지금까지 꾸준히 포도밭을 가꾸고 와인을 만들어 왔다. 1600년대 이미 리카솔리 가문이 생산한 와인이 암스테르담과 잉글랜드에 수출된 바 있고, 1900년에는 전 세계로 사업을 확장했다. 특히 초기 이탈리아 수상을 역임했던 베띠노 리카솔리는 우리가 키안티 와인을 연상할 때 떠올리는 산지오베제 베이스의 블렌딩 품종과 비율의 기초를 확립한 전설적인 인물이다. 현재 리카솔리 가문은 무려 1,200ha에 달하는 땅을 소유하고 있고, 이 가운데 235ha가 포도밭, 26ha가 올리브밭이다. 현재 가문의 32대손인 프란체스코 리카솔리Francesco Ricasoli가 와이너리를 이끌고 있다. 프란체스코 대에 이르러서는 트렌드에 맞추어 포도밭을 친환경적으로 관리하는데 많은 노력을 기울이고 있다. 수백 년 역사를 간직한 고성 투어는 물론, 레스토랑, 와인 샵, 아그리투리스모(숙박)까지 갖춘 곳이기 때문에 토스카나 와인 여행의 필수 코스로 추천하기에 부족함이 없다.

- 시에나에서 차로 40분
- Loc. Madonna a Brolio 53013 Gaiole in Chianti
- +39 05 77 73 01
- 10:00~18:00, 시즌마다 상이, 홈페이지 확인
- 다채로운 투어가 준비되어 있으니 홈페이지 확인
- ricasoli.com

추천 와인

바론 리카솔리의 대표 와인은 역시 카스텔로 디 브롤리오Castello di Brolio다. 산지오베제, 까베르네 소비뇽, 프티 베르도를 블렌딩해서 만든 밸류 와인으로, 각 품종의 장점이 고루 녹아 있다. 가격은 40유로 선. 가격이 부담스럽다면 일반 브롤리오 베띠노Brolio Bettino도 추천한다. 18유로 선.

˚펠시나 Felsina

산지오베제에 대한 와이너리의 진정성, 친절한 직원이 서빙하는 맛있는 와인, 그리고 신비롭던 지하 셀러까지, 펠시나는 키안티 지역에서 반드시 방문해야 할 와이너리 중 하나다. 펠시나는 1966년 도메니코 포지알리Domenico Poggiali가 지금의 펠시나 와이너리를 구매하면서 시작됐다. 1970년대 그의 딸 글로리아Gloria가 대학교수였던 쥬세뻬 마쪼콜린Giuseppe Mazzocolin과 결혼했고, 쥬세뻬는 교단을 떠나 장인의 와이너리에서 새롭게 농부의 길을 걷기 시작했다. 그는 저명한 와인메이커이자 컨설턴트인 프랑코 베르나베이Franco Bernabei와 함께 당시 싸구려 품종으로 취급 받던 산지오베제로 최고의 와인을 만들기로 합의했다. 와이너리가 소유한 여러 땅에 알맞은 산지오베제 클론을 심고, 그 잠재력을 최대한 이끌어 낸 100% 산지오베제 와인을 만들어냈다. 1983년 펠시나의 명성을 드높이는데 큰 역할을 한 두 와인이 출시된다. 바로 폰탈롤로Fontalloro와 란치아Rancia다. 이 두 와인이야말로 진정한 키안티 와인이다. 토스카나가 지난 수 세기 동안 자랑해온 산지오베제 품종의 진정성을 느낄 수 있는 와이너리가 바로 펠시나다.

토스카나_추천 와이너리

◎ 시에나에서 차로 25분
⌂ Via del Chianti 101, 53019 Castelnuovo Berardenga
☏ +39 05 77 15 23 789
🕙 월~토, 10:00~19:00, 일요일도 오픈하나 시즌마다 상이. 홈페이지 확인.
✉ 전화나 이메일(welcome@felsina.it)로 사전 예약 필수
🔗 www.felsina.it

폰탈롤로와 란치아는 펠시나 와이너리를 지금의 위치로 올려놓은 기념비적인 와인들이다. 둘 모두 산지오베제 100%로 만든 와인이지만, 폰탈롤로는 키안티 클라시코 DOCG와 키안티 콜리 세네시 DOCG의 산지오베제를 블렌딩해서 만든다. 두 지역의 떼루아가 섞인 만큼 우아함과 강직함을 고루 갖췄다. 가격은 둘 다 50유로 내외. 빈티지마다 차이가 있다.

°알테시노 Altesino

Altesino라는 이름은 중세 시대에 알테시궁(Palazzo Altesi)이라 불렸던 지금의 와이너리 건물에서 유래했다. 알테시노는 몬탈치노 지역의 선구자라고 해도 과언이 아니다. 와이너리는 1972년 밀라노의 사업가 줄리오 콘소노Giulio Consonno에 의해 설립되었다. 그는 총지배인 클라우디오 바슬라Claudio Basla와 양조학자 피에트로 리벨라Pietro Rivella의 컨설팅을 받아 1975년 몬탈치노 지역에서 최초로 싱글 빈야드 개념의 브루넬로 디 몬탈치노를 탄생시켰다. 이 싱글 빈야드 와인이 지금까지도 와이너리를 대표하는 프리미엄 와인이다. 1977년 브루넬로로 만든 그라빠를 최초로 출시했고, 1979년에는 와인 숙성에 프렌치 오크통을 도입한 바 있다. 알테시노는 이 지역 최초로 엉 프리뫼르를 도입한 곳이다. 1990년에 출시할 1985년 빈티지의 와인을 선 판매하는 시스템을 구축했다. 2002년에는 엘리자베따 누디 안젤리니Elisabetta Gnudi Angelini가 새 오너로 취임했다. 그녀는 전통을 유지하고 시설을 현대화하는데 전력을 기울여 와이너리의 명성을 이어가고 있다.

추천 와인

1975년에 출시한 싱글 빈야드 브루넬로 디 몬탈치노인 몬토솔리Montosoli는 필수 테이스팅 와인이다. 이 싱글 빈야드는 해발 350~400m 높이에 북동향으로 경사가 져서 오랜 시간 햇빛을 받을 수 있다. 넓이는 약 5ha. 1975년 이 포도밭만 따로 분리해서 발효 및 숙성시킨 이후로 여전히 따로 개별 관리하고 있다. 매년 생산하는 건 아니고 빈티지가 좋을 때만 출시한다. 가격은 빈티지마다 다르지만, 80유로 내외.

- ◎ 몬탈치노 마을에서 차로 20분
- ⌂ Località Altesino, 54, 53024 Montalcino
- ☎ +39 05 77 80 62 08
- 🕙 10:00~17:00, 시즌마다 상이, 홈페이지 확인
- 📷 홈페이지를 통한 사전 예약 필수
- 🔗 www.altesino.it

카파르조 Caparzo

카파르조의 어원은 현 지명의 고대 라틴어 Ca'Pazzo(place touched by the sun)에서 유래되었다. '햇살이 닿는 곳'이라는 의미처럼 와이너리는 몬탈치노의 넓은 평야 한가운데 아름답게 자리하고 있다. 카파르조는 테루아의 중요성을 이해하고 있던 와이너리였다. 설립 초기부터 싱글 빈야드를 따로 관리하고 양조해서 와인을 만들었던 것. 예를 들어 브루넬로 디 몬탈치노 DOCG 와인에는 포도밭 이름인 비냐 라 카사Vigna La Casa, 로쏘 디 몬탈치노 DOC 와인에는 비냐 라 카두타Vigna La Caduta를 붙여서 차별화했다. 카파르조는 1960년대 친구 몇명이 의기투합해 포도밭과 버려진 건물을 사들이면서 시작되었다. 당시만 해도 몬탈치노에서 와인을 만드는 곳은 13곳 남짓에 불과했다. 이들은 건물을 보수하고 포도밭을 갈아엎고, 싱글 빈야드 개념의 몬탈치노 와인들을 만들어내면서 차차 명성을 얻었다. 현 오너인 엘리자베따가 카파르조를 인수한 건 1998년. 대대적인 투자를 거쳐 시설을 현대화하고, 지하 셀러를 만들고, 포도밭을 확장했다. 특히 태양광 패널을 설치해 전력을 수급했는데, 당시 몬탈치노 와이너리로서는 첫 번째였다. 현재 카파르조가 소유한 땅은 총 200ha로 이 중 90ha가 포도밭으로 쓰이고 있다. 카파르조는 아그리투리스모를 운영하고 있어 와인과 함께 하는 느긋한 휴가를 보내고 싶은 이들에게 추천한다.

- 몬탈치노에서 차로 15분
- Strada Provinciale del Brunello km 1,700 Localita Caparzo, 53024 Montalcino
- +39 05 77 84 83 90
- 10:00~17:00
- 전화나 이메일(hospitality@caparzo.com)로 문의
- www.caparzo.it

추천 와인

특별 관리 대상인 4개의 싱글 빈야드는 220~300m의 해발고도에 자리 잡고 있지만, 포도밭마다 토양 구성은 현저히 다르다. 그래서 각 싱글 빈야드에서 생산한 와인은 고유의 캐릭터를 지니게 된다. 이중 와이너리 최초의 싱글 빈야드 와인인 라 카사 브루넬로 디 몬탈치노를 추천한다. 생동감 있는 산미와 그 안에 적절히 농익은 타닌이 매우 매력적이다. 가격은 80유로. 다소 가격이 부담스럽다면 20유로 선의 라 카두타 로쏘 디 몬탈치노도 추천한다.

°칸티나 디 몬탈치노 Cantina di Montalcino

칸티나 디 몬탈치노처럼 보통 와이너리 이름에 지역 이름(몬탈치노)이 들어간 경우 규모가 크고 대중적인 와인을 생산하는 편이다. 칸티나 디 몬탈치노도 협동조합이다. 1961년 레오나르도 다 빈치의 생가가 있는 빈치 마을에서 30명의 농부가 의기투합해서 설립한 칸티네 레오나르도 다 빈치가 현 칸티나 디 몬탈치노의 모기업이다. 칸티나 디 몬탈치노는 현재 연간 약 400만 병의 와인을 생산하며, 47개국에 수출하고 있는 성공한 대기업이다. 무려 100곳의 포도 재배자와 함께 일하고 있고, 포도밭 규모는 약 160ha에 달한다. 이곳은 소규모 부티크나 프리미엄 와인을 생산하는 곳이 아니다. 누구에게나 열려 있는 밸류 와인들을 생산하고 있다. 와인 샵에서는 탱크에 담겨 있는 와인을 전용 통에 담아서 판매하기 때문에 지역민들에게도 인기 만점이다. 부담 없는 가격에 몬탈치노의 밸류 와인을 즐기고픈 이들에게 추천한다. 와이너리 건축 디자인도 인상적이다.

- 몬탈치노 마을에서 차로 약 15분
- Loc. Val di Cava, 53024 Montalcino
- +39 05 77 84 87 04
- 월~토, 08:30~18:30
- 다채로운 투어가 준비되어 있으니 홈페이지 확인
- www.cantinadimontalcino.it

추천 와인

다 빈치 브루넬로 디 몬탈치노와 브루넬로 칸티나 디 몬탈치노를 추천한다. 보통 브루넬로 디 몬탈치노라는 이름이 붙으면 가격이 50유로 이상으로 치솟지만, 이곳에서는 다소 저렴한 가격에 즐길 수 있다. 다 빈치는 30유로 선. 칸티나는 20유로 선이다. 둘 다 밸류 와인이라는 수식어를 붙이는 것이 전혀 아깝지 않을 정도로 품질도 좋다.

°발 디 수가 Val di Suga

발 디 수가는 1969년 알도 모로Aldo Moro가 몬탈치노의 북쪽에 농지를 사들이면서 시작됐다. 바로 와인을 만든 건 아니었고, 조금씩 농지를 포도밭으로 바꾸면서 1982년 첫 와인 발 디 수가 브루넬로 디 몬탈치노 1977을 출시했다. 준비 기간이 좀 긴 편이었다. 이후 좋은 품질의 와인으로 명성을 얻었고, 1994년 안젤리니Angelini 그룹이 합세하면서 지금에 이르렀다. 참고로 안젤리니 그룹의 대표 와인은 베네토 지역의 베르타니Bertani로, 베네토 지역을 대표하는 와이너리다. 현재 발 디 수가는 120ha 규모의 에스테이트를 소유하고 있고, 이 중 55ha가 포도밭이다. 전부 산지오베제를 재배하며, 세 싱글 빈야드 와인은 특별 관리하고 있다. 세 빈야드가 고도, 토양, 채광 등이 모두 달라서 각자 개성을 지니고 있기 때문에 와이너리의 대표 와인이라 할 수 있다. 발 디 수가는 와이너리 규모가 크고 와인 샵도 굉장히 잘 꾸며져 있다. 토스카나를 여행하면서 한 번쯤 방문해 보기를 추천한다.

◎ 몬탈치노 마을에서 차로 15분
⌂ Loc. Val di Cava SNC, 53024 Montalcino
☎ +39 05 77 80 42 07
🕑 월~토, 10:00~18:00.
시즌마다 오픈 시간이 상이하니 홈페이지 확인
✉ 이메일(wineshop.valdisuga@bertani.net)이나 전화로 문의
🔗 valdisuga.it

추천 와인

세 싱글 빈야드에서 생산하는 브루넬로 디 몬탈치노를 적극 추천한다. 비냐 델 라고Vigna del Lago는 우아한 스타일, 포지오 알 그란키오Poggio al Granchio는 프루티하며, 높은 산도, 미네랄 뉘앙스가 특징이다. 비냐 스푼탈리Vigna Spuntali는 셋 중 가장 강렬한 풍미를 보인다. 가격은 셋 다 50유로 내외.

°콜 도르치아 Col d'Orcia

이탈리아를 대표하는 와이너리 중 하나. 2018년 2월 콜 도르치아 와이너리에서 1,000병에 이르는 와인들이 도난당했다. 돈으로 환산하면 약 10만 유로(약 1억 3,000만원)어치다. 도난 당한 와인 중에서는 가치를 매길 수 없는 올드 빈티지 와인들이 섞여 있었다. 이 사건은 와인 매거진 《Decanter》에 대서 특필되었는데, 사건과는 별개로 이 와이너리가 와인 세계에서 얼마나 큰 위치를 차지하고 있는지 확인하게 해줬다. 콜 도르치아의 역사는 1890년대로 거슬러 올라간다. 피렌체의 프란체스키Franceschi 가문이 당시 파또리아 디 산트안젤로Fattoria di Sant'Angelo라 불리던 와인 농가를 사들인 것이 시초다. 새로운 주인을 맞은 산트안젤로는 1933년 이탈리아 최초의 무역 전시회인 시에나 와인 전시회에 그들의 와인을 출품했다. 이후 가문의 후예인 레오폴도Leopoldo와 스테파노Stefano가 1958년 와이너리를 상속받으면서 지금의 이름으로 개명했다. 스테파노는 자식이 없었기 때문에 와이너리를 1973년 대기업인 친차노Cinzano에 매각했고, 몬탈치노의 와인에 대한 가능성을 알고 있었던 알베르토 마로네 친차노Alberto Marone Cinzano는 계속해서 포도밭을 늘리고 시설을 현대화하면서 현재의 명성을 이룩했다. 콜 도르치아는 BIO에서 인증받은 친환경 와인을 생산한다.

📍 몬탈치노 마을에서 차로 약 20분
🏠 Via Giuncheti, 53024 Montalcino
📞 +39 05 77 80 891
🕐 월~토, 08:30~12:30, 14:30~18:30
💶 20유로~, 자세한 사항은 홈페이지 참조
🔗 www.coldorcia.com

추천 와인

일반 브루넬로 디 몬탈치노와 국제 품종이 섞인 네아르코 산트안티모 Nearco Sant'Antimo를 추천한다. 브루넬로 디 몬탈치노는 와이너리의 가장 대표적이고 전통적인 와인이다. 4년 숙성을 거쳐 부드럽게 숙성된 유제품 향이 인상적인 와인. 네아르코는 메를로, 까베르네 소비뇽, 시라, 프티 베르도의 블렌딩으로 고운 타닌과 신선한 산미가 적절히 조화된 명품이다. 두 와인 모두 40유로 내외.

°카스텔로 반피 Castello Banfi

이탈리아 와인에 관심 있다면 한 번쯤 들어보았거나 마셔봤을 유명한 브랜드. 하지만 생각보다 역사가 길지는 않다. 반피의 시작은 미국의 와인 수입상이었다. 1895년 미국 코네티컷의 토링턴에서 태어난 이탈리아계 미국인 지오반니 F. 마리아니Giovanni F.Mariani는 9살 때 아버지가 갑자기 사고로 사망하면서 어머니와 함께 이탈리아로 돌아간다. 그는 이탈리아에서 이모와 함께 지냈는데, 이모의 이름이 바로 테오돌린다 반피 Teodolinda Banfi다. 그녀는 이탈리아의 유명한 가문 라띠의 하우스 홀드 스태프였으며, 교황 비오 11세가 되는 아킬레 암브로조 다미아노 라띠를 보필했다. 이때 이모와 함께 지내며 지오반니도 자연스럽게 와인과 인연을 맺었다. 1919년 지오반니는 어머니 같은 존재였던 이모의 성을 따서 뉴욕에 반피 빈트너스라는 와인 수입상을 차렸다. 이탈리아와 프랑스의 밸류 와인들을 미국에 소개했던 반피 빈트너스는 그야말로 순풍에 돛을 단 듯 성공적인 비즈니스를 펼쳤다. 1960년대 그는 아들 존과 해리에게 사업을 물려주면서 은퇴했고, 형제는 1978년 오랜 숙원인 이탈리아 몬탈치노에 카스텔로 반피를 설립하면서 정점을 찍는다. 반피는 이탈리아 와이너리의 이상향을 그대로 구현한 곳이다. 거대한 성과 역사박물관, 부티크 호텔과 미슐랭 레스토랑, 그리고 완벽한 와인 투어까지. 추천하지 않을 이유가 없다.

- 몬탈치노 마을에서 차로 약 20분
- Castello di Poggio alle Mura, 53024 Montalcino
- +39 05 77 87 77 00
- 09:00~17:00, 시즌마다 상이. 홈페이지 확인
- 다양한 투어가 있다. 자세한 내용은 홈페이지 확인
- castellobanfiilborgo.com

추천 와인

카스텔로 반피의 주력 라인업은 브루넬로(산지오베제)로 만든 몬탈치노 지역의 와인들이다. 그 중 원탑은 포지오 알레 무라 리제르바 Poggio Alle Mura Riserva. 참고로 포지오 알레 무라는 반피 와이너리 중심에 우뚝 서 있는 성 이름이다. 리제르바라는 이름이 붙은 것처럼 오랜 시간 숙성을 거쳐서 훌륭한 밸런스를 자랑한다. 가격은 약 80유로 선.

°카스텔로 비끼오마지오
Castello Vicchiomaggio

포도밭으로 둘러싸인 아름다운 와이너리. 규모는 작지만, 그래서 더 정감 가는 정경으로 방문자들을 매료시킨다. 피에몬테 아스티 출신의 페데리코 마따Federico Matta가 와이너리의 최초 설립자. 토리노, 에비앙, 파리의 레스토랑에서 일했던 그는 1921년 런던에 이탈리아 브랜드 와인 수입 숍 FS Matta를 설립했다. 당시 영국 시장에 잘 알려지지 않았던 캄파리라든지, 간치아, 산 펠레그리노 같은 이탈리아 브랜드를 선보이면서 성공가도를 달렸다. 페데리코는 1966년 회사를 영국의 The Beecham Group에 매각한 후 토스카나의 카스텔로 비끼오마지오에서 남은 인생을 보내기로 한다. 한편 알바에서 포도재배 및 와인 양조학을 전공했고, 영국에서 와인 트레이드 경력을 갖춘 그의 아들 존 마따John Matta가 아버지를 돕기 시작하면서 와이너리는 점차 업그레이드 됐다. 존은 시설 투자와 함께 포도밭을 갈아엎고, 오크 터치를 과하게 하지 않은 섬세한 스타일의 와인을 선보이면서 와이너리의 명성을 높였다. 2010년에는 존의 딸 페데리카 Federica와 델피나Delfina까지 가족 비즈니스에 합류해서 호텔과 레스토랑 사업까지 확장했다. 카스텔로 반피와 비교해 규모만 작은 편이지 비슷한 복합적인 와인 문화 공간을 자랑한다.

추천 와인

키안티 클라시코가 주력으로 세가지 컨셉이 있다. 구아도 알토Guado Alto, 아고스티노 페트리Agostino Petri, 라 프리마La Prima. 이 가운데 구아도 알토와 아고스티노는 225리터의 프렌치 오크 배럴에서 숙성시켜 스위트 스파이시한 뉘앙스를 더했다. 더 중후한 뉘앙스의 와인을 즐기고 싶다면 리파 델레 모레Ripa delle More도 추천한다. 산지오베제에 메를로와 까베르네 소비뇽이 블렌딩 된 프리미엄 와인이다. 키안티 클라시코는 20유로 내외. 피라 델레 모레는 40유로 선.

- 피렌체에서 차로 약 1시간
- Localita Vicchio, 17, 50022 Greve in Chianti FI
- +39 55 85 40 79
- 10:00~18:00
- 15유로부터. 자세한 내용은 홈페이지 확인
- www.vicchiomaggio.it

카스텔로 디 베라짜노 Castello di Verrazzano

오랜 역사를 지닌 토스카나의 터줏대감. 베라짜노 가문이 현재 와이너리로 운영되고 있는 성의 소유주가 된 것은 무려 7세기로 거슬러 올라간다. 그리고 베라짜노라는 이름을 세계에 알린 지오반니 다 베라짜노Giovanni da Verrazzano는 1485년 이 성에서 태어났다. 그는 콜럼버스와 더불어 이탈리아가 자랑하는 위대한 탐험가 중 한 사람이다. 1522년 탐험대를 조직한 지오반니는 델피나라는 배를 몰고 긴 항해 끝에 1524년 4월 17일 지금의 뉴욕항을 발견했다. 현재 뉴욕에 있는 베라짜노 다리가 그의 이름을 따서 만든 것이다. 베라짜노 가문의 대가 끊긴 후 성은 1819년 피렌체의 유명한 가문 리돌피Ridolfi에게 넘어갔다가 1958년 카펠리니Cappellini 가문의 소유가 되었다. 지금도 여전히 카펠리니 가문의 루이지 지오반니Luigi Giovanni가 베라짜노를 이끌고 있다. 베라짜노의 포도밭은 중세시대에 유명했던 파씨냐노 수도원의 수도사들이 지금의 키안티 클라시코 일대에 포도를 재배하고 와인을 만든 역사적인 현장이다. 현재 포도밭은 전부 유기농법으로 관리되고 있다. 와이너리에서는 베라짜노가 살았던 중세 가옥을 둘러볼 수 있고, 수준급의 레스토랑, 와인 샵, 숙박시설에서 와인과 함께 하는 낭만적인 시간을 보낼 수 있다.

추천 와인

베라짜노는 전통적인 키안티 클라시코 생산자다. 베라짜노의 키안티 클라시코 DOCG, 키안티 클라시코 리제르바 DOCG, 키안티 클라시코 리제르바 그란 셀레찌오네 DOCG 라인업은 키안티 지역의 하이 레인지의 정석이라 할 만하다. 여기에 두 개의 IGT(국제 품종 블렌딩)와 로제, 화이트를 생산한다. 세 종류의 키안티를 추천하며, 가격은 20~40유로선.

피렌체에서 차로 약 1시간
Via Citille, 32A Localita Greti, 50022 Greve in Chianti FI
+39 55 85 42 43
월~토, 09:30~18:00
24유로~. 다양한 투어가 준비되어 있으니 홈페이지 참조.
www.verrazzano.com

파또리아 몬테끼오 Fattoria Montecchio

산 도나토라 불리는 작고 아름다운 마을에 위치한 와이너리. 널리 알려진 와이너리가 아니어서 가벼운 마음으로 방문했지만, 아늑한 와인 샵에서 친절한 직원이 가득가득 따라주는 시음 와인에 매료된 곳이다. 품질도 평균 이상. 파또리아 몬테끼오는 가죽 공장을 하던 이보 누티Ivo Nuti가 1970년대에 지금의 파또리아 몬테끼오가 있는 땅과 빌라를 사서 와인을 만든 것이 시작이다. 본래 이 빌라는 피렌체의 귀족 토리지아니Torrigiani 후작 가문의 소유였다. 토리지아니 가문도 과거 여기서 와인 비즈니스를 했기 때문에 자연스럽게 와인 역사가 이어진 셈이다. 누띠 가문은 1998년부터 본격적으로 돈을 투자해서 포도밭과 와인 생산에 힘을 쏟았다. 포도밭은 식재 비율을 약간 높이는 대신 생산량이 적은 포도 대목을 골라 심어 고품질의 포도를 수확했다. 토착 품종은 산지오베제와 카나이올로가 대부분이고, 국제 품종은 까베르네 소비뇽과 메를로를 재배하고 있다. 전체 땅 넓이는 약 270ha, 포도밭은 이 중 30ha, 올리브 나무도 20ha 정도 소유하고 있다. 와인 가격이 타 와이너리보다 저렴한 편이라 근처를 여행한다면 들러보기를 추천한다.

- 피렌체에서 차로 약 1시간
- 4 Via Montecchio, Barberino Tavarnelle FI
- +39 05 58 07 29 07
- 월~금, 10:00~17:00
- 세 가지 투어가 있으며, 홈페이지에서 신청 가능
- www.fattoriamontecchio.com

추천 와인

키안티 와인보다는 국제 품종을 섞어 만든 피에트라쿠파Pietracupa와 라 파페싸La Papessa를 추천한다. 피에트라쿠파는 산지오베제에 까베르네 소비뇽을 블렌딩했다. 라 파페싸는 메를로 100%다. 둘 모두 가격이 25유로인데, 가격대비 퀄리티가 매우 훌륭하다. 특히 피에트라쿠파는 숙성된 향과 벨벳 같은 질감이 매우 인상적이다.

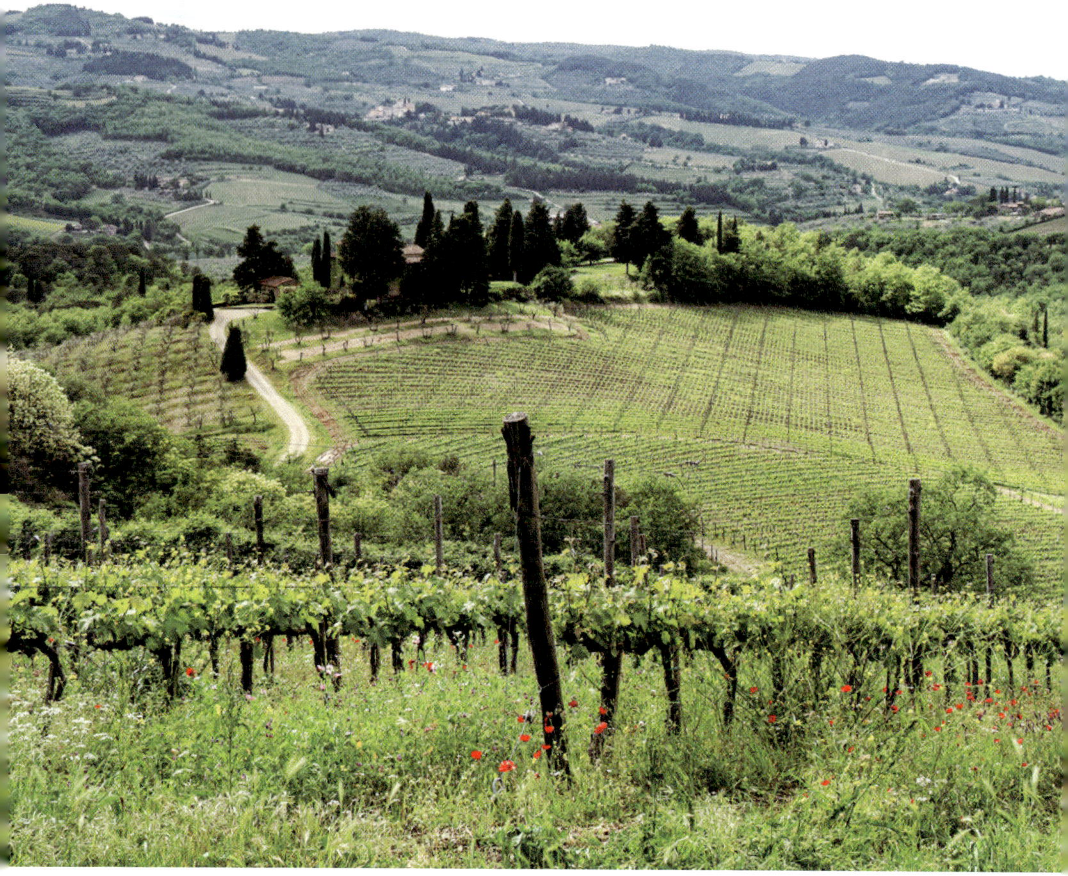

Querciabella
2015
Agricola Querciabella
2014

Batàr
TOSCANA
INDICAZIONE GEOGRAFICA TIPICA
2015
Agricola Querciabella

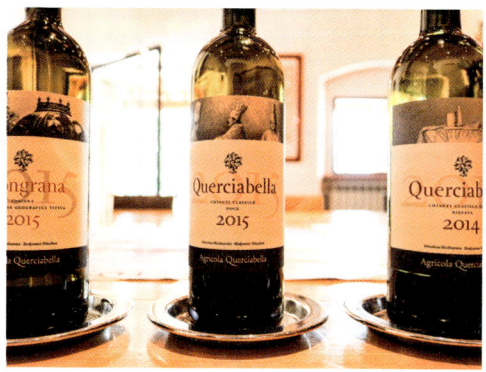

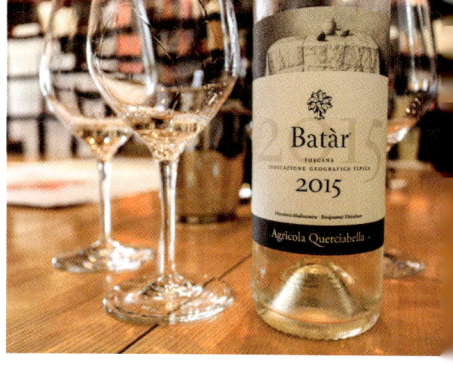

°쾌르치아벨라 Querciabella

키안티 지역 중심에 위치한 쾌르치아벨라는 국제 품종으로 만드는 몇몇 와인으로 세계적인 반열에 오른 곳이다. 설립자는 현 오너 세바스티아노Sebastiano의 아버지 쥬세뻬 카스틸리오니Giuseppe Castiglioni. 밀라노의 사업가였던 그는 멕시코에서 철강업으로 부를 축적하면서 1974년 토스카나에 땅을 샀다. 본래 그는 엄청난 와인 애호가였다고 한다. 와이너리를 설립하기 전부터 보르도나 부르고뉴의 프리미엄 와인들을 수집하면서 와이너리 오너들과 개인적인 친분을 가질 정도였다. 쥬세뻬가 땅을 사서 와인을 만들겠다고 다짐한 것도 그가 직접 마실 와인을 만들기 위해서였던 것. 현재 쾌르치아벨라의 주요 와인을 대부분 프랑스 품종으로 만드는 이유도 바로 이 때문이다. 아버지의 와인 사랑은 아들에게도 영향을 미쳤다. 세바스티아노는 12살 때 이미 프랑스 명품 와이너리를 방문하면서 경험을 쌓았다. 아버지는 와인을 취미로 시작했지만, 그는 아니었다. 최초에 전체 땅에서 1ha(정확히는 2.47acre)도 차지하지 않았던 포도밭은 현재 약 76ha에 달한다. 세바스티아노는 1988년부터 올가닉, 2000년부터 바이오다이나믹 농법으로 엄격한 친환경 와인을 만들면서 와이너리의 위상을 한껏 끌어올렸다.

- 피렌체에서 차로 약 1시간
- Via di Barbiano 17, 50022 Greve in Chianti FI
- +39 55 85 92 77 77
- 월~금, 09:00~17:00
- 이메일(visits@querciabella.com)을 통한 사전 예약 필수
- www.querciabella.com

추천 와인

와이너리에서 생산하는 모든 와인을 추천한다. 그중에서도 카마르티나Camartina와 바타르Batar는 발군이다. 카마르티나는 까베르네 소비뇽을 메인으로 산지오베제를 블렌딩한 와인으로, 전체적으로 벨벳 같은 질감과 우아함을 갖춘 훌륭한 밸류 와인이다. 바타르는 샤르도네와 피노 블랑이 반반씩 섞였다. 유질감이 뛰어나고, 입안에서 와인이 구슬처럼 부드럽게 굴러간다. 부르고뉴의 탑 와인들과도 어깨를 나란히 할 수 있는 최고의 화이트 와인이라 여겨진다. 가격은 카마르티나 30유로, 바타르 80유로.

° 레 마끼올레 Le Macchiole

이탈리아를 대표하는 와이너리 중 하나. 이 와이너리를 살아 있는 전설로 만들었던 에우제니오 캄폴미Eugenio Campolmi가 2002년 마흔 살의 젊은 나이로 유명을 달리했을 당시 전 세계 유명 와인 매거진에서 일제히 보도했을 정도다. 레 마끼올레의 진정한 시작은 프랑스에서 1970년대 말까지 와인 양조를 공부하고 돌아온 에우제니오 캄폴미와 그의 아내 친치아 메를리Cinzia Merli가 1981년 와이너리를 물려받으면서부터다. 좋은 와인을 만들려면 무엇보다 땅이 중요하다는 것을 일찍이 깨달은 부부는 본래 가문이 소유하고 있던 땅의 일부를 팔아 치우고 그 돈으로 1983년 볼게리 언덕의 기슭에 새롭게 포도밭을 조성했다. 공식적인 첫 와인이 탄생한 해는 1987년. 2년 뒤인 1989년 와인 컨설턴트 비또리오 피오레Vittorio Fiore를 영입하면서 현재 세계 최고의 까베르네 프랑 와인으로 명성이 자자한 팔레오 로쏘Paleo Rosso의 초기 버전을 탄생시켰다. 1991년에는 유명 양조가 루카 다또마Luca D'Attoma가 와이너리에 합류하면서 레 마끼올레는 단일 품종 와인 생산으로 확고한 방향을 정한다. 1994년에는 기념비적인 와인 메쏘리오Messorio, 스크리오Scrio를 출시했다. 참고로 메쏘리오는 이탈리아 최고의 메를로 와인 중 하나로 평가받는다. 현재 와이너리는 미망인 친치아와 역사의 중심에 있던 루카 다또마가 컨설턴트로 이끌어가고 있다. 레 마끼올레는 24ha의 포도밭을 소유하고 있고, 2002년부터 포도밭을 친환경적으로 관리한다.

추천 와인

모든 와인을 추천한다. 특히 단일 품종으로 생산되는 삼총사, 팔레오 로쏘(까베르네 프랑 100%), 메쏘리오(메를로 100%), 스크리오(시라 100%)는 발군의 퀄리티를 가진 와인들이다. 개인적으로 메쏘리오를 가장 높이 평가한다. 파워풀하면서 결이 고운 타닌과 우아한 산미의 조화가 매우 훌륭하다. 완벽에 가까운 균형감을 지닌 와인이다. 가격은 빈티지마다 차이가 나며, 평균 80유로 내외다.

볼게리 마을에서 차로 10분
Strada Provinciale 16B Bolgherese, 189/A, 57022 Castagneto Carducci
+39 05 65 76 60 92
사전 예약에 한해 오픈
와이너리 홈페이지에서 예약 가능
www.lemacchiole.it

°카스텔로 디 퀘르체토 Castello di Querceto

카스텔로 디 퀘르체토는 긴 역사를 지닌 와이너리다. 성 주변을 둘러싸고 있는 길이나 감시탑의 기원은 고대 로마까지 거슬러 올라간다. 본격적으로 포도 농사를 짓고 와인을 만든 것은 19세기 말 성의 새로운 주인이 된 카를로 프랑수와 Carlo Francois 때부터다. 그가 만든 와인은 1911년 국제 와인 대회에서 상을 받을 만큼 품질이 우수했다. 또한 1924년 33곳의 와이너리들과 결의해 Chianti Classico Wine Consortium을 조직하면서 최초의 키안티 클라시코 멤버로 전성기를 맞았다. 다만 1944년 7월, 2차 세계대전이 끝나갈 무렵에 독일군이 3주 동안 성을 유린하면서 힘든 시기를 겪었다. 카를로의 두 아들이 독일군 감옥에 갇히고, 보관하던 와인 대부분이 파괴되는 아픔을 겪었다. 1978년 카를로의 조카였던 알레쌴드로 프랑수와 Alessandro Francois와 그의 아내가 와이너리에 합류하면서 리노베이션 되었다. 현재는 그들의 딸과 아들 가족까지 와이너리에 몸담고 있는 가족 경영 와이너리다. 아그리투리스모도 운영하고 있다. 여담이지만, 와이너리의 대표 와인인 치냘레 Cignale 레이블에 그려진 멧돼지에 재미난 에피소드가 있다. 1985년 첫 까베르네 소비뇽과 메를로 수확을 앞두고 야생 멧돼지가 밤사이 포도를 모두 먹어 치웠다. 결국 그해 와인은 포기해야 했다. 그리고 다음 해에 와인을 출시하면서 레이블에 멧돼지를 그려 넣고 Cignale(멧돼지)라는 이름을 붙였다고 한다. 그해 멧돼지는 사람들에게 잡혔고, 멧돼지로 만든 살라미(생햄)를 치냘레와 함께 먹었다고 전해진다.

추천 와인

두 가지 와인이면 충분하다. 전통적인 키안티 와인인 키안티 클라시코 리제르바와 멧돼지 와인으로 유명한 치냘레. 키안티 클라시코 리제르바는 산지오베제 92%와 기타 품종이 8% 블렌딩 되었다. 산딸기로 대표되는 과실 향과 오크 향이 잘 어우러진 밸류 와인. 국제 품종 블렌딩의 치냘레는 파워풀한 스타일로, 토스카나의 정통 티본 스테이크와 매우 잘 어울린다. 가격은 각각 17유로, 36유로 선.

- 피렌체에서 차로 약 1시간
- 2 via A. Francois, 50022, Greve in Chianti, Fl
- +39 05 58 59 21
- 월~금, 10:00~17:30, 시즌마다 상이하니 홈페이지 확인
- 일반 테이스팅 5유로~. 다채로운 투어가 있으니 홈페이지 참고
- www.castellodiquerceto.it

투아 리타 Tua Rita

와인 평론가 로버트 파커는 투아 리타의 간판 와인 레디가피Redigaffi 1999년 빈티지를 마시고 '와인이 도달할 수 있는 완벽함에 근접한 와인(as close to perfection as a wine can get)'이라고 극찬했다. 지금도 레디가피는 레 마끼올레의 메쏘리오와 더불어 이탈리아 메를로 삼총사 중 하나로 칭송이 자자하다. 투아 리타 와이너리는 1984년 리타 투아와 그녀의 남편 비르질리오 비스티Virgilio Bisti가 노트리Notri에 2ha의 땅을 사면서 시작됐다. 흥미로운 사실은 본래 부부는 비디오 게임이나 쥬크 박스 판매 및 유통 일을 했다는 것! 포도 재배는 부부의 오랜 꿈이었다고 한다. 1988년 까베르네 소비뇽과 메를로를 심으면서 꿈에 한 발짝 다가갔다. 그 후 4년간 와인을 만들지는 않았지만, 이웃인 사씨카이아에 포도를 공급했다. 1992년 와인 컨설턴트 루카 다또마를 영입하면서 본격적으로 자신들의 이름을 건 와인을 만들기 시작했다. 최초의 와인은 까베르네 소비뇽과 메를로 블렌딩의 쥬스토 디 노트리Giusto di Notri였다. 1994년에는 선별한 메를로를 바리크에서 숙성시켜서 소량 생산하는 레디가피를 선보였다. 1998년에는 스테파노 키오치올리Stefano Chioccioli를 영입했으며, 레디가피 2000년 빈티지가 이탈리아 와인 중 최초로 파커 포인트 100점 만점을 획득하면서 일약 슈퍼스타가 됐다. 안타깝게도 2010년 비르질리오는 사망했지만, 리타 투아는 딸, 사위와 함께 와이너리를 훌륭하게 이끌어 가고 있다.

추천 와인

단연코 레디가피지만, 가격이 만만치 않다. 그래서 로쏘 데이 노트리 Rosso dei Notri와 쥬스토 디 노트리를 추천한다. 로쏘 데이 노트리는 산지오베제 메인으로 시라, 까베르네 소비뇽, 메를로가 블렌딩 되었고, 쥬스토 디 노트리는 까베르네 프랑, 까베르네 소비뇽, 메를로의 완벽한 국제 품종 블렌딩이다. 보다 이탈리아스러운 우아함을 느끼고자 한다면 전자를 추천한다. 각각 30유로, 50유로 선.

볼게리에서 차로 약 40분
81 localita Notri, 57028 Suverero LI
+39 05 65 82 92 37
사전 예약에 한해서 오픈
홈페이지나 이메일(info@tuarita.it)를 통해 사전 예약 필수
tuarita.it

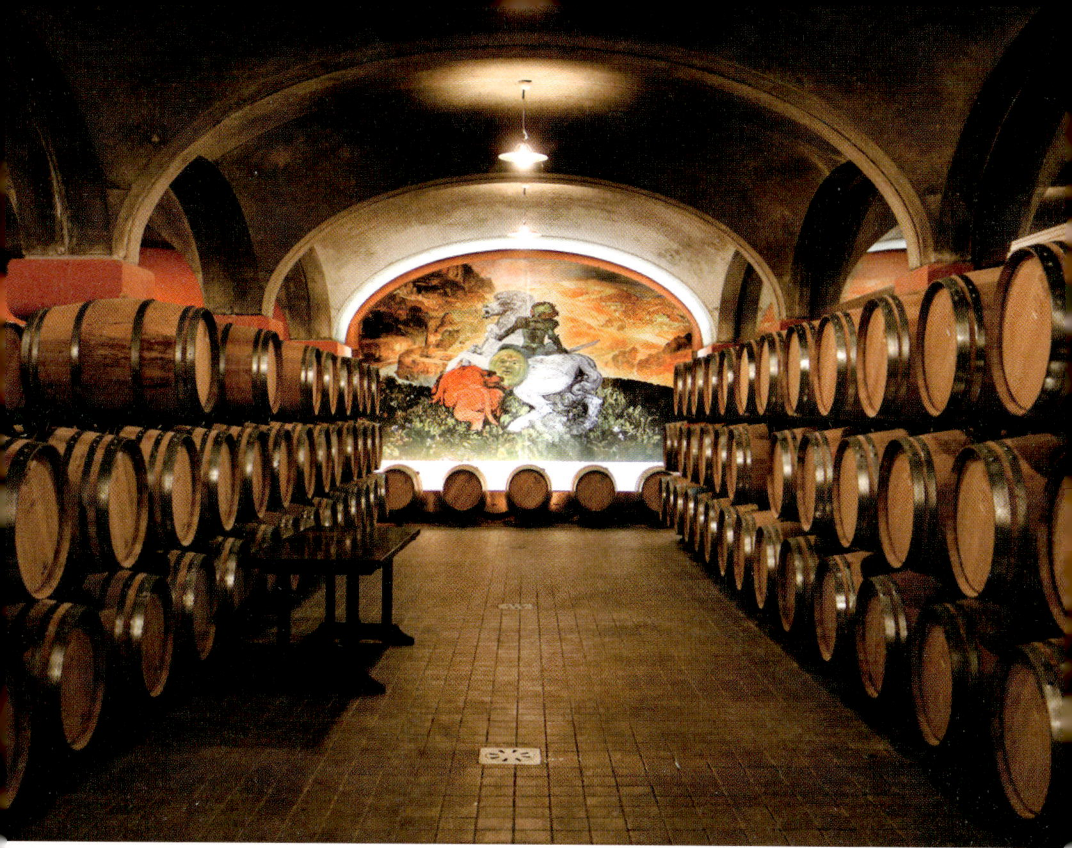

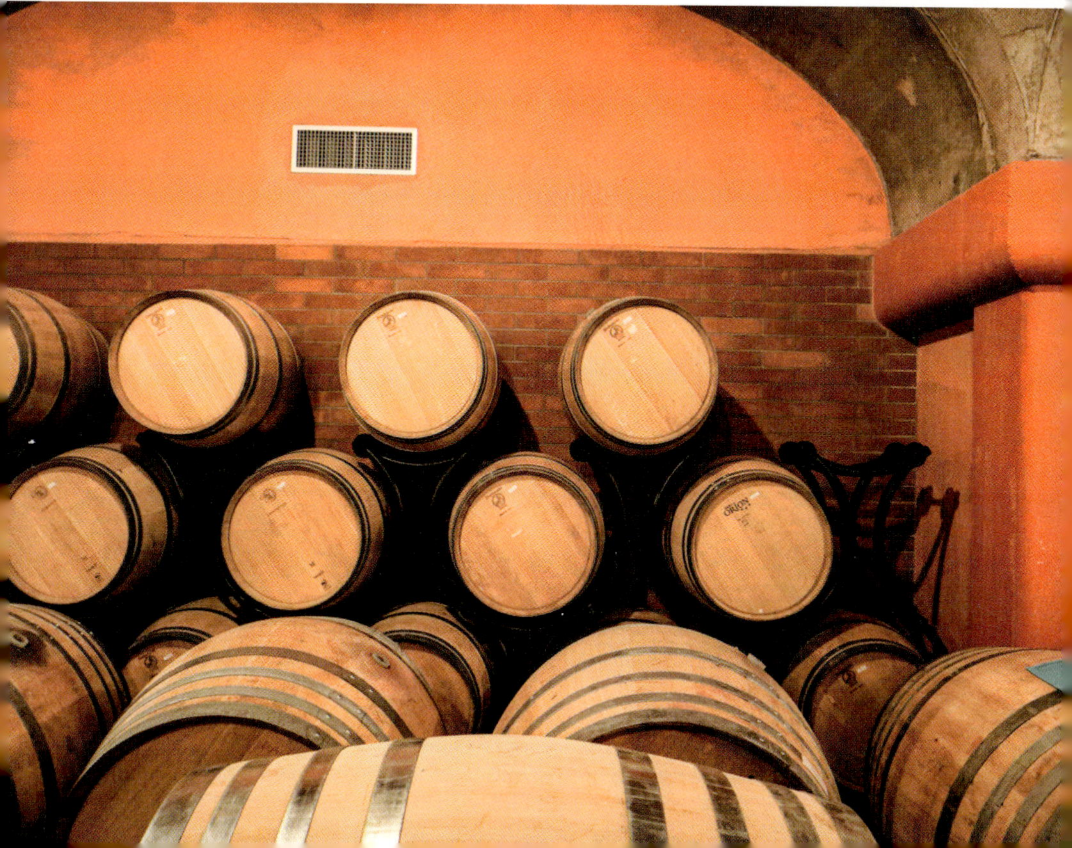

토스카나_추천 와이너리

°로까 디 프라씨넬로 Rocca di Frassinello

와이너리를 만든 건축가가 거장 렌조 피아노다. 그는 건축계의 노벨상으로 불리는 프리츠커상을 수상했고, 타임지의 영향력 있는 100인에 소개되기도 했다. 그가 고안한 로까 디 프라씨넬로의 건축 콘셉트는 효율성. 아름다움과 약간 거리가 있는 편이지만, 어떻게 하면 공간과 시간의 낭비 없이 와인을 맛있고 효율적으로 만들까하는 아이디어에서 와이너리가 탄생했다. 그 정점을 확인할 수 있는 곳이 배럴 룸이다. 마치 경기장을 방불케 하는 거대한 배럴 룸은 지하 3층 깊이에 조성해 온도와 습도가 자연적으로 컨트롤 된다. 또 계단식으로 설계돼 무려 2,500개의 오크통을 저장할 수 있다. 로까 디 프라씨넬로는 키안티의 유명 와이너리 카스텔라레 디 카스텔리나Castellare di Castellina와 프랑스의 도멘 바롱 로칠드 라피트Domaines Baron de Rothschild-Lafite, 두 명가 와이너리의 합작으로 탄생했다. 각국을 대표하는 와이너리의 오너가 합작한 만큼 포도 또한 이탈리아 토착 품종과 프랑스 품종이 균등하게 재배되고 있다. 생산하는 와인도 대부분 토착 품종과 프랑스 품종 블렌딩이다. 프랑스 품종을 다루는 노하우나 기술, 그리고 오크통까지 라피트와 함께 공유하고 있다. 와이너리 내에 작은 와인 박물관이 있다.

추천 와인

생산하는 대부분의 와인이 토스카나 대표 품종 산지오베제를 절반 정도, 나머지는 프랑스 품종인 까베르네 소비뇽, 메를로, 시라 등을 블렌딩했다. 가장 추천하는 와인은 레 수게레 디 프라씨넬로Le Sughere di Frassinello. 시가를 태우고 난 후 시간이 지났을 때 올라오는 희미하고 은은한 시가 향이 기분 좋게 느껴지는 와인이다. 가격은 40유로 내외.

- 시에나에서 차로 약 1시간 거리
- Loc. Poggio alla Guardia, Giuncarico Scalo Gavorrano
- +39 05 66 88 400
- 10:00~18:00, 시즌 별로 상이하니 홈페이지 확인
- 30유로~. 다채로운 투어가 준비되어 있으니 홈페이지 확인
- www.castellare.it/en/rocca-di-frassinello

˚오르넬라이아 Ornellaia

이탈리아를 대표하는 명품 와이너리. 이들이 탄생시킨 마쎄토Masseto는 세계 최고의 메를로 와인으로 꼽힌다. 중저가의 레 볼테Le Volte만 해도 누구에게나 자신 있게 추천할 만큼 훌륭한 밸류 와인이다. 오르넬라이아는 안티노리의 수장 피에로 안티노리의 동생 로도비코 안티노리Lodovico Antinori가 탄생시킨 와이너리다. 1987년 와이너리가 완공되면서 설립 초기 조성한 특별한 메를로밭에서 전설의 마쎄토를 탄생시켰다. 1999년 자금 사정이 악화되면서 캘리포니아의 거장 로버트 몬다비가 오르넬라이아의 지분을 매입했고, 2002년에는 완전히 몬다비의 소유로 넘어갔다. 이 과정에서 토스카나의 또 다른 와인 명가 프레스코발디가 50%의 지분을 소유하게 된다. 후에 몬다비 그룹이 공룡 와인 그룹 컨스텔레이션에 인수되면서 프레스코발디는 많은 돈을 들여서 나머지 50%의 지분을 매입, 완전히 오르넬라이아를 소유하게 되었다. 그 과정에서《Wine Spectator》로부터 1998년 빈티지의 오르넬라이아가 올해의 와인에 꼽히기도 했고, 2001년 빈티지의 마쎄토는 100점 만점을 받으면서 '이탈리아의 페트뤼스'라는 별칭을 얻었다. 또한, 2009년부터 컨템퍼러리 아티스트들과 협업해서 아티스트 레이블을 만들고 있다. 와이너리 곳곳에서 아티스트들이 만든 구조물들을 볼 수 있고, 와이너리의 입구에서는 그동안 협업한 아티스트 레이블들을 감상할 수 있다.

◉ 볼게리 마을에서 차로 10분
🏠 Localita Ornellaia, 191, Fraz. Bolgheri, 57022 Castagneto Carducci (LI)
📞 +39 05 65 71 811
🚪 사전 예약에 한해 오픈
📷 홈페이지 예약란을 통해 예약
🖱 www.ornellaia.com

추천 와인

대표 와인 마쎄토는 따로 분리 운영하고 있어 오르넬라이아에서 구매하거나 시음할 수 없다. 그 대신 오르넬라이아를 추천한다. 자금 사정이 넉넉지 않다면 레 볼테도 훌륭한 대안이다. 오르넬라이아는 까베르네 소비뇽, 메를로, 까베르네 프랑, 쁘띠 베르도의 완벽한 보르도 블렌딩이며, 레 볼테는 메를로, 산지오베제 블렌딩이다. 오르넬라이아는 빈티지에 따라 가격 변동이 심하며, 대략 200유로 선. 레 볼테는 20유로 선이다.

°카스텔로 디 아마 Castello di Ama

토스카나로 와인 여행을 떠나는 이들에게 가장 먼저 추천하는 와이너리다. 와인도 뛰어나지만 오너의 예술에 대한 사랑, 이 와이너리가 있는 아마 마을의 아름다움, 와이너리에서 운영하는 레스토랑까지, 어느 하나 만족스럽지 않은 것이 없다. 와이너리가 설립된 것은 1960년대. 1970년대에는 여러 번 소유주가 바뀌었고, 현 오너 마르코 팔란티Marco Pallanti가 와이너리에 합류하면서 마침내 영광이 시작됐다. 천부적인 재능을 가지고 있었던 그는 이탈리아 최고의 와인 가이드 《Gambero Rosso》에서 2003년, 2005년 올해의 와인메이커로 꼽혔다. 그의 대표작인 키안티 클라시코 산 로렌조San Lorenzo는 《Wine Spectator》가 2010년 꼽은 세계 100대 와인 중 6위를 차지하기도 했다. 와인만큼이나 특별한 건 마르코의 예술에 대한 사랑이다. 그는 2000년부터 지금까지 매해 세계적인 아티스트들을 초대해서 와인과 예술의 콜라보레이션을 진행해왔다. 아티스트들은 아마 마을의 전통 가옥에 머물면서 토스카나 전통 음식과 와인을 마시며 작품을 완성해나간다. 샤또 무똥 로칠드의 2013년 빈티지의 주인공이었던 이우환 작가도 초대를 받아 'Topos(Excavated)'라는 인상 깊은 작품을 남기고 갔다. 숙박 시설과 레스토랑도 운영하고 있기 때문에 진정한 휴식과 지적인 충족을 채우기에 더할 나위 없는 곳이다.

- 시에나에서 차로 약 50분
- 55 Localita Ama, 53013 Gaiole In Chianti SI
- +39 05 77 74 60 69
- 10:00~19:00
- 전화나 이메일(enoteca@castellodiama.com)로 반드시 사전 예약
- www.castellodiama.com

추천 와인

1985년 탄생한 토스카나 최초의 순수한 100% 메를로 와인 라빠리타L'Apparita는 세계적인 명성을 자랑하는 와이너리의 간판 와인이다. 다만 가격이 200유로 정도로 비싼 편. 가격까지 고려했을 때 가장 추천하는 와인은 산 로렌조 키안티 클라시코 그란 셀레찌오네. 이 또한 싼 편은 아니지만, 라빠리타와 순수하게 품질만을 놓고 봤을 때 전혀 뒤지지 않는다. 가격은 대략 40유로선.

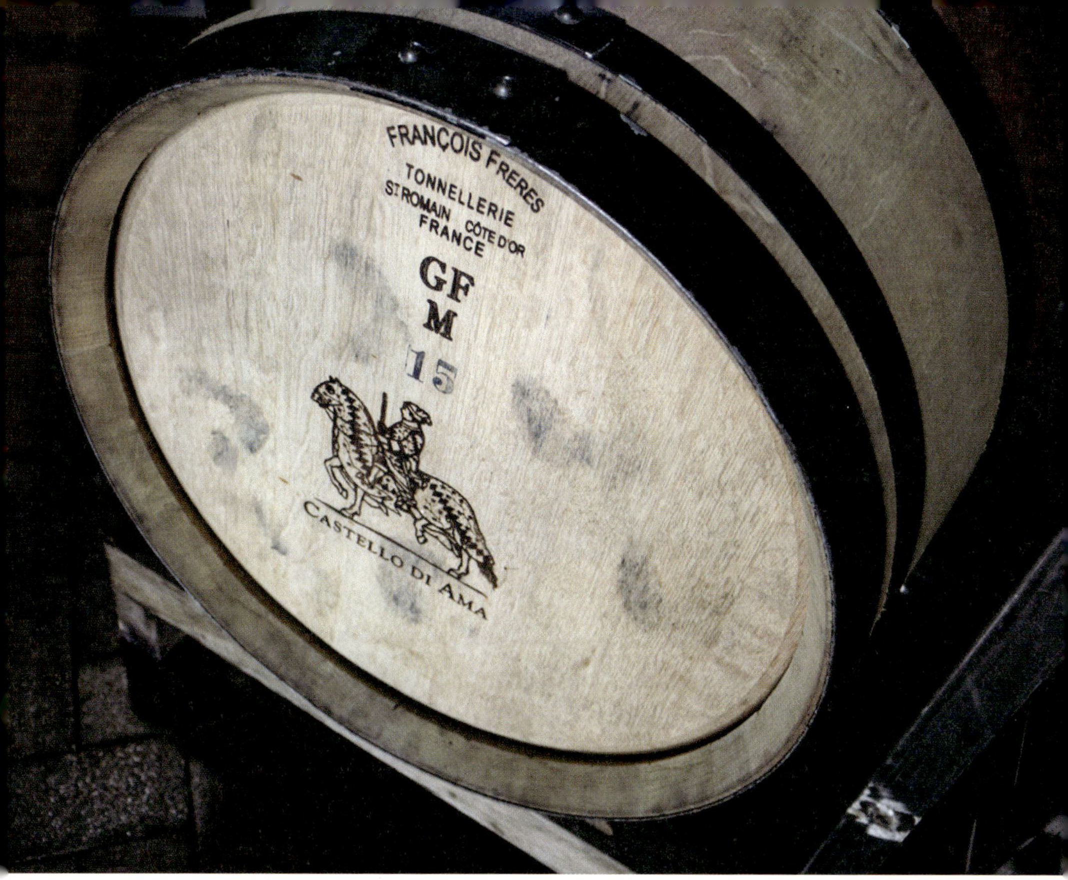
FRANÇOIS FRERES
TONNELLERIE
ST ROMAIN CÔTE D'OR
FRANCE
GF
M
15
CASTELLO DI AMA

2017
PURPLE ROSE
2015
AMA
2014
CASTELLO DI AMA
2014
L'APPARITA

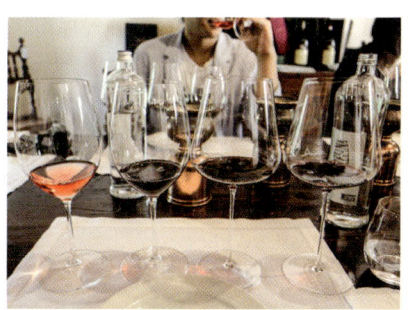

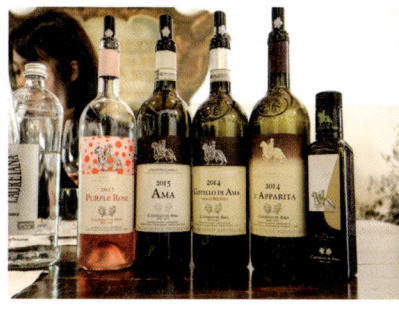

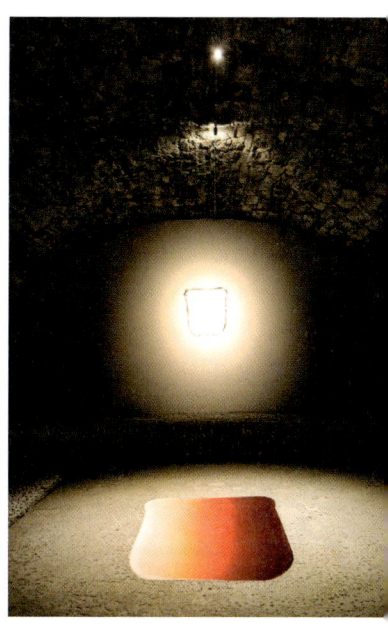

- 피렌체에서 차로 약 1시간
- Loc. Dudda, 50022 Greve in Chianti FI
- +39 05 58 54 90 62
- 월~금, 08:00~12:00, 13:30~17:30
- 홈페이지에서 예약 필수
- www.carpineto.com

°카르피네토 Carpineto

1967년 지오반니 카를로 사께트Giovanni Carlo Sacchet와 안토니오 마리오 자께오Antonio Mario Zaccheo가 설립한 와이너리다. 지오반니는 이탈리아 최고의 와인 학교로 꼽히는 코넬리아노 양조학교에서 공부했다. 졸업 후 바로 토스카나에서 우연히 안토니오를 만나 키안티 클라시코 지역에서 질 좋은 와인을 만들어보자고 의기투합했다. 안토니오는 와인메이커 부모를 둔 가정에서 자라 어릴 때부터 와인에 대한 호기심이 남달랐다. 고등학교를 졸업한 그는 키안티 클라시코가 꿈을 이룰 지역으로 확신하고 그곳에서 운명적으로 지오반니를 만나 지금의 카르피네토를 설립했다. 둘의 사업은 꽤 성공적이었다. 본사가 있는 키안티 클라시코 지역에 두 곳(Dudda&Gaville)의 에스테이트가 있고, 토스카나 남부의 몬탈치노, 몬테풀치아노에도 포도밭을 소유하고 있다. 또 토스카나 해안가 근처 마렘마에도 카르피네토의 영역을 마련했다. 카르피네토가 단시간에 지금과 같은 명성을 얻은 이유는 철저한 품질 관리에 있다. 포도밭의 생태계를 존중하는 것을 기본으로 화학 비료를 쓰지 않으며, 에너지 절약을 위해 태양광 발전을 이용하고 있다. 선별된 야생 효모만 사용하고, 이산화황을 제외한 화학물질을 쓰지 않는다.

추천 와인

일반 키안티 클라시코와 한 단계 상위 버전인 키안티 클라시코 리제르바는 기본 테이스팅이다. 와이너리의 간판 고급 와인인 비노 노빌레 디 몬테풀치아노 리제르바도 기회가 있다면 꼭 마셔보자. 특히 비노 노빌레 디 몬테풀치아노 리제르바는 2015, 2016, 2018 《Wine Spectator》 100대 와인에 꼽힌 바 있는 밸류 와인이다. 일반 키안티는 15유로 내외, 리제르바는 20유로 내외, 비노 노빌레는 30유로 내외.

°카스텔로 디 알볼라 Castello di Albola

와이너리 주변 경관이 참 아름다운 곳이다. 고즈넉한 고성 주위로 신록이 가득한 포도밭이 파노라마로 펼쳐진다. 그저 바라보는 것만으로도 마음의 평안을 얻을 수 있다. 카스텔로는 성이라는 의미이고, 알볼라는 마을 이름. 본래 이 성과 마을은 대대로 토스카나의 유명 귀족들의 소유로 유지되어 오다가 1979년 이탈리아에서 가장 큰 가족 경영 와인 기업 중 하나인 조닌 Zonin이 사들였다. 과거 이탈리아 곳곳에 퍼져 있는 노른자위 땅을 구매하는 프로젝트를 시작했던 도메니코 조닌Domenico Zonin의 조카 지안니Gianni가 지금의 카스텔로 디 알볼라 일대를 보고 한눈에 반했던 것. 현재 와이너리가 카스텔로 디 알볼라의 이름으로 소유한 땅은 무려 900ha가 넘는다. 그중 포도밭은 약 160ha이며, 약 4,000그루에 달하는 올리브 나무도 함께 재배하고 있다. 가장 특별한 포도밭 솔라티오Solatio는 해발고도가 550~580m 정도로 높고 경사가 가파르며 돌이 많은 토양을 지녔다. 에노테카에서는 1950년대부터 시작하는 매우 다채로운 올드 빈티지 와인을 구매할 수 있어서 키안티 애호가들에게 매우 인기 있는 스팟이다.

- 시에나에서 차로 약 1시간
- 31 Via Pian d'Albola, 53017 Radda in Chianti SI
- +39 05 77 73 80 19
- 월~금, 10:00~17:00. 시즌마다 상이
- 홈페이지나 이메일(accoglienza@albola.it)로 사전 예약
- www.albola.it

추천 와인

키안티 클라시코 리제르바와 아치아이올로Acciaiolo의 비교 테이스팅을 추천한다. 키안티는 토스카나의 와인 역사를 대변하는 전통적인 와인이고, 아치아이올로는 국제 품종인 까베르네 소비뇽을 메인으로 만든 풀바디한 와인이다. 여유가 된다면 와인 샵에서 판매하는 올드 빈티지 와인도 꼭 사보기를 추천한다. 올드 빈티지는 1980년대 와인을 120유로 정도에 구매할 수 있다. 나머지는 10~20유로 정도다.

°카스텔라레 디 카스텔리나 Castellare di Castellina

키안티 지역에서 둘째가라면 서러울 유명 와이너리. 와인의 품질도 훌륭하지만, 시선을 사로잡는 아름다운 새 레이블로 한국에서도 꽤 높은 인지도를 지니고 있다. 카스텔라레는 1970년대 파올로 파네라이Paolo Panerai의 주도 아래 4곳의 에스테이트가 의기투합해서 만든 일종의 프로젝트 와이너리다. 카스텔라레는 몇 가지 엄격한 철학으로 와인을 만들기 시작했다. 첫째, 토스카나 전통 품종을 주력으로 와인을 만든다. 와이너리가 설립된 1970년대는 사씨카이아, 티냐넬로, 솔라이아 등 슈퍼 투스칸의 눈부신 행보로 많은 토스카나 와인 생산자들이 국제 품종으로 와인을 만드는 시도를 했다. 하지만 카스텔라레는 산지오베제의 잠재력을 믿었고, 결국 이를 통해 성공을 이끌어냈다. 둘째, 포도밭을 유기농법으로 관리한다. 카스텔라레는 첫 빈티지부터 레이블에 새 그림을 그려 넣었는데, 그 이유가 친환경 농법과 관련이 있다. 과거 포도밭에 살포했던 무분별한 살충제 때문에 새들이 터전을 잃어가는 것을 안타깝게 생각한 와이너리의 결정인 것. 마지막은 포도 재배와 와인메이킹에서 현대적인 기술을 적극적으로 활용한다. 와이너리는 이탈리아 최초로 산지오베제sangioveto 클론을 연구하는 동시에, 현대 와인 양조의 아버지인 에밀 페노의 조언에 따라 바리크 사용을 이탈리아에서 가장 먼저 도입한 와이너리 중 하나다.

- 시에나에서 차로 약 40분
- Strada Provinciale di Castagnoli SP 130, Loc. Caselle Castellina in Chianti SI
- +39 05 77 74 29 03
- 9:00~13:00, 14:00~18:00, 시즌마다 상이
- 전화나 이메일(visite@castellare.it)을 통한 사전 예약 필수
- www.castellare.it

추천 와인

고베르노 디 카스텔라레Governo di Castellare를 추천한다. 고베르노란 키안티 지역의 전통적인 와인메이킹 방식으로, 1차 발효를 끝낸 와인에 말린 포도를 넣어서 재발효를 시키는 것을 말한다. 카스텔라레에서는 토스카나 전통 품종인 산지오베제, 말바지아 네라, 카나이올로의 블렌딩으로 만들며, 레이블에는 새 대신 화사한 제비꽃 그림이 그려져 있다. 레이블이 의미하는 것처럼, 와인에서는 제비꽃 향이 진하게 풍기며 부드러움과 우아함을 고루 갖춘 밸류 와인이다. 가격은 10유로 선.

타로사 Talosa

세월의 깊이가 느껴지는 오래된 지하 셀러에서 인상적인 와이너리 투어를 하고픈 이들에게 적극적으로 추천하는 와이너리. 토스카나의 역사적인 와인 마을 몬테풀치아노 중심에 있어서 접근성도 좋다. 타로사는 1972년 자코로씨Jacorossi 가문이 인수해서 지금까지 3대를 이어서 와이너리를 성공적으로 운영하고 있다. 소유한 포도밭은 총 33ha. 포도밭 전체를 피에트로제Pietrose라 부르며, 이 근방에서 가장 아름다운 포도밭으로 명성이 자자하다. 타로사의 지하 셀러는 16세기에 건축되었다. 셀러에 들어가면 마치 타임머신을 타고 500년 전으로 돌아간 듯한 느낌을 받을 수 있다. 1972년 자코로씨 가문이 처음 와인을 생산할 때 썼던 115hl 용량의 오크통이 전시되어 있으며, 이곳이 셀러 투어의 하이라이트다. 몬테풀치아노 마을에 위치한 와이너리들이 대개 그렇지만, 이곳도 셀프 와이너리 투어를 권하고 있다. 지하 셀러의 입구는 1층에 위치한 와인 샵과 연결되어 있다. 직원에게 간단히 인사를 전하고 바로 지하 셀러로 들어가 시간 여행을 하면 된다. 시간은 20분 정도 걸리고, 다시 와인 샵으로 와서 테이스팅을 할 수 있다. 테이스팅도 무료니 전혀 부담이 없다.

추천 와인

마을 내에 위치해 있어서 약간 상업적인 곳으로 치부하기 쉽다. 하지만 와인의 퀄리티는 전혀 그렇지 않다. 특히 비노 노빌레 디 몬테풀치아노 리제르바는 발군의 퀄리티를 자랑한다. 블랙 베리의 향과 그 뒤로 나무, 흙, 시가, 백후추, 감초 향이 느껴진다. 후미에 민트 힌트가 있고, 화이트 계열 꽃 향이 은은하게 남는 부드럽고 섬세한 스타일의 와인이다. 가격은 20유로 내외.

- 몬테풀치아노 마을 내 위치
- 8, Via Talosa, 53045 Montepulciano SI
- +39 05 78 75 79 29
- 10:30~19:00, 시즌 별로 오픈 시간 상이
- 무료 셀프 와이너리 투어, 가이드 투어는 홈페이지를 통해 사전 예약
- www.talosa.it

니따르디 Nittardi

아티스트 레이블로 유명한 와이너리. 니따르디에서 아티스트 레이블을 만들게 된 사연은 특별하다. 첫째, 니따르디가 한때 이탈리아의 천재 예술가 미켈란젤로가 소유했던 와이너리라는 것. 니따르디의 역사는 1183년으로 거슬러 올라간다. 당시 군사적 목적과 병사들을 위한 와인 양조장으로 썼던 이곳은 'Nectar Dei(신의 과즙)'라 불렸다. 16세기 미켈란젤로가 이곳을 사들여 주거 공간 및 작업실, 그리고 양조장으로 썼다. 이때 생산된 와인은 교황 율리우스 2세에게 선물로 보내던 전통이 있었다. 지금도 와이너리는 동명의 슈퍼 투스칸 와인 넥타르 데이Nectar Dei를 교황에게 보내고 있다. 두 번째, 현 오너의 예술에 대한 사랑. 여러 소유주를 전전했던 니따르디는 1980년대 피터 펨퍼트Peter Femfert가 오너가 되면서 양상이 달라졌다. 본래 독일 프랑크푸르트에서 디에 갤러리Die Gallery 관장으로 활동했던 그는 아티스트들을 초대해 아티스트 레이블을 만드는 프로젝트를 시작했다. 이 프로젝트는 1981년부터 시작되어 소설《양철북》으로 노벨문학상을 받은 독일 작가 귄터 그라스, 존 레논의 부인이자 설치 미술가 오노 요코 등 유명 작가들이 참여했다. 한국인 아티스트로는 일명 물방울 미학으로 세계인의 마음을 사로잡은 김창열 화백이 있다. 니따르디의 대표 와인 카사누오바 디 니따르디Casanuova di Nittardi 2011 빈티지의 레이블 작업에 그의 장기인 물방울을 그려 넣어 특별한 와인을 만들어냈다. 현재 와이너리는 두 아들 레온Leon과 다미아노 펨퍼트Damiano Femfert, 그리고 유명 와인메이커인 카를로 페리니Carlo Ferrini의 활약으로 명성을 이어가고 있다. 참고로 와이너리에 게스트 하우스를 운영 중이다.

추천 와인

단연 와이너리의 대표 와인인 넥타르 데이를 추천한다. 까베르네 소비뇽, 메를로, 시라, 프티 베르도의 보르도 품종에 5%의 알 수 없는 품종이 블렌딩 되어서 호기심을 자아낸다. 블랙 체리, 블랙커런트, 블루베리, 나무, 흙, 진한 후추 향이 올라오며, 부드럽고 벨벳 같은 질감을 느낄 수 있는 좋은 와인이다. 가격은 50유로 내외.

시에나에서 차로 약 50분
Loc. Nittardi, 53011 Castellina in Chianti SI
+39 05 77 74 02 69
사전 예약에 한해 오픈
일반 테이스팅 투어는 무료 (5인 이하), 5인 이상은 1인당 5유로, 와이너리 투어는 1인당 20유로. 전화나 이메일(info@nittardi.com)로 사전 예약 필수
www.nittardi.com

˚이솔레 에 올레나 Isole e Olena

와이너리 오너 파올로 데 마르키Paolo de Marchi가 창조한 체빠렐로Cepparello는 산지오베제의 정수를 담은 최고의 와인으로 평가받고 있다. 피에몬테에서 자란 파올로는 토리노대학에서 농업학을 전공했다. 이후 캘리포니아와 프랑스 와이너리에서 경험을 쌓고 1976년 고향으로 돌아왔다. 그의 꿈이 피에몬테가 아닌 토스카나에 있다고 확신했던 파올로는 가문에서 오래전 구매했지만, 거의 버려지다시피 했던 이솔레 에 올레나를 운영하게 된다. 그의 나이 25세. 첫 와인을 생산했을 때는 은행 이자를 갚고 나니 손에 쥐는 것이 아예 없었다고 한다. 하지만 그에게는 비전이 있었다. 바로 토스카나의 소울인 산지오베제의 순수성을 담은 와인을 생산하는 것. 파올로는 유행처럼 번지던 국제 품종에 매달리기보다 산지오베제에 매진했고, 1980년 순수한 산지오베제 와인 체빠렐로를 출시하면서 일약 스타덤에 오른다. 그는 이에 그치지 않고, 콜레지오네 프리바타Collezione Privata라는 레이블 아래 시라, 까베르네 소비뇽, 샤르도네 100% 와인을 탄생시키면서 토스카나의 명장으로 확실히 자리매김한다. 이솔레 에 올레나는 작황에 따라 순응해서 와인을 생산하는 곳이다. 예를 들어 2002년 빈티지가 나빴을 때 그 와인이 평가가 낮아지는 것을 두려워해서 기술적인 조치를 하지 않는다는 의미다. 즉 그 빈티지의 작황을 그대로 담은 자연적인 와인을 만든다. 이솔레 에 올레나는 와인의 본질에 대해서 이해하는 진정한 와인 애호가를 위한 곳이라 할 수 있다.

추천 와인

고민할 필요 없이 체빠렐로를 마시면 된다. 자금 상황이 좋다면 빈티지마다 소장해도 좋을 정도로 좋은 퀄리티를 자랑하는 명품 와인이다. 최고 빈티지의 체빠렐로는 파우더 같은 타닌과 벨벳 같은 질감, 끝나지 않을 것 같은 긴 여운과 우아함을 느낄 수 있다. 가격은 평균 70유로.

- 시에나에서 차로 약 50분
- 1 Loc. Isole, 50021 Barberino Val d'Elsa FI
- +39 05 58 07 27 63
- 사전 예약에 한해 오픈
- 이메일(office@isoleolena.it)로 사전 예약 필수
- 없음

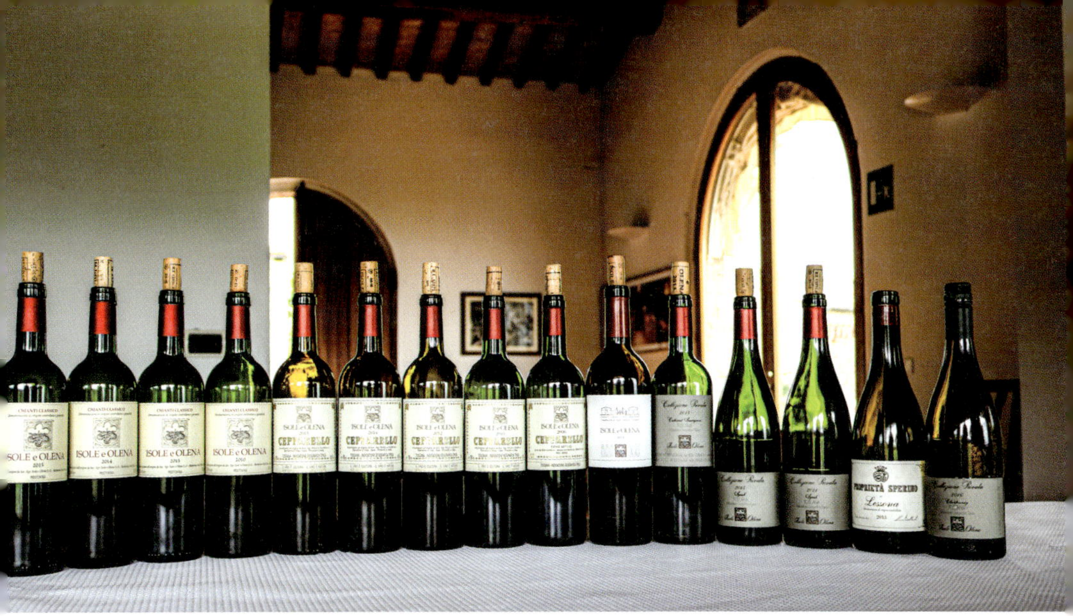
ISOLE e OLENA
CEPPARELLO
PROPRIETÀ SPERINO
Lessona

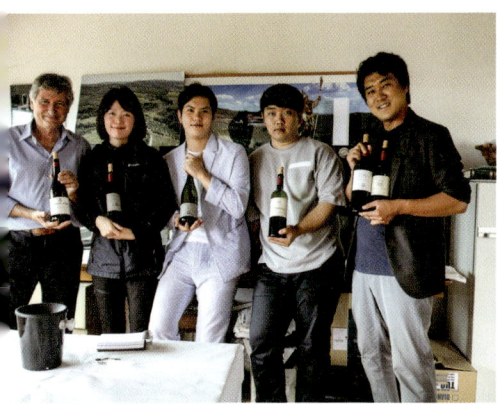

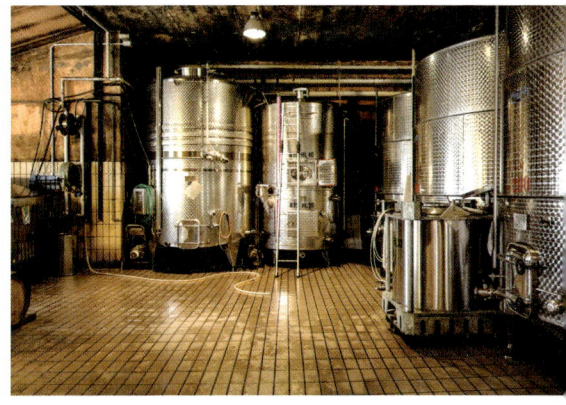

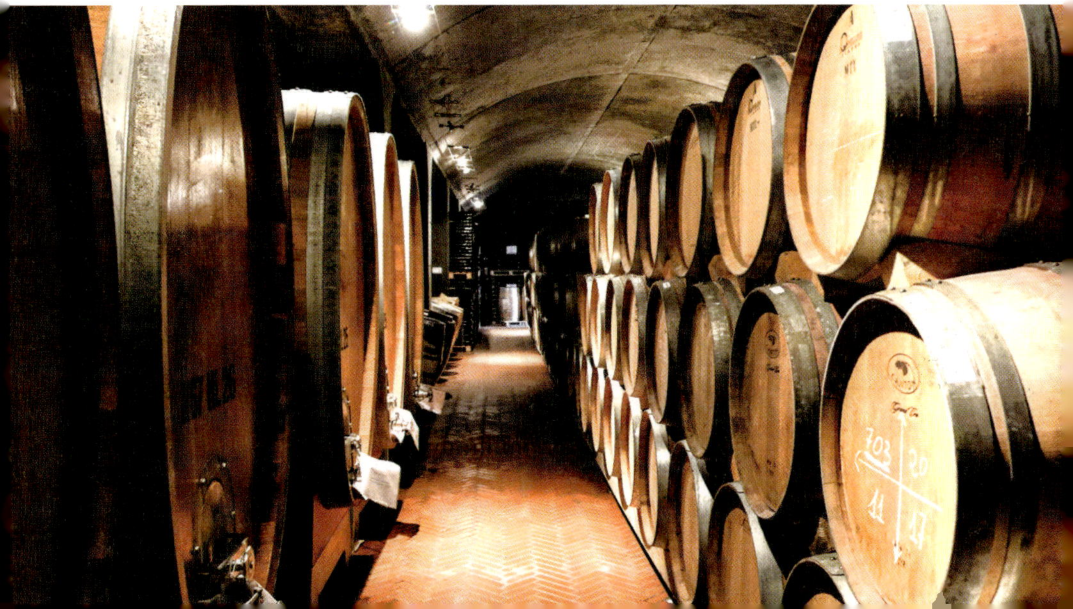

폴리지아노 Poliziano

📍 몬테풀치아노 마을 내 위치
🏠 1, Via del Poliziano, 53045 Montepulciano SI
📞 +39 05 78 73 81 71
🕐 11:00~19:00, 수요일 휴무
📧 와이너리 투어는 전화나 이메일(booking@carlettipoliziano.com)로 사전 예약 필수
🔗 carlettipoliziano.com

몬테풀치아노 마을 내 위치한 와이너리 중 와인의 퀄리티로 가장 명성이 높은 곳. 와인 샵이 마을 내에 두 곳이 있어서 접근성이 훌륭하다. 폴리지아노는 현 오너 페데리코 카를레띠 Federico Carletti의 아버지 디노 카를레띠 Dino Carletti가 1961년 몬테풀치아노 마을 근처 22ha의 땅을 사서 포도밭을 조성한 것이 시초다. 참고로 Poliziano라는 이름은 몬테풀치아노 태생이자 15세기 최고의 이탈리아 시인으로 꼽혔던 안젤로 암브로지니의 필명(Il Poliziano)에서 유래했다. 와이너리의 프리미엄 와인 레 스탄제 Le Stanze 또한 그의 시 제목을 딴 것. 실제로 와인 레이블에 시가 적혀 있다. 페데리코는 아버지의 영향을 받아 1978년 피렌체에서 농업학을 전공했다. 그는 1980년대 경제 위기 때문에 위기에 처한 아버지를 돕기 위해 폴리지아노에 합류한 이후 긍정적인 변화를 끌어냈다. 대학 동료이자 저명한 와인 컨설턴트였던 카를로 페리니 Carlo Ferrini, 마우리지오 카스텔리 Maurizio Castelli와 교류하면서 그들의 노하우와 컨설팅을 적극적으로 받아들였던 것. 이 과정에서 폴리지아노의 명성을 드높인 아시노네 Asinone를 세상에 선보였다. 아시노네는 페데리코가 특별히 분리한 산지오베제밭에서 탄생시킨 특별한 와인이다. 와인 샵에서 아시노네를 포함한 여러 와인들을 무료 테이스팅을 할 수 있다.

추천 와인

아시노네 비노 노빌레 디 몬테풀치아노를 추천한다. 좋은 빈티지에만 만드는 귀한 와인이다. 16~18개월 프렌치 바리크에서 숙성시키기 때문에 힘이 강해 15년 이상 저장할 수 있다. 결이 고운 타닌, 생생한 산미, 묵직한 바디감까지 좋은 균형과 긴 여운을 즐길 수 있다. 가격은 40유로 내외.

˚칸티나 가따베끼 Cantina Gattavecchi

가정식 레스토랑을 함께 운영하는 와이너리. 가따베끼는 4대째 와인에 헌신하고 있는 가문의 이름이다. 설립자 빈첸조Vincenzo는 아레초에서 와인 사업을 크게 했고 후에 가족을 모두 데리고 몬테풀치아노에 정착했다. 그러나 1944년 2차 세계대전 종전을 1년 앞두고 몬테풀치아노에 쏟아진 폭격으로 한순간에 와이너리가 잿더미가 됐다. 하지만 좌절하지 않고 아들인 발렌테 가따베끼 Valente Gattavecchi와 손자들의 노력으로 현재 몬테풀치아노 마을을 대표하는 와이너리로 성장했다. 참고로 와이너리 옆 수도원도 가문의 소유다. 13세기 세르비티 수도회에 의해 만들어진 곳으로, 수도회는 19세기까지 운영되다가 나폴레옹의 기독교 재산 몰수 정책에 의해서 폐쇄되었다. 후에 다른 가문의 손에 넘어가 시리얼 공장으로 운영되다가 1950년대에 가따베끼 가족이 사들였다. 1977년에는 포지오 알라 살라Poggio alla Sala라는 다른 몬테풀치아노 와이너리를 인수했다. 장래가 밝은 곳이다. 참고로 와이너리의 셀러에서 올드 빈티지의 몬테풀치아노 와인들을 구매할 수 있고, 다채로운 살라미와 파스타 등 여러 식료품도 저렴하게 구입할 수 있다. 운영하는 레스토랑도 마을 주민들에게 꽤 사랑받고 있다.

- 몬테풀치아노 마을 내 위치
- 74, Via Collazzi, 53045 Montepulciano SI
- +39 05 78 75 71 10
- 11:00~18:00, 수요일 휴무, 시즌마다 다르니 홈페이지 확인
- 30유로~. 여러 시음 옵션이 있으니 홈페이지 확인
- cantinagattavecchi.com

추천 와인

포지오 알라 살라 파르체토 비노 노빌레 디 몬테풀치아노를 추천한다. 음식 친화적 와인으로 와인의 바디가 무겁지 않고 입안에서 경쾌하게 느껴진다. 와이너리에서 운영하는 레스토랑의 음식과 함께한다면 더할 나위 없다. 가격은 25유로 내외.

°데 리치 De Ricci

몬테풀치아노 마을에서 가장 인상적인 지하 셀러를 가지고 있는 곳. Cathedral(대성당)이라는 수식어까지 붙어 있는 이 엄청난 위용의 지하 셀러는 심지어 무료 입장이 가능하므로 몬테풀치아노 마을까지 왔다면 필수 방문 코스다. 와이너리가 위치한 길 이름이 Via Ricci 일만큼 리치 가문은 몬테풀치아노에서 중요한 위치를 차지하고 있다. 시에나의 유명한 건축가였던 발다싸레 페루찌 Baldassarre Ferruzzi가 이들 가문을 위해 1562년 완공한 리치성은 몬테풀치아노에 세워진 가장 아름다운 르네상스 건축물 중 하나로 꼽힌다. 현재 성은 음악학교로 쓰이는 한편 지역 주민들을 위한 공연, 문화 행사 등이 열리는 문화센터로 운영되고 있다. 본래 와인 셀러는 리치성이 건축되기 한참 전인 1337년에 완성되었다. 그 후 리치성 프로젝트 일부로 약간의 개보수를 거쳐 지금의 모습을 완성했다. 지하 셀러에는 고대 로마인보다 앞서 토스카나 지역에 거주하며 와인을 즐겼던 에트루스칸인들의 흔적이 남아 있는 신비한 공간이 있다. 이곳이 셀러 투어의 백미다. 몬테풀치아노 마을 내 위치한 많은 와이너리들과 마찬가지로 셀프 와이너리 투어가 가능하다.

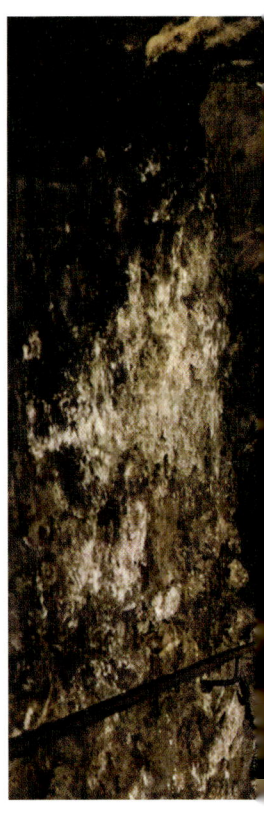

추천 와인

전체적으로 산미가 도드라지는 스타일로 음식과 함께 매칭하기에 적당하다. 가장 인상적인 와인은 비노 노빌레 디 몬테풀치아노. 블랙 체리, 레드 체리, 산딸기, 라즈베리, 토마토, 칠리, 나무, 정향, 감초 등이 느껴지며, 입에서는 부드럽지만 역시 산미가 잘 느껴지는 스타일. 마을에서 파는 토마토 베이스의 피자 혹은 파스타와 매칭하기 좋다. 가격은 15유로.

- 몬테풀치아노 마을 내 위치
- 11, Via Ricci, 53045 Montepulciano SI
- +39 05 78 75 71 66
- 10:30~19:00, 크리스마스 제외하고 연중무휴
- 셀프 와이너리 투어가 가능
- www.cantinadericci.it

콘투치 Contucci

와이너리가 마을의 메인 광장인 피아짜 그란데에 있어서 접근성이 매우 좋다. 콘투치는 세계에서 가장 오래된 와인 생산자 중 하나다. 무려 1008년부터 시작된 콘투치 가문은 1,000년이 넘는 시간 동안 몬테풀치아노 와인에 대한 열정을 이어가고 있다. 콘투치의 와이너리 건물은 1646년, 프란체스코 마리아 델 몬테 추기경의 요청으로 건설되었고, 후에는 토스카나의 대공인 페르디난도 1세의 소유였다. 콘투치 가문이 이를 셀러로 쓰기 전에는 궁전이자 위병소로 활용됐다. 콘투치의 현 오너인 알라만노 콘투치Alamanno Contucci는 가문의 40대손이다. 알라만노는 50년 넘게 콘투치에서 와인을 만들어왔고, 20년이 넘게 Consorzio del Vino Nobile의 대표를 맡아왔다. 한 마디로 비노 노빌레 디 몬테풀치아노 DOCG를 대표하는 와이너리다. 현재 콘투치는 그의 아들인 다미아노Damiano, 지네브라Ginevra, 조카 안드레아Andrea에 의해서 운영되고 있다. 와이너리는 몬테풀치아노 근방에 170ha의 땅을 소유하고 있고, 이중 21ha가 포도밭이다. 재배하는 품종은 오로지 토착 품종으로, 프루놀로 젠틸레(산지오베제), 카나이올로 네로, 맘몰로, 콜로리노, 트레비아노 토스카노, 말바지아, 그레께또다.

추천 와인

단연 비노 노빌레 디 몬테풀치아노 DOCG를 추천한다. 다채로운 비노 노빌레를 생산하고 있는데, 이중 싱글 빈야드인 피에트라 로싸 Pietra Rossa가 인상적이었다. 가문에서 오랜 시간 유지해 온 오래된 대형 배럴에서 30개월을 숙성시킨 고급 와인이다. 우아한 향을 자랑한다. 가격은 25유로 내외.

- 몬테풀치아노 마을 내 위치
- 1, Via del Teatro, 53045 Montepulciano SI
- +39 05 78 75 70 06
- 11:00~18:00, 연중무휴
- 무료 투어 가능
- www.contucci.it

°프레스코발디 Frescobaldi

프레스코발디는 세계적인 슈퍼 투스칸 와인 오르넬라이아를 소유하고 있는 곳이다. 프레스코발디 가문의 초기 역사는 13세기 말에 급성장한 피렌체 모직 산업의 흥망성쇠와 깊은 관련이 있다. 당시 피렌체는 최상급 원모를 수입해서 장인을 통해 완성된 의류를 수출해 상당한 부를 축적했고, 여러 은행이 탄생하면서 금융업의 중심지가 됐다. 프레스코발디 또한 은행업에 뛰어들어 큰돈을 만졌다. 그러나 영국 왕실의 모라토리엄 선언 및 흑사병, 치옴피(양모 손질공)의 반란 같은 악재로 모직 산업이 빛을 잃자 와인 생산에 집중했다. 기록에 따르면 지금도 가문의 소유로 남아 있는 카스틸리오니Castiglioni 에스테이트는 11세기부터 프레스코발디의 소유였으며, 이미 14세기 초반부터 와인을 생산했다고 전해진다. 이후 꾸준히 좋은 와인을 생산하면서 유럽의 왕실 및 귀족이 즐기는 와인으로 유명세를 떨쳤다. 또한, 19세기 프랑스 부르고뉴 출신의 알비지 가문과 혼인으로 맺어지면서 선진화된 와인 생산 기술을 도입하는 한편, 여러 프랑스 품종을 들여오면서 한발 앞서기 시작했다. 1990년대에는 미국의 로버트 몬다비와 합작해서 루체 델라 비테Luce della Vite라는 걸출한 와인을 탄생시켰다. 몬다비와의 조인 벤처는 후에 오르넬라이아를 인수하는 계기가 되기도 했다. 프레스코발디는 토스카나에만 여럿의 에스테이트가 있다. 그중 카스텔로 니포짜노Castello Nipozzano를 가장 추천한다. 참고로 니포짜노성은 1000년에 건축된 긴 역사를 지니고 있기 때문에 중세 고성을 방문해 볼 수 있다는 장점도 있다.

추천 와인

니포짜노 리세르바 키안티 루피나를 추천한다. 산지오베제에 기타 여러 레드 품종을 블렌딩 했으며, 잔잔한 오크 향과 과실 향이 적절히 조화를 이룬 밸류 와인이다. 한국 시장에서도 오랜 시간 꾸준히 사랑받아 온 스테디 셀링 아이템으로 키안티 와인의 모범이라 할만하다. 가격은 20유로 내외.

- 피렌체에서 차로 약 1시간
- Località Nipozzano, 50060 Pelago FI
- +39 05 58 31 10 50
- 사전 예약에 한 해 오픈
- 전화나 이메일(hospitality@frescobaldi.it)로 사전 예약
- www.frescobaldi.com

°안티노리 Antinori

세계에서 가장 오래된 와인 생산자 중 하나로, 이탈리아에 와인 여행을 왔다면 반드시 들러야 할 와이너리다. 군계일학의 와인 퀄리티를 자랑하며, 와이너리의 웅장하고 세련된 건축미도 매우 볼만하다. Antinori라는 이름은 현재 이탈리아 와인의 대명사처럼 되어버렸지만, 본래는 이 와이너리를 설립한 가문의 이름이다. 안티노리 가문의 와인 역사는 무려 1385년으로 거슬러 올라간다. 당시의 기록을 보면, 지오반니 디 피에로 안티노리가 피렌체의 와인메이커 길드였던 Arte Fiorentina에 가입했다고 적혀 있다. 이후 안티노리 가문의 와인에 대한 열정은 한 번도 끊김 없이 26대손 대대로 이어져 왔다. 현재 안티노리는 와이너리를 지금의 위치로 끌어올린 마르케제 피에로 안티노리 Marchese Piero Antinori와 그의 세 딸이 이끌어 가고 있다. 안티노리는 세계 곳곳에 많은 포도밭을 소유하고 있다. 본거지인 토스카나는 물론 피에몬테와 롬바르디아, 움브리아, 풀리아 등 이탈리아 주요 와인 산지에 그들이 보유하고 있는 포도밭 규모만 1,700만m^2(514만평)에 이른다. 그뿐만 아니다. 미국 나파 밸리와 워싱턴주의 야키마 밸리, 헝가리, 칠레, 몰타 등에 보유한 포도밭까지 모두 합치면 2,500만m^2가 넘는다. 이 막대한 포도밭에서 연간 약 1억5,000만 유로의 매출을 기록하고 있는 글로벌 기업이다. 특히, 안티노리의 간판 와인 티냐넬로, 솔라이아는 긴 이탈리아 와인 역사에서 가장 중요한 와인으로 꼽힌다. 참고로 2000년에《Wine Spectator》는 솔라이아 1997년 빈티지를 올해의 와인으로 꼽은 바 있다.

- 피렌체에서 차로 약 40분 거리
- 133, Via Cassia per Siena, 50026 Bargino
- +39 05 52 35 97 30
- 10:00~17:00, 시즌별로 상이하니 홈페이지 확인
- 홈페이지에서 사전 신청 가능
- www.antinori.it

추천 와인

아직 안티노리의 와인을 마셔보지 않았다면 가장 기본이 되는 빌라 안티노리 키안티 클라시코를 추천한다. 100년 가까이 와이너리에서 생산해 온 역사적인 와인으로 다소 식상할 수 있지만, 안티노리의 명성을 납득할 수 있는 퀄리티를 자랑한다. 가격은 20유로 내외.

토스카나_추천 와이너리

° 프린치페 코르시니 Principe Corsini

코르시니는 매우 긴 역사를 자랑하는 가문이다. 1100년대 말 토스카나에 이주한 코르시니 가문은 1,000년에 가까운 시간 동안 토스카나의 문화, 종교, 예술, 여러 방면에서 중요한 역할을 해왔다. 중세시대에 은행업과 우편 서비스에 종사하면서 런던에서 꽤 많은 부를 축적했으며, 이 자본이 지금의 와이너리의 근간이 되었다. 참고로 당시 코르시니의 우편 서비스는 런던에서 피렌체까지 3일 안에 편지를 전달할 수 있었다고 한다. 현재 와이너리는 키안티 클라시코(Villa Le Corti)와 토스카나 해안가 근처의 마렘마(Tenuta Marsiliana)에 에스테이트를 소유하고 있다. 키안티 클라시코의 경우 땅을 구매한 건 1363년이었고, 1600년대 지금의 건물을 짓기 시작해서 1700년이 되어서야 완벽히 건축을 마쳤다. 전체 250ha 가운데 포도밭이 49ha, 올리브밭이 73ha다. 본래 이곳은 처음부터 질 좋은 올리브 오일을 생산하기로 유명했던 곳이었다. 테누타 마르실리아나라고 불리는 마렘마 에스테이트는 3,000ha의 큰 규모를 자랑한다. 키안티 지역과 마찬가지로 올리브밭, 포도밭과 크고 작은 구릉과 초목지로 이루어져 있다. 두 에스테이트 모두 와이너리 투어를 진행한다. 이 가운데 접근성이 더 좋은 빌라 레 코르티를 추천한다. 레스토랑도 운영하고 있어서 일석이조다.

◎ 피렌체에서 차로 약 40분
🏠 1, Via San Piero di Sotto, 50026 San Casciano in Val di pesa
📞 +39 05 58 29 30 26
🕙 10:00~17:00, 요일별로 오픈 시간 상이하니, 홈페이지 확인
📧 이메일(shop@principecorsini.com)로 사전 예약 필수
🔗 www.principecorsini.com

추천 와인

와이너리의 아이콘 와인 레 코르티 키안티 클라시코를 추천한다. 미네랄 뉘앙스가 잘 느껴지는 보기 드문 밸류 와인이다. 입안에서 기분 좋은 구슬이 굴러가는 듯한 부드러운 질감과 파우더 같은 타닌을 느낄 수 있다. 가격은 15유로 내외.

📍 시에나에서 차로 약 50분
🏠 67/a, Localita Livernano, 53017 Radda in Chianti SI
📞 +39 05 77 73 89 67
🕑 월~금, 09:00~17:00, 시즌마다 오픈 요일 상이
✉ 전화나 이메일(info@livernano.it)을 통한 사전 예약 필수
🌐 www.livernano.it

°리베르나노 Livernano

토스카나의 시골에 고즈넉한 3성급 호텔을 소유한 와이너리. 이탈리아 토스카나에서 오래된 중세 가옥을 리모델링한 특별한 호텔에서의 숙박을 꿈꾼다면 더할 나위 없는 선택이다. 역사에 따르면 리베르나노는 로마 이전 이탈리아 중부에서 번성한 에트루리아인들이 처음으로 정착했던 유서 깊은 지역이다. 호텔에 있는 작은 교회는 무려 11세기에 만들어진 것으로 여전히 그 모습 그대로 존재한다. 그 때문에 와이너리와 호텔 곳곳에서 에트루리아인들이 누렸던 여러 문화와 와인 역사의 발자취를 찾을 수 있다. 지금의 호텔과 와이너리는 1990년 현 오너가 지역의 땅과 건물을 인수하면서 새롭게 리노베이션을 거쳐 탄생됐다. 특기할 만한 점은 와이너리에서 산지오베제를 이용해 샴페인 방식, 즉 2차 병 발효 방식의 고급 스파클링 와인을 생산하고 있다는 점이다. 와이너리 내에서 스파클링 와인을 숙성시키는 퓌피트르(A자 모양의 나무틀)를 구경할 수 있다. 와인도 훌륭하지만, 퀄리티 높은 올리브 오일을 시음 및 구매할 수 있으니 참고하자.

추천 와인

라니마 L'Anima라는 화이트 와인을 추천한다. 소비뇽 블랑 40%, 샤르도네 55%, 그리고 트라미너 5%로 토스카나에서는 보기 드문 블렌딩 품종과 비율을 보여주기 때문에 호기심을 자극하는 와인이다. 잘 익은 배 향과 스파이시한 캐릭터를 지닌 밸류 와인이다. 가격은 10유로 내외. 이외에도 100% 산지오베제로 만든 퓨로 상궤 Puro Sangue도 추천한다. 가격은 40유로 내외.

˚살케토 Salcheto

살케토는 와이너리 건축에 많은 공을 들인 곳이다. 둥그런 돔 모양으로 지어진 건물은 자연 친화적인 동시에 와인 양조에 있어서 많은 아이디어가 접목되었다. 작은 예로, 입구가 있는 건물의 옥상에는 빛이 투과되는 작은 돔들이 곳곳에 깔려 있는데, 이 돔은 햇빛이 들어오는 통로인 동시에 포도를 수확하면 선별한 포도를 떨어뜨리는 입구가 된다. 또한, 이곳으로 통하는 자연 채광 때문에 와이너리 내부에서는 전기를 아낄 수 있다. 건물을 휘감고 있는 각종 풀도 와이너리 내부를 따뜻하게 유지해주는 천연 보일러 역할을 한다. 와이너리 외벽 또한 근처에서 주어온 돌들로 버팀목을 만들었다. 사실 살케토가 지금의 웅장한 모습을 갖추게 된 것은 오래되지 않았다. 본래 살케토는 소작농들에 의해서 운영되던 작은 와이너리였다. 1997년부터 현 매니징 디렉터 미켈레 마넬리 Michele Manelli가 와이너리를 이끌기 시작했고, 2003년 대기업의 투자로 와이너리 건물을 현대화하면서 지금에 이르렀다. 살케토의 와이너리 디자인에서 짐작할 수 있지만, 이곳은 친환경 와인을 만들기 위해 전력을 다하고 있다. 포도밭은 유기농과 바이오다이나믹 농법으로 관리되고 있고, 와인을 만드는 과정에서도 에너지 낭비를 최대한 줄이는 등 다양한 노력을 기울이고 있다.

추천 와인

대부분의 와인 레이블이 현대적이면서 친환경적이다. 특히 옵비우스Obvius는 필터링은 물론 이산화황도 넣지 않은 진정한 내추럴 와인이다. 레이블에도 '오로지 포도만 썼다'는 문구를 확인할 수 있다. 산미가 약간 강한 편이고 강렬하다기보다 은은한 와인이어서 호불호가 갈릴 수 있지만, 꼭 한 번 경험해 보기를 권한다. 가격은 15유로 내외.

- 몬테풀치아노 마을에서 차로 약 20분
- 15, Via di Villa Bianca, 53045 Montepulciano SI
- +39 05 78 79 90 31
- 09:00~18:00
- 전화나 이메일(enoteca@salcheto.it)을 통한 사전 예약 필수
- www.salcheto.it

베네토

한때 지중해 해상 무역을 장악했던 베네치아 공화국의 화려했던 문화의 흔적을 확인할 수 있는 곳. 더불어 이탈리아 최대의 와인 생산지이자 품질에서도 타의 추종을 불허하는 이탈리안 와인의 요람. 베네토로의 와인 여행은 역사와 문화, 그리고 와인의 다채로움을 경험하는 시간이다.

VENETO

베네토의 역사
HISTORY

베네토의 역사는 곧 베네치아 공화국의 역사다. 베네치아 공화국은 5세기경 이민족을 피해 달아난 사람들이 지금의 베네치아 인근 석호에 모이면서 시작됐다. 7세기 즈음 규모가 커지자 자연스럽게 우두머리가 생겼고, 이후 로마 황제에게 자치를 허용받았다. 이미 이때부터 꽤 강대한 세력을 과시했는데, 810년 유럽을 제패한 샤를마뉴 대제의 침입을 막는 데도 성공했다고 한다.

중세 유럽은 해상 무역의 시대였다. 베네치아의 시대가 도래한 것이다. 베네치아는 시작부터 동로마 제국과 긴밀한 유대를 맺고 있었다. 베네치아는 이를 이용해 동로마 제국의 상권을 야금야금 잠식해나 갔다. 결국 콘스탄티노플을 경유한 동방 무역로를 손에 넣으면서 돈방석에 앉게 된다. 동방의 특산품인 향신료, 향료, 향초, 아편 등은 지중해 연안의 도시 국가들이 눈을 벌겋게 뜨고 달려들 수밖에 없는 무역 아이템이었다. 특히, 향신료는 약으로도 사용됐기 때문에 고가임에도 수요가 많았다.

하지만 십자군 전쟁이 시작되면서 베네치아의 위치는 흔들리게 된다. 십자군 전쟁에 사용된 물자와 병력은 배로 수송될 수밖에 없었다. 당연히 운송업과 무역을 겸한 다른 이탈리아 도시 국가의 위상이 갈수록 높아질 수밖에 없었다. 이미 동방으로부터의 안정된 무역로를 확보하고 있던 베네치아가 눈치를 보는 사이 최대의 경쟁국이었던 제노바는 발 빠르게 전쟁에 참여해 베네치아에게 돌아갈 수 있던 많은 이권을 확보하는 데 성공했다.

옛 베네치아 공화국의 번영을 엿볼 수 있는 베네치아

물의 도시 베네치아

해상 무역을 통해 강력한 도시국가로 번영했던 베네치아

제노바는 베네치아와 네 번에 걸쳐 전쟁을 치를 만큼 극심한 경쟁 구도에 있었다. 하지만 베네치아를 몰락하게 만든 국가는 다름 아닌 오스만 제국이다. 역대 최강의 이슬람 제국이었던 오스만 제국은 1453년 콘스탄티노플을 함락시키면서 비잔틴 제국을 멸망시켰다. 오스만 제국은 바로 향신료 무역로를 독점했고, 지중해로 빠져나가는 상품에 대해 막대한 양의 세금을 부과했다. 밥줄이 끊긴 베네치아는 이후 멸망하기 전까지 막강한 해상 군사력을 바탕으로 오스만 제국과 수백 년을 다퉜지만 끝내 오스만 제국을 이길 수는 없었다. 이 과정에서 동 지중해의 독점 무역권도 잃어버리게 된다.

한편 비기독교 국가인 오스만 제국에 의존하고 싶지 않던 유럽 국가들은 자연스럽게 아프리카를 둘러가는 해상 무역로를 찾아 나섰다. 이 과정에서 우위를 점한 곳은 포르투갈이었다. 베네치아보다 훨씬 싼 값에 향신료를 유통하면서 자연스럽게 베네치아는 쇠락해갔다. 베네치아는 울며 겨자 먹기로 오스만 제국과 무역 협정을 체결하기도 했는데, 기독교 국가들의 엄청난 반발을 사면서 외교 관계까지 최악으로 치달았고 결국 고립된다.

1797년 이탈리아 북부에 막강한 영향력을 행사했던 오스트리아 합스부르크 제국을 저지하기 위해 나폴레옹이 이탈리아를 침공했다. 이때 베네치아 공화국은 합스부르크 제국 편에서 싸웠고, 그 결과 나폴레옹에 의해 점령당하면서 역사의 뒤안길로 사라지게 된다.

한 시대를 풍미했던 베네치아인들은 국가에 대한 자부심이 굉장히 강했다고 한다. 기록에 따르면 베네치아인은 다른 민족, 특히 식민지를 강하게 탄압했다. 베네치아의 주요 식민지였던 사이프러스가 오스만 제국에 함락당할 때도 기독교를 믿던 사이프러스인들조차 오스만 군대를 환영할 정도였다. 이런 역사적 배경 때문인지 베네토는 여전히 지방색이 강한 곳이다. 참고로 공화국의 부활을 원하는 정당의 조사에 따르면 독립을 원하는 주민의 수가 무려 89%에 달한다고 한다. 베네토가 이탈리아에서 떨어져 나와 자치 국가로의 독립을 원하는 목소리가 강하다는 의미다. 지금도 여전히 전통 베네치아어를 쓰는 주민들도 꽤 있을 정도다.

1. 물의 도시 베네치아의 아름다운 시가지 2. 중세 무역의 주요한 품목이었던 향신료
3. 동로마제국의 수도였던 터키 이스탄불의 성 소피아 대성당

베네토

1. 대항해시대 해상 무역으로 번영을 누렸던 포르투갈 포르투항
2. 베네치아와 함께 교역 도시국가로 번성했던 제노바

베네토의 볼거리
TRAVEL

베네토는 돌로미티산맥과 아드리아해를 아우르며 내륙으로는 풍요로운 구릉과 계곡, 그리고 강과 호수가 교차하는 아름다운 땅이다. 아드리아해에 맞닿은 해안가는 절경을 자랑하는 석호들이 줄줄이 이어진다. 그리고 그 중심에 세계인이 사랑하는 도시 베네치아가 있다.

이탈리아를 대표하는 축제인 베네치아 카니발에서부터, 무라노 글라스, 부라노 레이스, 베네치아에서만 볼 수 있는 작은 골목들, 그리고 그 골목들을 잇는 셀 수 없이 많은 다리, 관광객을 실어 나르는 곤돌라 등은 베네치아를 떠올릴 때 우리가 상상하는 것들이다. 특히, 이 모든 것의 중심인 산 마르코 광장은 베네치아의 정치적, 종교적 중심지 역할을 하던 곳으로, 시대를 풍미했던 비잔틴 양식 건축물의 위용을 감상할 수 있다. 그중 과거 베네치아 공화국의 정부 청사로 쓰였던 두칼레 궁전과 산 마르코 대성당, 탄식의 다리는 필수 관광 코스.

1600년대에 만들어진 탄식의 다리는 두칼레 궁전과 프리지오니 감옥을 잇는 다리다. 과거 살인이나 강간과 같은 중범죄자들에 대한 재판은 두칼레 궁전에서 10인 위원회에 의해 진행이 되었다고 한다. 여기서 무죄 판결을 받게 되면 두칼레 궁전의 정문을 통해 걸어 나올 수 있었지만, 유죄를 선고받은 자들은 탄식의 다리를 건너 지하 감옥에 수감되었다. 죄수들이 이 다리를 건너며 마지막으로 보는 베네치아의 아름다운 모습을 보고 탄식을 했다 하여 탄식의 다리로 불리게 되었다.

유리 공예 분야에서 정점을 찍은 베네치아의 무라노섬도 시간을 내서 관광할 가치가 있다. 1204년 콘스탄티노플(터키의 수도 이스탄불의 옛 이름)이 함락되자 비잔틴의 유리 공예가들은 베네치아에 정착했다. 세계에서 가장 뛰어난 유리 공예 기술을 지녔던 그들은 누구도 넘볼 수 없는 솜씨로 화려한 작품들을 탄생시켰다. 다만, 대량의 유리 공예 제품을 만들려면 500도를 웃도는 열을 내는 용광로가 필요했는데, 베네치아 정부는 화재의 위험을 제기하며 그들을 모두 무라노섬으로 강제 이주시켰다. 당

1. 이탈리아 최대의 와인 생산지 베네토 2. 여러 건축 양식이 혼합된 베네치아의 아름다운 석조 건물이 도시 곳곳을 장식하고 있다 3. 베네치아의 명물 곤돌라

시의 건물들은 대개 목조 주택이었기 때문이다. 그래서 우리가 아는 유리의 섬 무라노가 탄생하게 됐다. 이미 중세 시대부터 무라노에서 만들어진 화려하고 정교한 유리 공예 제품은 최고의 사치품으로 유럽 전체에서 인기였다.

거울을 최초로 발명한 곳도 무라노다. 1507년 무라노 갈로 형제의 공방 델 갈로Del Gallo에서 크리스털 플레이트에 주석을 얇게 까는 테크닉을 발명하면서 거울을 만들어냈다. 두말할 필요 없이 거울은 최고의 사치품이 되었고, 이 기술을 얻기 위해 유럽 각국에서 경합을 벌였다고 한다. 특히, 루이 14세의 거울에 대한 집착은 정말 대단해서 무라노의 장인을 이민까지 시켜 만든 게 바로 베르사유 궁전의 거울의 방이다.

알록달록 화사한 색으로 칠한 주택과 아름다운 레이스로 유명한 부라노섬도 필수 관광 코스다. 본래 부라노섬은 평범한 어촌 마을로 주민 대부분이 어업에 종사했다고 한다. 기원은 정확하지 않지만, 부라노의 여인들은 바다로 나간 남편을 기다리며 레이스를 짜기 시작했다. 취미로 시작된 레이스 만들기는 16세기부터 정교한 수공예품으로 가치를 인정받아 유럽 전체에서 수요가 있었다. 특히, 귀족들의 사치품으로 인기가 높았다. 19세기 말에는 이탈리아 정부가 발 벗고 나서서 레이스 공예 학교를 세우고 인력 양성에 나서기도 했다. 그러나 대량 생산된 값싼 레이스가 유행을 타자 자연스럽게 쇠퇴하게 되었다. 하지만 장인 정신이 깃든 수공예품에 높은 가치를 부여하는 현대의 트렌드에 맞춰 부라노는 제2의 전성기를 맞이했다. 동화책에 나올 법한 아기자기한 주택을 따라 레이스 작품을 구경하고 마을의 특산품인 부쏠라이 부라네이(버터 쿠키)를 맛본다면 더할 나위 없이 행복할 것이다.

베네치아가 낳은 유명인들로는 희대의 사랑꾼이었던 쟈꼬모 카사노바, 위대한 탐험가인 마르코 폴로, 작곡가 안토니오 비발디가 있다. 이들이 남긴 문화유산을 찾는 것도 의미 있는 여행이 될 수 있다.

베로나도 베네토를 대표하는 역사적인 도시다. 긴 역사를 지닌 베로나에서는 고대 로마, 중세, 그리고 르네상스의 과거를 한 자리에서 체험하는 독특한 경험을 할 수 있다. 베로나는 도시 전체를 성벽이 감싸고 있는 형태로, 요새 도시로서의 건축사적 가치가 인정되어 2000년 도시 전체가 유네스코 세계문화유산으로 등재되었다. 베로나 곳곳이 관광 포인트이지만, 베로나에 오는 많은 관광객이 기대하는 것 중 하나가 바로 오페라다. AD 30년경에 지어진 로마 시대의 원형 경기장에서 매년 여름 오페라 축제가 열린다. 보기만 해도 가슴이 웅장해지는 거대한 석조의 원형 경기장에서 연주되는 오페라는 그야말로 장관이 따로 없다.

1. 베네치아의 두칼레 궁전 2. 베네치아의 세계적인 가면 축제 카니발 3. 베네치아 산 마르코 광장
4. 운하를 따라 곤돌라가 오가는 부라노섬 5. 베로나의 원형 경기장

1. 베네치아 산 마르코 대성당 2. 베로나의 줄리엣 동상
3. 연인들이 영원한 사랑을 약속하며 줄리엣 집에 걸어 놓은 자물쇠

윌리엄 셰익스피어의 작품 《로미오와 줄리엣》, 《베로나의 두 신사》, 《말괄량이 길들이기》의 배경도 베로나다. 특히, 전 세계적으로 히트를 쳤던 영화 《로미오와 줄리엣》에서 두 남녀의 애절한 사랑이 연출되는 줄리엣의 발코니는 사시사철 문전성시를 이룬다. 발코니 아래에 있는 줄리엣의 동상의 가슴을 만지면 사랑이 이루어진다는 미신 때문에 동상의 가슴의 색이 바랜 것을 볼 수 있다. 또한, 베로나는 와인 여행자들을 위한 진정한 거점이다. 도시 주변으로 베네토가 자랑하는 걸출한 와이너리들이 널려 있어서, 와인 여행의 로망을 200% 충족 시켜줄 수 있다.

파도바도 빼놓을 수 없다. 이탈리아의 오래된 명문 파도바대학교의 본 캠퍼스가 있을 뿐만 아니라, 영광스러웠던 과거가 낳은 수많은 문화 예술 관련 자산들이 빛을 발하는 곳이다. 파도바에는 중세 시대 걸작 가운데 하나가 보존되어 있다. 바로 스크로베니 예배당에 있는 조토의 그림. 이탈리아 회화의 아버지라 불리는 조토 디 본도네는 1303년에서 1305년까지 스크로베니 예배당의 장식을 맡았다. 3개 층으로 나뉘는 38개의 구획은 예수의 일생을 그린 프레스코화로 가득 채워져 있다. 그중 〈최후의 심판〉과 〈애도〉는 조토의 정수를 나타내는 그림으로 평가받고 있다.

비첸차는 르네상스 시대에 미술과 건축의 중심지로 번영을 누린 곳이다. 16세기 안드레아 팔라디오가 설계한 훌륭한 건축물들로 유명하다. 중심가에 보존된 팔라디오 양식의 건축물들은 유네스코 세계문화유산으로 등재되어 있다.

베네토

| 이탈리아 최대 호수, 가르다 |

우리 부부의 여행은 언제나 와인 산지를 찾아나서는 여정이기에 관광지에 대한 로망은 접어두기 일쑤였지만, 간혹 와인 산지에 유명한 관광 포인트가 겹칠 때가 있다. 그럴 때면 예상치 못한 선물을 받은 것처럼 들뜬 마음이 되어 관광을 즐기기도 한다. 가르다호수가 바로 예상치 못한 선물이었다. 특히, 베네토를 대표하는 레드 와인 생산지인 발폴리첼라와 바르돌리노가 가르다호수 근처에 있기 때문에 자연스럽게 아름다운 가르다호수도 살짝 엿볼 수 있었다.

가르다호수는 이탈리아 최대 면적의 호수다. 우리 부부는 이 호수를 세 번 여행했는데 같은 포인트를 간 적이 없다. 그만큼 이곳을 방문할 때면 호수의 넓이와 주변 관광지의 방대함에 놀라게 된다. 긴 호숫가를 매력적인 소도시와 포도밭들이 감싸고 있고, 이색적인 레스토랑, 카페, 와인 바, 와이너리가 줄을 잇는다. 유리알처럼 반짝이는 호수를 바라보며 글라스 와인이나, 이곳에서 유명한 칵테일인 스프릿츠를 홀짝이면 그야말로 천국이 따로 없다.

엄청난 넓이를 자랑하는 만큼 가르다호수는 롬바르디아와 베네토 두 주에 걸쳐서 자리 잡고 있고, 와인 산지도 두 지역으로 나뉜다. 다만, 베네토 쪽에 매력적인 와인 산지가 더 많은 만큼 둘 중의 한 곳을 선택해야 한다면 베네토 쪽 와인 산지를 여행하는 것을 추천한다. 숙소는 가르다호수 근처로 잡으면 된다. 유명 관광지라 가격이 살짝 더 비싸기는 하지만, 호수 관광과 와이너리 투어를 한 번에 엮을 수 있으니 이보다 더 낭만적인 이탈리아 여행이 없을 테다.

1. 와이너리 투어와 함께 즐길 수 있는 가르다호수 2. 가르다호숫가 마을에서 만난 거리의 악사 3. 가르다호수에 접한 고즈넉한 마을

베네토의 미식
EAT

베네토를 여행하는 많은 이들이 베네치아에서의 미식을 기대한다. 하지만 베네치아는 국제적인 관광도시이다 보니 지역의 전통 음식을 맛보기가 힘든 편이다. 베네치안들이 즐기는 향토 음식을 맛보길 원한다면 관광객이 우글거리는 거리에서 좀 벗어날 필요가 있다.

오랜 시간 베네토 사람들에게 사랑받은 음식은 폴렌타Polenta다. 옥수수 등 곡물가루를 끓여 만드는 죽 형태의 이탈리아 요리로, 본래 소작농들이 즐기던 서민 음식이었다. 하지만 20세기 후반부터 고급 요리로 주목받기 시작해 지금은 최고급 레스토랑에서도 갖가지 기교를 부려 접시에 올린다. 폴렌타는 보통 파이올로라 부르는 커다란 냄비에 넣어서 조리한다. 넣는 치즈는 지방마다 다르지만, 버섯이나 채소, 육류를 넣어서 풍미를 더해준다. 폴렌타는 보통 고기나 생선, 치즈에 곁들여 먹는데, 우리네 밥과 같은 역할을 한다고 생각하면 된다. 중요한 탄수화물 공급원인 폴렌타는 어떤 요리에도 곁들여 나올 수 있어서 와인의 매칭이 자유롭다. 폴렌타 하나만을 즐기고자 한다면 베네토의 특산 화이트 와인 소아베와 함께 매칭하는 걸 추천한다.

베네토의 유명한 육류 요리는 소파 코아다Sopa Coada가 있다. 국내에서는 다소 낯선 식자재인 비둘기가 메인 재료다. 참고로 비둘기 대

1. 2. 폴렌타를 곁들인 스테이크. 폴렌타는 베네토인들의 주요한 탄수화물 섭취 요리다. **3.** 토마토 뇨끼

베네토 지니 와이너리 지하 셀러에서 숙성 중인 살라미

신 닭을 이용하기도 한다. 우선 양파와 각종 채소를 올리브유에 볶아 따로 보관한다. 그리고 볶은 기름에 다시 비둘기 고기를 조리한 다음에 레드 와인을 넣고 뭉근히 끓인다. 여기에 다시 채소를 넣고 오랜 시간 졸인 다음에 오븐에 구워낸 요리다. 레드 와인이 들어가는 요리이기 때문에 와인 안주로서 손색이 없다. 베네토 지방 어디서나 쉽게 구할 수 있는 발폴리첼라 지역의 중저가 레드 와인과 함께 하면 더할 나위가 없을 것이다.

베네토의 유명한 치즈에는 아시아고Asiago 치즈가 있다. 베네치아에서 북서쪽으로 2시간가량 운전하면 동명의 작고 아름다운 아시아고 마을을 만나게 된다. 이 마을에서 13세기 초부터 지금까지 만들고 있는 치즈가 바로 아시아고 치즈다. 초기에는 양젖으로 만들었으나, 16세기부터 마을에서 소를 키우기 시작하면서 현재까지 소젖으로 생산되고 있다. 신선한 스타일의 아시아고 프레사토와 2년 가까이 숙성을 시킨 아시아고 달레보로 나뉜다. 전자는 달콤하면서 신맛이 섞인 스타일이고, 후자는 풍부한 감칠맛이 일품이다. 과실 향이 풍부하고 산뜻한 레드 와인과 잘 어울린다. 비싸지 않은 발폴리첼라의 와인들을 추천한다.

베네토는 아드리아해가 선물하는 풍부한 해산물 때문에 해산물 요리도 다채롭다. 대표적인 음식으로 가리비 리조또, 새우튀김, 갑오징어, 발사믹 식초와 양파로 마리네이

1. 오징어 먹물 파스타 **2.** 베네치아인들이 즐겨 먹는 모듬 해산물 요리 **3.** 해산물 파스타

드한 정어리 요리, 염장해서 말린 대구, 비첸차식 대구 요리, 비사토Bisato라 불리는 장어 요리(스튜)가 있다. 베네토 지방의 발도비아데네에서 생산되는 질 좋은 스푸만테와 함께 하면 생선 특유의 비린내를 입안에서 깔끔하게 제거할 수 있다.

또한, 베네치아에는 신선한 생선을 진열해 놓고 취향에 따라 요리해 주는 곳이 많다. 해산물 모둠 전채 요리는 굴, 오징어, 문어 등 각종 해산물을 다채롭게 요리해서 즐길 수 있다. 그냥 날로도 먹고, 살짝 익혀서 레몬을 곁들어 먹기도 한다. 파스타는 해산물의 이름만큼이나 다채롭게 만들어지는데, 오징어 먹물 파스타를 강력하게 추천한다. 이곳은 대체로 토마토나 크림보다는 올리브 오일 파스타가 유명한 편이다.

디저트에는 달콤 짭쪼름한 케이크 일종인 프리떼스Fritters, 잘레띠Zaletti라 불리는 폴렌타 케이크, 카니발 갈라니Carnival Galani라 불리는 패스츄리, 판도로Pandoro라 불리는 베로나의 황금빛 크리스마스 케이크가 유명하다.

아시아고 치즈가 생산되는 아시아고 마을

베네토의 와인
WINE

베네토는 명실공히 이탈리아 최대의 와인 생산지다. 이탈리아 통계청(ISTAT)에 의하면 2020년 1,082만 6,000헥토리터에 달하는 와인 생산량을 기록했다. 베네토를 하나의 국가라고 가정했을 때 세계 8위의 와인 생산국으로 랭크될 수 있는 양이다. 많은 이들이 와인으로 이름난 토스카나와 피에몬테가 생산량에서도 우위에 있을 것으로 생각하는데 전혀 그렇지 않다. 2020년 기준으로 토스카나는 260만 3,000헥토리터, 피에몬테는 257만 1,000헥토리터에 그쳤다. 이런 사실 하나만 놓고 봤을 때도 베네토가 이탈리아 최대, 그리고 최고의 와인 산지임을 부정하는 사람은 없을 것이다.

또한 베네토는 세계에서 가장 오래된 와인 생산지 중 하나다. 베네토에서 와인이 만들어졌다는 증거는 청동기 시대로 거슬러 올라간다. 고대의 열렬한 포도 재배자이자 와인 애호가였던 고대 로마인들이 베네토 지역을 점령하면서 지역민들의 취미에 불과했던 와인이 산업으로 발전했고 융성하기 시작했다. 시기는 기원전 200년경. 이는 다른 이탈리아 지역의 와인 역사와 크게 다르지 않다. 로마인들은 지금의 베네

와인 향이 물씬 풍기는 소아베 마을의 입구

1. 오래된 포도 압착기 2. 오래된 레치오토 델라 발폴리첼라 와인 3. 와인이 담긴 오크통을 실어나르던 마차
4. 테데스키 와이너리의 올드 빈티지 와인 5. 쥬세뻬 퀸타렐리 셀러에 장식된 빈티지 와인

치아와 베로나에 큰 도시를 만들었고, 도시민들을 통한 와인의 소비도 점차 증가했다. 이후 야만족들이 로마 제국을 멸망시키는 과정에서 베네토의 주민들은 베네치아 인근 석호로 피신했고, 한때 꽃 피웠던 와인 문화가 일시에 빛을 잃었다. 하지만 야만족을 피해 피신했던 그 주민들이 베네치아 공화국을 건국하면서 와인 문화도 재기하게 된다. 동방 무역으로 돈방석에 앉은 베네치아 공화국, 특히 수도였던 베네치아는 당시 세계에서 가장 부유한 도시 중 하나였다. 패션, 예술, 문화, 그리고 화려한 건축이 꽃피웠고, 수많은 전통 예술품, 공예품, 특산품이 무역으로 유통됐다. 와인 또한 예외가 아니었다.

베네토가 역사적으로 유명한 와인 생산지가 된 것은 비단 와인을 사랑하는 주민들의 열정적인 지지와 마음 때문만은 아니다. 이곳은 포도 재배에 있어서 천혜의 기후를 지닌 곳이다. 가장 큰 역할을 하는 것이 북쪽의 돌로미티산맥이다. 북쪽에서 내려오는 추운 기운을 높다란 산맥이 방어해 주기 때문에 연중 온난하고 따뜻한 지중해성 기후의 축복을 받을 수 있다.

이런 지형적 특징 때문에 산기슭의 서늘한 지역에 있는 와인 산지에서는 프로세꼬 같은 뛰어난 품질의 스파클링 와인이 주로 생산된다. 또한 내륙의 평지와 이탈리아 최대

규모를 자랑하는 가르다호수 근방에서는 따뜻한 기후에서 잘 자라는 레드 품종으로 빚은 레드 와인이 유명하다. 이탈리아 3대 명품 와인 중 하나인 아마로네와 조금 더 대중적인 발폴리첼라, 바르돌리노가 대표적이다. 이외에도 베로나 동부의 구릉에서 생산되는 소아베는 명실공히 이탈리아를 대표하는 화이트 와인이다. 한때 대량 생산되는 저급의 소아베 와인들이 전 세계에 유통되면서 소아베는 싸구려 화이트 와인이라는 이미지가 생기기도 했다. 하지만 소아베 클라시코 존의 화산토에서 소량 생산되는 고급 소아베들의 진면목을 현지에서 확인한다면, 이탈리아 화이트 와인의 미래가 여기에 있다고 확신하게 될 것이다.

베네토는 1876년 이탈리아 최초의 와인 학교가 설립된 곳이다. 베네토 코넬리아노에 위치한 G.B. Cerletti는 당시 이탈리아 왕이었던 비또리아 엠마누엘레 2세의 칙령에 의해 역사가 시작되었다. 또한 베네토의 와인 수도라 할 수 있는 베로나에서는 매년 이탈리아 최대의 와인 박람회 비니탈리Vinitaly가 열린다. 전 세계의 와인 애호가들이 모이는 와인 축제에는 숫자를 헤아리기도 힘든 이탈리아 와인들이 대거 선을 보인다. 단순 시음만 하는 데도 몇 주가 걸릴 정도로 대규모다.

베네토의 주요 포도 품종
MAIN GRAPE

※ 베네토는 이탈리아 최대의 와인 생산주인만큼 다채로운 토착 품종이 많다. 그중 가장 많은 재배량을 보이는 글레라는 앞서 이탈리아 TOP 10 품종에서 설명해서 여기서는 제외한다.

베네토의 대표 레드 품종 코르비나

최근 베네토 와인메이커들이 주목하는 오셀레타

코르비나 Corvina

베네토의 대표적인 레드 품종. 기원은 정확하지 않다. 최초의 기록은 1800년대 초로, 발폴리첼라 지역의 전통적인 포도라고 언급하고 있다. 이 기록으로 봤을 때 꽤 오랜 시간 이곳에서 재배되었다고 유추할 수 있다. Corvina라는 이름의 기원에 대해서는 두 가지 설이 있다. 하나는 껍질이 유독 진해서 까마귀 깃털(corvo) 같다고 한데서 유래했다는 것. 다른 하나는 생산량이 좋은 품종이라 광주리(corba)에 담아 수확했기 때문에 여기서 유래했다는 설이다. 단일로 양조 되는 경우는 매우 드물며, 대개 코르비노네, 론디넬라, 몰리나라와 블렌딩 한다. 만약 단일 품종으로 양조 됐을 경우, 진한 붉은색에 좋은 산미와 약간의 타닌, 살짝 짠맛을 지닌 와인으로 탄생한다. 코르비나는 말린 포도로 양조했을 때 진가를 발휘한다. 베네토의 특산 와인 아마로네와 스위트 와인인 파씨토 Passito의 주요 원료로 쓰인다.

코르비노네 Corvinone

코르비나와 이름이 비슷해서 헷갈릴 수 있지만, 엄연히 다른 품종이다. 오랜 시간 코르비나의 클론이라고 생각했기 때문에 이와 같은 이름이 붙었다. 참고로 코르비노네는 '큰 코르비나'라는 뜻이다. 단어의 의미처럼 코르비나 품종보다 포도송이가 크고, 10월 중순에야 익는 만생종이다. 코르비노네는 다른 아마로네 포도종들처럼 말려서 양조에 사용한다. 과거 아마로네의 블렌딩 삼총사는 코르비나, 론디넬라, 몰리나라였지만, 1990년을 기점으로 코르비노네가 몰리나라의 자리를 꿰차기 시작했다. 기록에 따르면 코르비노네 포도밭은 2000년 88ha에 불과했지만, 2010년 930ha로 늘어났다고 한다. 반대로 몰리나라는 1,301ha에서 585ha로 급감했다.

론디넬라 Rondinella

코르비나와 더불어 아마로네 와인을 만드는 주요 레드 품종 중 하나. DNA 연구 결과로 코르비나가 론디넬라의 부모종이라고 밝혀졌다. 즉 비슷한 성질을 지녔다는 의미다. 생장력도 좋고, 포도나무 질병에 강해 재배자들이 선호하는 품종이다. 역시나 말려서 양조하면 최고의 퍼포먼스를 보여준다. 단일로 쓰이는 경우는 거의 없고 코르비나와 블렌딩 되는 편이다.

오셀레타 Oseleta

베네토 지방에서만 재배되는 마이너한 레드 품종. 거의 잊힌 품종이었으나, 지금은 여러 와이너리들의 노력으로 재조명받고 있다. 이 품종은 오직 베네토에만 21ha 넓이에서 재배되고 있다. 오셀레타에 대한 최초의 기록은 150년 전의 문서에 처음 등장한다. 그러나 구전에 따르면 이 지역에서 수세기 전부터 재배해 왔다고 한다. 점차 사라지게 된 이유는 생산성이 아주 낮기 때문이다. 필록세라 이후 이탈리아 와인 산업은 질보다는 양에 치우쳤었기 때문에 자연스럽게 생산성이 낮은 포도 품종은 사라질 수밖에 없었다.
오셀레타는 작은 암컷 새(small female bird)라는 뜻이다. 이름에 걸맞게 포도송이가 매우 작고 오밀조밀한 형태를 보인다. 타닌이 많고, 구조감이 좋으며, 미네랄 풍미가 강하다. 또한, 다크 베리의 노트가 확연하게 느껴진다. 다소 파워풀한 플레이버 때문에 단일로 양조되면 호불호가 갈리는 편이지만, 여러 재배자들이 관심을 가지고 연구하고 있다.

산티 와이너리에서 찍은 양조용 포도 품종

몰리나라 Molinara

코르비나, 론디넬라와 더불어 아마로네를 만드는 레드 품종. 다만, 산화에 약해 점차 와인 메이커들로부터 외면 받고 있다. 요즘은 아마로네를 만들 때도 보통 15% 내외로 첨가하거나 아예 첨가하지 않는다.

가르가네가 Garganega

베네토는 물론 이탈리아를 대표하는 화이트 와인인 소아베를 만드는 주요 품종. 그리스에서 건너온 품종으로 알려져 있다. 최초의 기록이 1400년대로 거슬러 올라갈 정도로 유서 깊은 품종이다. 문헌에 가르가네가는 볼로냐와 파도바에서 사랑 받는 품질의 와인으로 언급하고 있다.

가르가네가는 뛰어난 생장력을 자랑하는데, 특히 배수가 잘되는 토양과 일조량이 좋은 환경을 선호한다. 와인으로 양조 되면 아름다운 노란색, 아몬드를 연상시키는 부드러운 향, 드라이한 맛, 미디엄 바디, 균형 잡힌 산미, 다소 쓴 후미가 특징. 전체적으로 조화롭고 감칠맛 나는 화이트 와인으로 탄생한다.

만조니 비앙코 Manzoni Bianco

베네토 와인 학교의 교수였던 루이지 만조니의 이름을 딴 교배(리슬링과 피노 블랑) 품종. 1920년에서 1930년 사이에 만조니 교수가 여러 품종을 교배하는 과정에서 탄생했고, 품질과 상업성에서 합격점을 받아 지금까지 재배되고 있다. 화이트나 프로세꼬를 만드는데 블렌딩 된다.

마르제미노 Marzemino

기록에 의하면 마르제미노 와인은 유명한 작곡가인 모차르트도 좋아했다고 전해진다. 작사가 다 폰테는 모차르트를 만족시키기 위해 그의 유명한 오페라 작품에 '와인을 따라라, 저 훌륭한 마르제미노를'이라고 외치는 대사를 일부러 넣기도 했다고 전해진다.

마르제미노는 이탈리아 북부에서 주로 재배된다. 가장 중요한 재배지는 트렌티노 알토 아디제이지만, 베네토에도 많이 분포되어 있다. 생장력이 매우 뛰어나고, 특히 더운 기후를 선호한다. 진한 루비색에 섬세한 과일 향, 제비꽃을 연상시키는 아로마, 적당한 알코올과 바디, 약한 타닌 등이 특징이다.

1. 양조용 포도 품종 대백과 사전 2. 점점 사라지고 있는 비운의 포도 몰리나라 3. 베네토에서 드물게 재배되는 테롤데고 품종

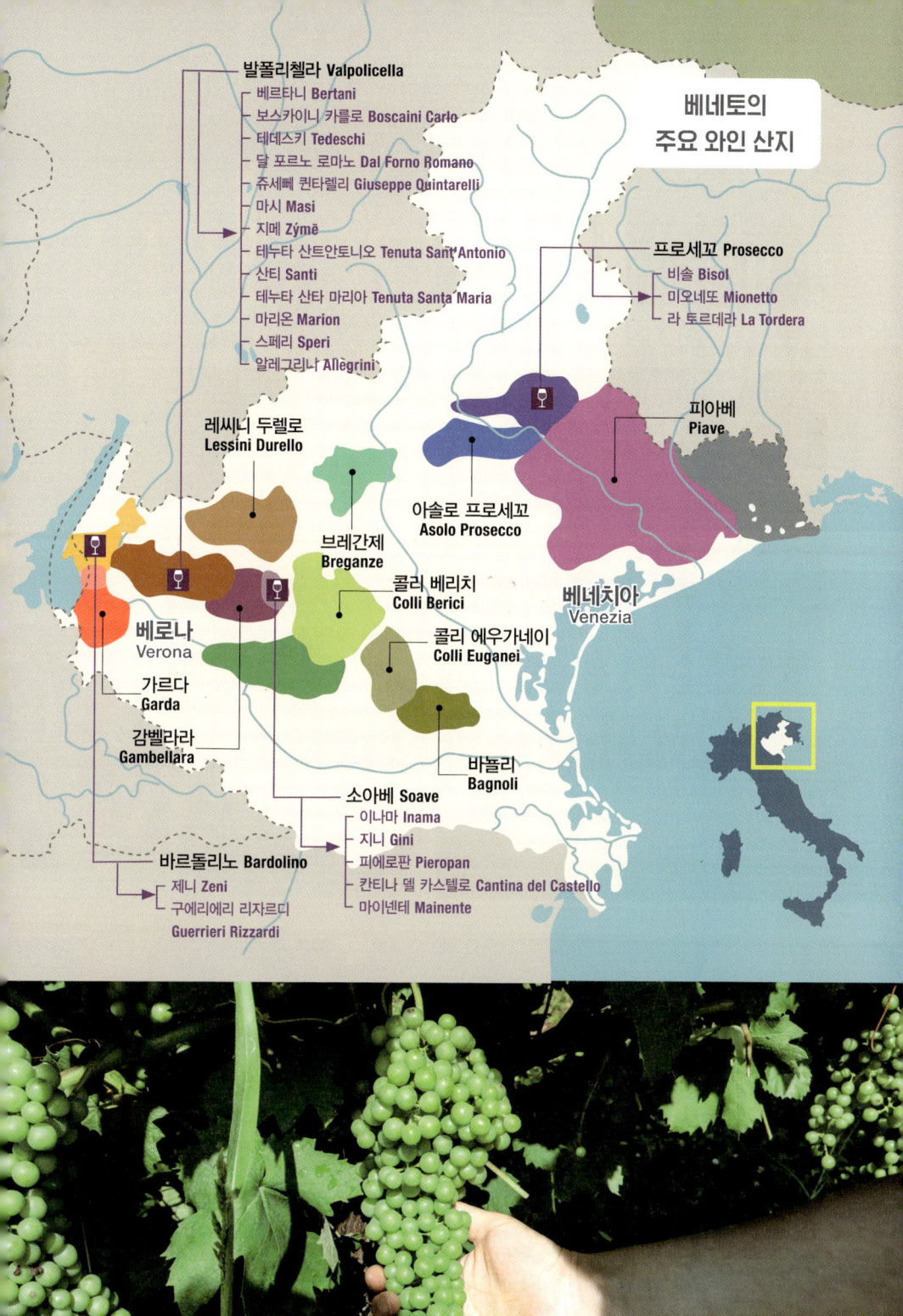

베네토의 주요 와인 산지

1. 소아베 마을의 에노테카
2. 유명 소아베 생산자인 이나마의 소아베 클라시코
3. 베르타니 와이너리의 역사적인 소아베 와인
4. 소아베 마을을 두르고 있는 성곽

소아베 와인 시음과 판매를 안내하는 안내판. 소아베 와인은 세계적인 명성을 갖고 있다

소아베 Soave

소아베 마을은 고대 로마 시대 아퀼레리아와 제노아를 잇는 주요 거점이었다. 이탈리아 대부분이 그렇지만 소아베 역시 마을 전체가 유적지인 셈이다. 소아베성을 비롯해 돌길, 성벽, 창문의 모양까지 오랜 역사의 흔적들을 어디서든 고스란히 느낄 수 있다. 소아베성으로 올라가는 언덕길은 고대 로마인들이 걸었음직한 울퉁불퉁한 돌길로 이루어져 있다. 숨을 헐떡이며 올라가는 길은 여름 삼복더위라면 힘들 수도 있지만, 정상에 오르면 소아베 마을의 전경과 근방에 넓게 펼쳐진 포도밭을 한눈에 조망할 수 있다. 또한 성인의 걸음으로 십여 분이면 언덕을 오를 수 있으니 도전해보기를 바란다.

소아베 와인은 베네토를 대표하는 감각적이고 사랑스러운 화이트 와인의 대명사이다. 주요 특징은 복숭아, 서양 멜론, 오렌지 껍질 아로마. 여기에 아몬드 향까지 추가되면 고

ENOTECA DEL SOAVE
1

INAMA
VIN SOAVE
SOAVE CLASSICO
2

SOAVE-BERTANI
3

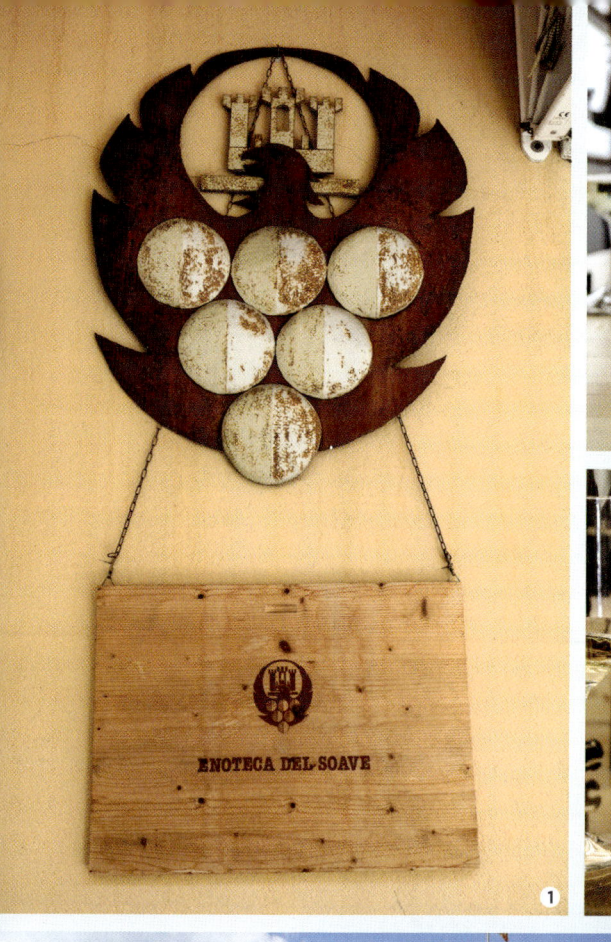

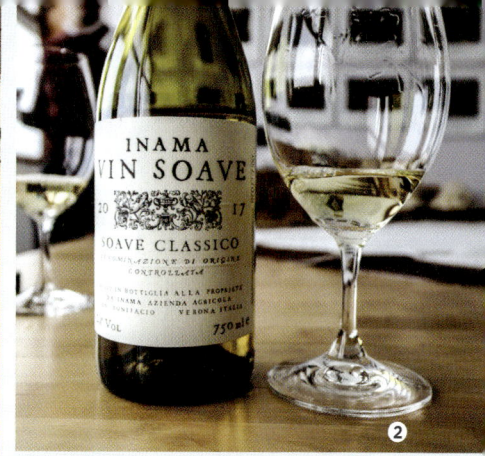

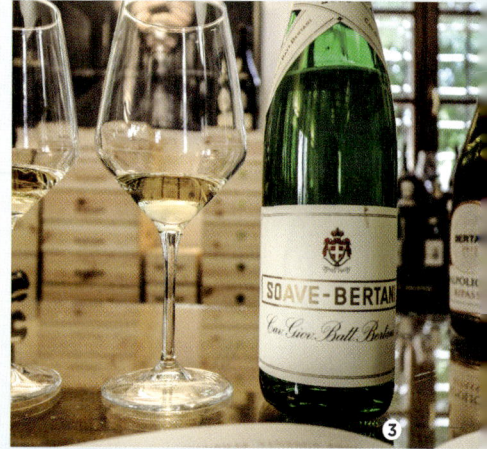

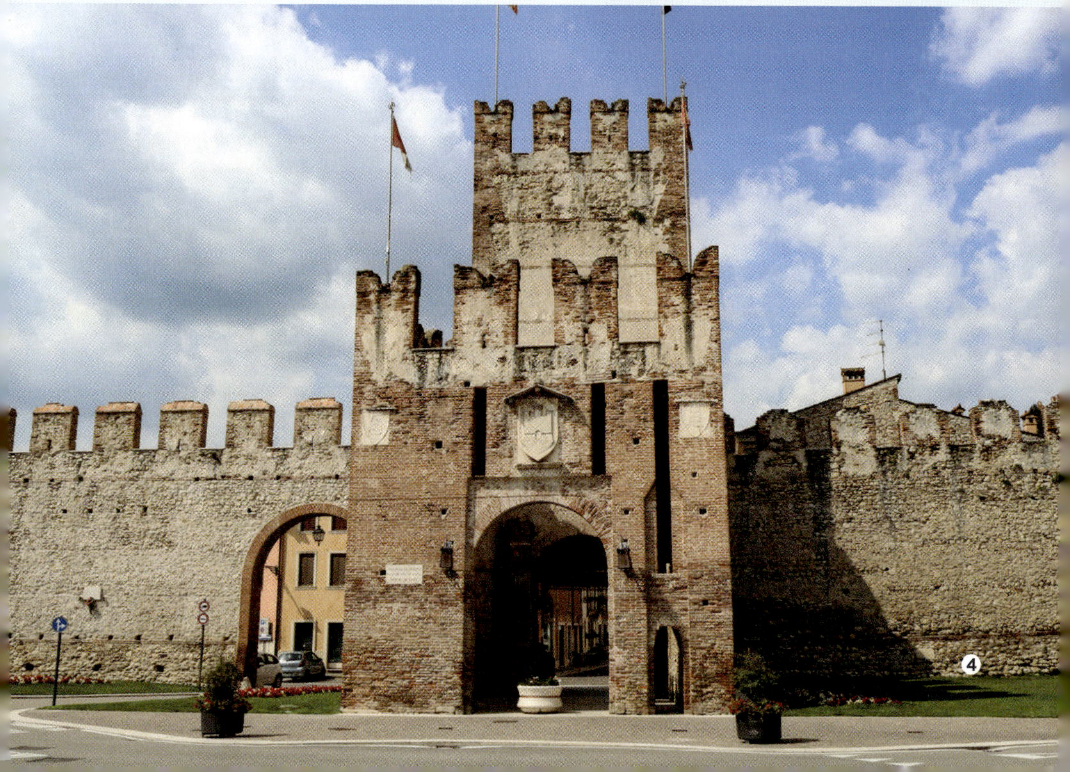
4

급 소아베의 풍미에 화룡점정을 찍는다. 아래와 같이 소아베라는 이름을 달고 다채로운 DOC 와인이 생산된다.

소아베 Soave DOC
소아베 클라시코 Soave Classico DOC
소아베 콜리 스칼리제리 Soave Colli Scaligeri DOC

소아베 DOC는 대중적인 소아베다. 가르가네가 품종이 70% 이상 사용되어야 하며, 나머지는 트레비아노나 샤르도네가 블렌딩 될 수 있다. 양이 많지는 않지만, 스푸만테로도 만들어진다. 서브 존인 클라시코와 콜리 스칼리제리는 일반 소아베보다 입지가 더 좋은 포도밭의 포도로 만들기 때문에 하이클래스 와인이라고 생각하면 쉽다. 특히, 고급 와인인 소아베 클라시코는 클라시코로 지정된 구역의 화산토에서 자란 가르가네가로 만들어져야만 해당 명칭을 획득할 수 있다. 와인을 양조할 때도 스테인리스 스틸 탱크에서 만드는 일반 소아베와는 달리 오크통에서 숙성시키는 경우가 많기 때문에 복합미가 뛰어난 소아베도 종종 찾아볼 수 있다. 소아베 수페리오레 Soave Superiore라고 레이블에 붙어 있는 경우, 일반 소아베보다 조금 더 질이 좋은 포도로 만든다. 숙성도 8개월 이상 시켰기 때문에 약간 더 진화된 화이트 와인의 풍미를 보인다.

특별한 스위트 와인 레치오토 디 소아베 Recioto di Soave DOCG는 포도를 수확하자마자 짚이나 매트 위에서 말린 포도로 만들어지며, 최상위 등급인 DOCG를 달고 유통된다. 구체적으로, 레치오토 디 소아베를 만들 때는 포도의 잠재적 알코올 도수가 약 14%가 나올 때까지 포도를 말린다. 건조 과정은 짧게는 3~4주에서 길면 한 달이 넘게 걸리기도 한다. 수분이 증발해 당분이 응축된 포도는 발효시키는데 수개월이 걸리기도 한다. 발효가 끝나더라도 잔당이 남아 있기 때문에 천연 당분에 의한 달콤함을 느낄 수 있

소아베성에서 내려다본 아름다운 소아베 마을

1. 오크통에서 숙성 중인 발폴리첼라 리파쏘 2. 베네토의 유명 스파클링 와인 프로세꼬

다. 만드는 과정이 까다롭기 때문에 가격이 비쌀 수밖에 없다.

소아베 근처 감벨라라Gambellara에서도 가르가네가 100% 스위트 와인 및 스위트 스파클링을 만든다. 이 경우 레치오토 디 감벨라라Recioto di Gambellara DOCG로 유통된다. 일반 감벨라라DOC의 경우 가르가네가를 메인 품종으로 여러 품종을 블렌딩 할 수 있으며, 화이트, 스파클링, 스위트 와인이 있다.

프로세꼬 Prosecco

베네토 지역을 대표하는 스파클링 와인. 글레라로 만들어진다. 평범한 프로세꼬 와인의 경우 대형 탱크에서 밀폐 발효시켜서 만드는 대중적인 프리잔테(Frizzante; 약발포성 스파클링 와인)다. 하지만 프리미엄 프로세꼬도 있다. 이 경우 코넬리아노 발도비아데네 프로세꼬Conegliano Valdobbiadene Prosecco DOCG라고 아예 따로 DOCG 레이블을 지정해 놨다. 마찬가지로 글레라가 메인 품종이지만, 샴페인처럼 2차 병 발효 방식으로 만들어져서 복합적인 풍미를 자랑한다. 코넬리아노 발도비아데네 프로세꼬 DOCG는 조금 더 하이클래스 버전인 리베Rive와 수페리오레 디 카르티쩨Superiore di Cartizze가 존재한다. 이 경우 가파른 경사를 지닌 언덕의 선별된 포도로만 만들어진다. 특히, 카르티쩨는 코넬리아노와 발도비아데네 지역을 통틀어 가장 훌륭한 포도밭으로 여겨진다. 경사가 진 가파른 언덕에 있는 약 100ha 규모의 포도밭으로, 이를 백여 개 이상의 와이너리와 포도 재배자가 쪼개서 나누어 가지고 있다. 일종의 그랑 크뤼 포도밭이라고 생각하면 된다.

프로세꼬와 연관된 DOCG가 하나 더 있는데, 바로 아솔로 프로세꼬Asolo Prosecco DOCG다. 동명의 아솔로 마을 언덕에서 재배된 포도로 만든 프로세꼬다. 언덕에 있

1. 달 포르노 로마노의 파씨토 2. 구에리에리 리자르디 와이너리에 전시된 귀여운 자전거용 와인 파우치
3. 와인의 천국 베네토 4. 오래된 발폴리첼라 와인

는 포도밭이 더욱 더 좋은 퀄리티를 지녔기 때문에 조금 더 고급스러운 프로세꼬라고 생각하면 된다. 메인 품종은 마찬가지로 글레라. 프리잔테로도 만들어지며, 프리미엄 와인에는 수페리오레가 붙는다.

바르돌리노 Bardolino

발폴리첼라와 더불어 베네토를 대표하는 레드 와인 DOC. 가볍고 편안하게 마실 수 있는 레드 와인이 대부분이다. 베네토의 무지막지한 와인 생산량에 일조하고 있다. 품종은 아마로네를 만드는 것과 비슷하다. 코르비나, 론디넬라, 몰리나라가 쓰인다. 대신 몰리나라는 20% 미만만 사용해야 한다. 현지에서는 거의 코르비나와 론디넬라(이마저도 소량)로만 만든다. 바르돌리노에 수페리오레가 붙으면 DOCG로 유통이 된다.
바르돌리노 수페리오레 DOCG는 포도 재배에 이상적인 언덕배기에 위치한 포도밭의 포도로 만들어진다. 품종 구성은 거의 비슷하다. 다만 바르베라, 산지오베제, 마르제미

베네토

노, 메를로, 까베르네 소비뇽을 20% 미만으로 블렌딩할 수 있다. 일반 바르돌리노보다 바디감이 좋은 편이다.

발폴리첼라 Valpolicella

베네토는 물론 이탈리아를 대표하는 레드 와인 산지. 여기서 그 유명한 아마로네가 탄생한다. 발폴리첼라에는 총 5개의 DOC/G 와인들이 있다. 5개 와인 모두 발폴리첼라의 레드 품종 오총사인 코르비나, 론디넬라, 몰리나라, 코르비노네, 오셀레타를 메인으로 개성 있고 독특한 와인들을 생산한다. 이 중 코르비나가 가장 많이 쓰이고, 몰리나라가 드물게 사용되거나 아예 제외되기도 한다. 참고로 현재 코르비나는 발폴리첼라 와인에 45~95%를 넣도록 정해져 있는데, 코르비노네는 코르비나 퍼센티지에서 최대 50%까지만 블렌딩이 가능하다.

발폴리첼라 클라시코 존의 네그랄 와인

발폴리첼라 Valpolicella DOC & 발폴리첼라 클라시코 Valpolicella Classico DOC

대중적인 발폴리첼라의 레드 와인. 미디엄 바디의 이지 드링킹 와인으로 가격 부담이 없고 음식과 페어링하기에 좋다. 클라시코라고 붙으면 약간 더 고급 와인이다. 이 경우 클라시코 존으로 지정된 푸마네Fumane, 마라노Marano, 네그랄Negrar, 산 피에트로 인 카리아노San Pietro in Cariano, 산트 암브로지오Sant'Ambrogio에서 재배된 포도로 만들어야 한다.

1. 역사적인 발폴리첼라 와인 세꼬 베르타니 2. 베르타니의 발폴리첼라 리파쏘

발폴리첼라 수페리오레 Valpolicella Superiore DOC

이탈리아 와인에서 수페리오레가 붙으면 알코올 도수가 좀 더 높다는 이야기다. 알코올 도수가 높다는 것은 와인에 있어서 꽤 중요한 의미다. 대개 많은 지역에서 와인을 만들 때 가당이 금지되어 있다. 따라서 알코올이 높다는 것은 높은 당분을 함유한 포도로 만들었다는 뜻이다. 즉, 햇빛이 잘 드는 포도밭에서 당도가 높은 포도알을 선별해서 만들었다는 의미와 같다. 또한, 수페리오레는 1년 이상 숙성을 거친 뒤에 출시해야 한다.

발폴리첼라 수페리오레 리파쏘 Valpolicella Superiore Ripasso DOC

리파쏘는 영어로 Re-pass라는 뜻이다. 와인을 만들 때 남은 찌꺼기를 버리지 않고 말려

1. 레치오토 와인 **2.** 이탈리아 3대 명품 와인 아마로네 **3.** 유명 와이너리 마시의 아마로네

두었다가 나중에 일반 발폴리첼라 와인을 발효시킬 때 다시 넣기 때문에 리파쏘라는 단어가 붙게 되었다. 아직 당분이 남아 있는 찌꺼기 덕분에 와인에 재발효가 일어나고, 가벼운 발폴리첼라 와인은 좀 더 복합적인 스타일로 변신하게 된다. 물론 아마로네만큼 복합적이지는 않지만, 합리적인 가격에 아마로네와 비슷한 스타일의 와인을 즐길 수 있다. 가격 대비 훌륭한 풍미를 지녀 세계적으로 수요가 많은 와인이다.

아마로네 델라 발폴리첼라 Amarone della Valpolicella **DOCG**
이탈리아가 자랑하는 3대 명품 와인 중 하나. 말린 포도를 이용해서 풍미와 알코올을 극대화한 풀 바디 레드 와인으로 탄생한다. 이 와인을 만들려면 우선 잘 익은 포도를 수

말리기 전의 포도(왼쪽)와 말린 후의 모습(오른쪽). 이렇게 말린 포도로 아마로네 와인을 만든다

1. 아마로네를 만들기 위해 포도를 말리는 전통적인 나무틀 2. 테누타 산트안토니오 와이너리의 와인 전시
3. 달 포르노 로마노 와이너리

확해서 건조대 위에서 포도를 말린다. 주요 포도는 코르비나, 론디넬라, 몰리나라, 코르비네네, 오셀레타이다. 이 가운데 몰리나라는 비율이 낮거나 섞지 않는 것이 트렌드다. 말리는 데는 보통 4~5개월 정도 걸린다. 말은 쉽지만, 습도, 온도가 완벽히 조절되는 공간에서 포도를 말려야 하므로 이를 유지하기 위해 지속적인 관심이 필요하다. 만약 말리던 포도에 곰팡이가 피게 되면 1년 동안 힘들게 지은 포도 농사를 한순간에 망칠 수 있다.

잘 말려진 포도는 수분이 증발해서 쭈글쭈글해지고 당도가 응축된다. 그 포도의 진한 농축액을 뽑아낸 뒤 드라이하게 완전히 발효시키고, 2년 이상 숙성(보통 5년)시키면 아마로네가 된다. 최소 알코올 도수는 14%. 보통 15~16%는 거뜬히 나온다. 입안을 감싸는 묵직하고도 부드러운 질감이 매우 매력적이다. 끝에 남는 쌉싸래한 맛도 일품이다. 본래 아마로네의 'Amaro'가 '쓰다'라는 뜻이다.

아마로네는 우연이 발견된 산물이다. 1936년 발폴리첼라의 협동조합 와이너리에서 일하던 아델리노 루께제Adelino Lucchese가 레치오토(스위트 와인)를 만들기 위해 와인을 저장했던 오크통 하나를 까먹고 방치했다. 후에 오염이 됐거나 식초화가 진행됐을거로 생각하고 맛을 봤는데, 파워풀하며 벨벳처럼 부드러운 맛과 쌉싸래함에 매료되었다. 이 와인의 풍미에 놀라움을 금치 못한 그는 다음과 같이 이야기했다고 한다.

베네토

"questo vino non è amaro, è un Amarone(이건 쓴 와인이 아니야! 위대함을 갖춘 쓴 와인이야!)" 이후에 이를 응용해 1939년 최초의 아마로네가 탄생했다. 최초의 레이블에는 Recioto Amaro라고 쓰여 있었다고 한다. 만약 와인을 완전히 발효시키지 않고 멈추면 스위트한 레치오토 델라 발폴리첼라Recioto della Valpolicella DOCG가 된다.

콜리 에우가네이 피오르 다란치오 Colli Euganei Fior d'Arancio **DOCG**

콜리는 언덕이라는 뜻이고, 에우가네이는 지역명이다. Fior d'Arancio는 영어로 Orange Blossom이라는 뜻이자, 달콤한 약 스파클링 와인을 만드는 모스카토 쟐로 Moscato Giallo의 현지 방언이다. 이 DOCG에서는 모스카토 쟐로 품종을 가지고 일반 스틸 와인뿐만 아니라 스푸만테, 파씨토 스타일의 스위트 와인까지 모두 만든다.
특별히 DOCG를 달려면 위 이름에서도 짐작할 수 있듯이 에우가네이 언덕에서 재배된 모스카토 쟐로로 만들어야 한다. 2011년에 DOCG로 승격이 됐다. 그리고 일반 콜리 에우가네이 DOC도 있다. 이 경우 여러 가지 화이트와 레드 품종으로 일반 스틸 화이트, 레드, 스파클링 와인을 만든다.

피아베 말라노떼 Piave Malanotte **DOCG**

라보조Raboso라 불리는 특이한 품종으로 만든 레드 와인 DOCG. 라보조는 피아베 Piave와 베로네제Veronese 두 가지로 다시 나뉜다. 둘 다 베네토가 원산지이지만 공통점은 없다. 피아베가 더 많이 재배되고 더 많이 알려졌는데, 워낙 산미가 강하다 보니 '혀가 수축할 정도로 공격적(rabiosa)이다'는 의미에서 지금과 같은 이름이 붙었다. 단일로 양조 되면 진한 루비색에 야생 버찌 향, 높은 산미, 타닌, 적당한 바디를 갖고 있어 장기 숙성에 적합하다. 피아베 말라노떼 DOCG는 최소 3년 숙성 후에 출시해야 한다. 또한, 15~30%의 포도는 반드시 건조 과정을 거쳐야 한다. 흔히 볼 수 있는 와인은 아니지만, 와인 애호가라면 도전해볼 만한 가치가 있는 와인이다.

1. 보스카이니 카를로 와이너리의 오래된 셀러
2. 마리온 와이너리의 와인

몬텔로 로쏘 Montello Rosso **DOCG**

몬텔로 콜리 아솔라니 Montello Colli Asolani DOC에서 2011년 분리돼 나온 DOCG다. Rosso라는 말이 들어가 있듯이 오로지 레드 와인만 생산한다. 품종은 까베르네 소비뇽(40~70%), 까베르네 프랑(30~60%), 메를로, 까르메네르와 같은 프랑스 보르도 품종. 참고로 몬텔로 지역은 보르도와 같은 위도 선상에 놓여 있다. 최소 18개월 숙성(9개월 오크통)이 필요하며, 수페리오레는 24개월 숙성(12개월 오크통)이 요구된다. 베네토에서 보르도 스타일의 장기 숙성 와인을 느껴보고 싶은 이들에게 추천하는 와인이다.

프리울라로 디 바뇰리 Friularo di Bagnoli **DOCG**

바뇰리 마을 근처의 포도밭에서 라보조 품종으로 만든 레드 와인 DOCG. 이미 한 차례 설명했듯이 라보조는 장기 숙성에 적합한 품종이다. 프리울라로 디 바뇰리 또한 풀 바디에 굉장히 드라이한 스타일을 자랑한다. 다만, 여기서는 스위트한 스타일의 늦수확 와인(보통 11월 11일 이후 수확)을 만들기도 하고, 포도를 말려서 파씨토도 생산한다.

레씨니 두렐로 Lessini Durello **DOC**

레씨니는 DOC가 위치해 있는 지역의 산 이름이고, 두렐로는 품종 이름이다. 참고로 두렐라 Durella라고 부르기도 한다. 이 품종은 베네토 지역에서만 재배되는 아주 드문 품종이다. 워낙 산도가 높아서 스파클링 와인을 만드는데 적합하다. 레씨니 두렐로 DOC에서는 두렐로(최소 85%)를 가지고 무조건 스파클링 와인만 만든다. 레이블에 리세르바가 붙어 있으면 샴페인과 같은 2차 병 발효 방식으로 만든 것이다. 이 경우 최소 36개월 병 숙성을 거쳐야 한다. 꽤 좋은 퀄리티를 자랑하는 스파클링 와인이다.

브레간제 Breganze **DOC**

이 DOC의 스틸 와인들은 평범하기 짝이 없다. 하지만 단 하나의 와인이 굉장히 특별하다. 베네토 토착 품종인 베스파이올라 Vespaiola로 만드는 스위트 와인 토르콜라토 Torcolato가 주인공이다. 품종의 어원은 벌(Vespa)에서 유래됐다. 포도의 당도가 워낙 높아 수확기에 벌들이 모여 든 것에서 이름이 탄생한 것. 베스파이올라는 베네토 북서부 지역에서 집중적으로 재배되고 있다. 보통 포도를 건조시켜서 만드는 스위트 와인, 즉 파씨토로 탄생된다.

베네토
추천! 와이너리
Recommended Wineries

˚ 베르타니 Bertani

베르타니는 지오반 바띠스타 베르타니Giovan Battista Bertani 와 가에타노 베르타니Gaetano Bertani 두 형제가 베로나의 북쪽 퀸토 디 발판테나Quinto di Valpantena에 1857년 설립한 와이너리다. 베르타니가 설립 초기부터 독보적인 명성을 얻게 된 데에는 가에타노의 역할이 컸다고 할 수 있다. 과거 가에타노는 이탈리아 통일 운동에 가담했다가 프랑스로 일종의 정치적 망명을 떠났다. 그는 부르고뉴에서 운 좋게 쥘 귀요 박사를 만나면서 프랑스의 선진화된 포도 재배 방식과 와인메이킹 기술을 배워서 돌아왔다. 시작부터 남달랐던 두 형제의 와이너리는 빠르게 성장했다. 설립 3년 후인 1860년, 프랑스에서 배운 선진화된 양조기술로 완전히 발효시켜 드라이하게 만든 세꼬(Secco; 이탈리아어로 드라이하다는 의미) 베르타니를 소개했다. 이 와인은 1889년 베로나 농업 아카데미에서 금메달을 획득하는 동시에, 이 와인을 주제로 한 심포지엄까지 열리면서 일약 베네토의 스타 와이너리로 발돋움하게 된다. 이후 베르타니는 사보이 왕실로부터 Royal Warranty를 획득했고, 왕실의 문장을 와인병에 넣을 수 있도록 허가된 와이너리로 또 한 번 명성을 높였다. 또한, 베르타니는 1959년 레치오토 세꼬 아마로네Recioto Secco Amarone라는 이름으로 와인을 판매한 최초의 아마로네 생산자 중 한 명이다.

◎ 베로나에서 차로 약 20분
🏠 1, Via Asiago, 37023 Grezzana (VR)
📞 +39 04 58 65 84 74
🕘 월~토 9:00~12:30, 15:00~19:00
📧 전화 혹은 이메일(bertani@bertani.net)로 사전 예약 필수
🌐 www.bertani.net

추천 와인

역사적인 와인 세꼬 베르타니를 추천한다. 현재는 코르비나와 산지오베제, 그리고 국제 품종인 시라와 까베르네 소비뇽이 고루고루 블렌딩 된다. 다만 국제 품종 블렌딩 때문에 IGT 등급으로 유통된다. 와이너리의 소울과도 같은 와인으로, 15일 동안 스테인리스 스틸 탱크에서 침용 및 발효 후 미디엄 사이즈의 슬로베니안 오크와 프렌치 바리크에서 18개월 동안 숙성시킨다. 가격은 15유로 내외.

보스카이니 카를로 Boscaini Carlo

사방이 포도밭에 둘러싸여 있는 작은 시골 마을에 그림 같이 자리한 와이너리. 보스카이니 카를로는 이 와이너리를 설립한 사람의 이름이다. 현 오너인 아르투로 에르네스토 Arturo Ernesto의 아버지로, 그는 임대한 포도밭에서 와인을 만들어 오다 1948년 지금의 와이너리를 자신의 소유로 만들었다. 그의 철학은 단순했다. '내 가족이 먹어도 좋을 와인'을 만드는 것. 실제로 그는 매일 자신이 만든 와인을 마시면서 102세까지 장수했다. 아버지와 함께 어린 시절부터 와인을 만들어 온 아르투로는 포도밭에서는 선대에게 배운 전통적인 방식으로 일하는 한편, 양조장에서는 새로운 양조 기술을 적극적으로 도입하면서 신구가 함께 하는 건강한 와인을 만들고 있다. 와이너리는 1990년부터 1996년까지 포도밭과 양조장에서 대대적인 리뉴얼을 거쳤고, 아트루로의 아들 카를로 Carlo와 마리오 Mario가 합류해 새로운 전기를 맞이하고 있다. 포도밭은 와이너리 근처에 5개의 구획으로 개별 관리되고 있으며, 특히 산 지오르지오 S.Giorgio 포도밭에서 탄생하는 아마로네가 와이너리를 대표하는 와인이다.

추천 와인

아마로네가 25유로로 적당한 가격이라 추천한다. 작은 박스에서 90~120일 정도 건조한 포도를 사용하며 20~40일 동안 저온 침용을 거친다. 24~30개월 동안 오크 배럴, 병에서 3개월 동안 숙성 후 출시한다. 오렌지 가넷 컬러. 블랙베리, 흙, 담배, 나무, 스모키, 시가, 원두 향이 올라오며, 파워풀하게 입안을 조여오는 결이 고운 타닌과 긴 여운을 느낄 수 있다.

- 베로나에서 차로 약 40분
- 15, Via Sengia, 37015 S. Ambrogio di Valpolicella (VR)
- +39 04 57 73 14 12
- 소규모 와이너리라 예약 권장
- 전화나 이메일(vino@boscainicarlo.it)로 사전 예약
- www.boscainicarlo.it

˚테데스키 Tedeschi

1630년부터 약 4세기에 걸쳐 발폴리첼라 지역에서 와인 비즈니스를 해오고 있는 역사적인 와인 가문. 테데스키는 가문의 이름이다. 이 이름으로 회사를 처음 설립한 건 1824년 니꼴로 테데스키 Niccolo Tedeschi에 의해서다. 와이너리의 명성을 끌어올린 인물은 현 오너들의 아버지인 로렌조 Lorenzo이며, 그의 자식들인 5대손 안토니에따Antonietta, 사브리나Sabrina, 리까르도Riccardo가 와이너리를 운영하고 있다. 테데스키 와이너리의 가장 큰 특징이라면 역시 싱글 빈야드. 그중 몬테 올미Monte Olmi 포도밭에서 탄생하는 아마로네는 떼루아의 진정성을 담고 있는 아마로네로 세계적인 명성을 지니고 있다. 이 포도밭은 로렌조가 1918년 구입한 포도밭이다. 이 포도밭의 포도가 다른 곳보다 훨씬 퀄리티가 좋다는 것을 깨달은 로렌조는 처음부터 따로 분리해서 와인을 만들었다. 그리고 1964년 발폴리첼라에서는 최초로 포도밭 이름을 레이블에 넣은 싱글 빈야드 와인을 탄생시켰다. 이 포도밭은 지금도 여전히 와이너리를 대표하는 아마로네 카피텔 몬테 올미 아마로네Capitel Monte Olmi Amarone를 탄생시키는 보물이다. 테데스키는 2000년대부터 본격적으로 그들이 소유한 모든 포도밭을 과학적으로 분석해서 몇 개의 싱글 빈야드를 더 탄생시켰다. 그중 꼭 언급해야 하는 포도밭이 7ha 넓이의 라 파브리세리아La Fabriseria다. 해발 고도 450m, 남동향의 가파른 언덕에 위치한 이 포도밭에서 테데스키의 또 다른 대표 아마로네가 탄생한다.

추천 와인

가격이 싸지는 않지만, 와이너리의 대표 아마로네 몬테 올미는 이곳에 왔다면 반드시 마셔봐야 할 와인이다. 4개월 동안 포도를 건조하며, 슬라보니안 배럴에서 4년, 병에서 12개월을 숙성시켰다. 파워풀한 타닌과 묵직한 바디감, 뛰어난 균형감, 끝나지 않을 것 같은 긴 여운까지 잘 숙성된 와인의 모든 면모를 보여주며, 앞으로의 잠재 숙성력까지 충분히 느낄 수 있다. 가격은 60유로 내외.

- 베로나에서 차로 약 30분
- 4, Via Giuseppe Verdi, 37029 Pedemonte (VR)
- +39 04 57 70 14 87
- 월~금 9:00~12:00, 14:00~18:00
- 반드시 홈페이지나 전화 혹은 이메일(tour@tedeschiwines.com)을 통한 사전 예약
- www.tedeschiwines.com

이나마 Inama

소아베 지역에서 TOP 5에 꼽히는 와이너리. 설립자는 쥬세뻬 이나마Giuseppe Inama다. 이탈리아 북부 트렌티노 출신인 그는 지역의 농업 진흥청에서 공부한 뒤 1948년 소아베 지역의 거장인 안셀미Anselmi에 입사해서 35년간 성공적인 커리어를 쌓았다. 쥬세뻬는 1965년부터 틈틈이 포도밭을 구매해서 산 보니파치오에 지금의 와이너리를 설립하게 됐다. 주변 사람들은 당연하게도 그가 소아베 와인을 생산할 것으로 생각했지만, 쥬세뻬는 오히려 자신의 고향에서 가져온 소비뇽 블랑에 집중했다. 몇 번의 시행착오 끝에 1991년 소아베 지역 최초의 소비뇽 블랑 와인을 탄생시켰고, 지금은 와이너리를 대표하는 화이트 와인으로 자리 잡았다. 이외에도 이나마가 집중하는 것은 까르메네르다. 지금은 칠레의 대표 레드 품종으로 인식되고 있지만, 까르메네르는 이탈리아에서도 재미있는 행보를 보여줬다. 19세기 초반에 이탈리아로 유입된 까르메네르는 오랜 시간 까베르네 프랑으로 오인 받았었다. 이후 학자들의 노력으로 실체가 밝혀지게 됐다. 이나마는 다년간의 연구를 거쳐 콜리 베리치Colli Berici에 위치한 세 곳의 포도밭을 명확히 구분지었고, 1997년 까베르네 소비뇽과 까르메네르가 블렌딩 된 브라디시스모Bradisismo를 출시했다. 2009년에는 까르메네르 100%로 만든 와인을 출시하면서 그들의 까르메네르 사랑을 전 세계에 알렸다. 물론 이나마의 소아베 와인도 훌륭하지만, 화이트 와인 천지인 이 지역에서 까르메네르의 존재는 보석과도 같다.

추천 와인

소아베의 퀄리티도 훌륭하지만, 본문에 언급한 소비뇽 블랑과 까르메네르를 더 추천한다. 소비뇽 블랑은 불카이아 푸메Vulcaia Fume를, 까르메네르는 오라토리오 디 산 로렌조 콜리 베치리 까르메네르 리제르바Oratorio di San Lorenzo Colli Berici Carmenere Riserva가 훌륭하다. 소비뇽 블랑은 프랑스 푸이 퓌메를 연상케 하는 미네랄 풍미가 폭발적으로 올라온다. 까르메네르는 파워풀하게 입안을 조여오는 타닌, 미디엄 플러스 이상의 바디감과 긴 여운까지 고급 와인의 면모를 보인다. 가격은 소비뇽 블랑 25유로 내외, 까르메네르 40유로 내외.

베로나에서 차로 약 40분
50, Localita Biacche, 37047 San Bonifacio (VR)
+39 04 56 10 43 43
월~금 10:00~12:00, 14:00~17:00
25, 40, 60유로 투어 선택 가능. 반드시 이메일(visit@inama.wine)을 통한 사전 예약
www.inama.wine

˚쥬세뻬 퀸타렐리 Giuseppe Quintarelli

발폴리첼라 지역을 대표하는 전설적인 와이너리. 이 와이너리를 설립한 쥬세뻬 퀸타렐리가 2012년 84세의 일기로 세상을 떠났을 때 전 세계 와인 애호가들이 그의 죽음을 애도했다. 또한, 달 포르노 로마노의 설립자인 로마노는 '그는 나에게 길이자 빛이었고, 내가 하고 싶은 것을 할 수 있게 만들어 준 심벌이다'고 이야기했다. 퀸타렐리 가족이 와이너리가 위치한 체레에 거주하기 시작한 것은 1차 세계대전이 끝난 후 1924년부터다. 쥬세뻬는 1950년부터 아버지의 와이너리에서 일을 돕기 시작했고, 포도밭과 양조장에서 갖가지 혁신을 이루어내면서 지역의 우수한 양조자로 빛나기 시작했다. 한 마디로 쥬세뻬는 굉장히 전통적인 생산자인 동시에 진보적인 생각을 지닌 사람이다. 그는 1950년부터 1984년까지는 아버지에게 물려받은 오래된 포도밭에서 아마로네나 발폴리첼라, 레치오토 같은 전통적인 와인만을 생산했다. 아마로네의 경우 극심하게 선별한 포도만을 슬로베니안 오크 배럴에서 7년을 숙성시킨 다음, 레이블은 수작업으로 만들어 출시했다. 그래서 한때 퀸타렐리의 와인은 같은 빈티지라도 같은 와인은 없다고 이야기했을 정도. 그러던 쥬세뻬는 1980년대 중반 이후부터 까베르네 소비뇽, 까베르네 프랑 같은 국제 품종은 물론, 잊혀가던 베네토 전통 품종인 크로아티나Croatina와 사오린Saorin을 소개했다. 심지어 네비올로나 산지오베제까지 재배하는 파격적인 행보를 보여줬다. 화이트 품종도 적극적으로 도입했는데, 가르가네가, 트레비아노 토스카노, 소비뇽 블랑, 샤르도네를 일부 재배하면서 발폴리첼라 최초의 드라이 화이트 와인을 소개했다. 그의 사후 와이너리는 여전히 퀸타렐리 자손들이 운영하고 있다.

◎ 베로나에서 차로 약 30분
🏠 1, Via Cerè, 37024 Negrar (VR)
📞 +39 04 57 50 00 16
🕐 사전 예약에 한해서 오픈
📧 전화나 이메일(giuseppe.quintarelli@tin.it)을 통한 사전 예약
🍷 없음

추천 와인

달 포르노 로마노와 비교하자면 쥬세뻬 퀸타렐리의 와인들은 섬세하고 우아하다. 이 특징을 가장 쉽게 이해할 수 있는 와인은 가장 기본이 되는 발폴리첼라 클라시코 수페리오레다. 코르비나, 론디넬라, 몰리나라, 코르비노네까지, 지역의 전통 품종을 골고루 블렌딩 해서 만들어진 지극히 정성적인 발폴리첼라 와인이다. 가격은 50유로 내외.

°지니 Gini

와이너리를 설립한 지니 가문은 역사가 1500년대까지 거슬러 올라가는 소아베 지역의 터줏대감이다. 17~18세기에 발견된 고문서에 따르면 지니 가문이 소아베 지역의 노른자위 땅인 살바렌자를 비롯해 여러 포도밭을 소유해 왔다고 전해진다. 이런 역사가 현재 지니 와인에 특별함을 더해주고 있는 셈. 지니의 근대 와인 역사는 현 오너의 할아버지인 쥬세뻬Giuseppe로부터 시작된다. 몬테포르테 달포네의 유명 와인메이커였던 그는 인근에서 와인을 만드는 사람들의 정신적 멘토였다. 당시에는 가정마다 마실 와인을 직접 만들던 시기였고, 막히는 일이 있으면 늘 쥬세뻬에게 와서 조언을 구했다고 한다. 하지만 불행하게도 그는 세상을 일찍 떠났고, 그의 아들 오린토Olinto는 불과 16세의 나이에 가업을 이어가야 했다. 오린토는 말이 끄는 마차에 와인을 싣고 베로나 같은 큰 도시에서 와인을 팔아 생계를 유지했다. 종종 그는 말이 이끄는 수레에 잠이 들어 집까지 돌아왔다고 한다. 하지만 그에게는 선조들이 물려준 훌륭한 포도밭이 있었다. 마침 1970년대는 이탈리아의 경제가 급성장하던 시기였고, 지니가 소유한 포도밭은 소아베 클라시코 존에 속하게 되었다. 또한, 미국이나 다른 국가로의 수출 길도 열려서 와이너리는 꾸준히 성장하게 된다. 특히 그는 포도밭을 친환경적으로 관리하는 데 관심이 많았다. 살충제나 제초제의 사용을 자제하고 천연 물질로만 포도밭을 관리했다. 참고로 지니는 2015년부터 올 가닉으로 공식 인증을 받은 친환경 와이너리다. 그뿐만 아니라 1979년 지역 내 최초로 온도 조절이 되는 탱크를 개발한 선구자적인 와이너리다.

- 베로나에서 차로 약 40분
- 42, Via Matteotti, 37032 Monteforte d'Alpone (VR)
- +39 04 57 61 19 08
- 월~금, 9:00~12:00, 15:00~18:00
- 홈페이지를 통해 사전 예약 필수
- www.ginivini.com

추천 와인

소아베를 싸구려 이탈리아 화이트 와인으로 알고 있다면, 지니의 소아베를 마셔보기를 추천한다. 모든 와인들이 훌륭하지만, 가격까지 무난한 라 프로스카La Frosca를 추천한다. 영한 빈티지도 훌륭하지만, 특히 10년 정도 지난 올드 빈티지는 왜 지니의 소아베를 와인 애호가들이 추앙하는지 훌륭히 증명한다. 유질감이 잘 살아있는 우아한 스타일로, 긴 여운을 느낄 수 있다. 가격은 보통 20유로 내외.

달 포르노 로마노 Dal Forno Romano

와이너리의 역사가 40년이 채 안 됐다는 걸 상기하면, 이 와이너리가 이룩한 세계적인 명성이 놀라울 따름이다. 하지만 이들이 생산하는 세 종의 와인을 한 모금이라도 마셔본 이들이라면 역사와는 관계없이 왜 그들이 세계의 와인 애호가들의 워너비가 됐는지 바로 알 수 있다. 와이너리는 동명의 로마노 달 포르노가 1983년 설립했다. 흥미롭게도 로마노는 어렸을 때 와인에 관심이 전혀 없었다고 한다. 본래는 버스 운전사를 하려고 시험을 봤지만, 경쟁률이 높았고 소질이 없었는지 낙방하게 되면서, 결국 와이프와 함께 선택한 것이 와인메이킹이었다. 달 포르노 가문은 본래 와인을 만들어왔지만, 로마노는 포도 재배나 와인메이킹을 제대로 공부해 본 적이 없었기 때문에 도움이 필요했다. 그리고 그가 도움을 청하러 간 사람이 바로 베네토 와인 산업의 전설 쥬세뻬 퀸타렐리Giuseppe Quintarelli다. 여기서 중요한 포인트는 쥬세뻬의 가르침을 받았다고 해서 그의 섬세한 와인 스타일과 같은 방향을 고수했다는 것은 아니다. 로마노의 와인은 고도로 응집된 파워풀하고 화려한 와인이다. 예를 들어 보통 포도나무 하나당 포도송이 한 개만 살리는 극심한 그린 하베스트를 지향하고, 수확 때도 까다롭게 포도를 선별한다. 때문에 아마로네의 경우 약 100kg의 포도에서 겨우 15리터의 주스만을 얻는다. 달 포르노는 연간 약 5만 병의 와인만 생산한다. 이중 아마로네는 겨우 2만 병. 수요는 많은데 공급이 한없이 부족해서 가격이 비싸기로 유명하다.

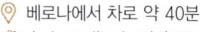

추천 와인

세 가지 와인만 생산한다. 상위 두 와인은 가격이 꽤 높은 편이라 가장 기본이 되는 비녜토 몬테 로돌레따 발폴리첼라 수페리오레Vigneto Monte Lodoletta Valpolicella Superiore가 적당하다. 이 와인은 베네토의 와인 등급으로만 따지면 중급 정도지만, 다른 와이너리의 최고급 와인인 일반 아마로네보다 몇 배는 더 응집되고 화려한 스타일을 자랑한다. 매우 파워풀한 스타일이기 때문에 별다른 안주 없이 와인 자체로만 천천히 즐기는 명상 와인이라고 생각이 될 정도. 가격은 80유로 내외다. 만약 자금 사정이 허락된다면 이들이 생산하는 세 가지 와인을 모두 마셔 보기를 강력히 추천한다.

- 베로나에서 차로 약 40분
- 1, Localita Lodoletta, 37031 Cellore d'Illasi (VR)
- +39 04 57 83 49 23
- 사전 예약에 한해서만 오픈
- 전화나 이메일(info@dalfornoromano.it)로 반드시 사전 예약
- eng.dalfornoromano.it

°마시 Masi

베네토는 물론 이탈리아를 대표하는 와이너리. 이들의 아마로네는 퀸타렐리나 달 포르노 로마노만큼의 명성을 지녔으며, 자체로 명품으로 꼽힌다. 현재 마시는 베네토에만 세 군데에 거점이 있고, 심지어 아르헨티나 멘도사에도 포도밭을 가지고 있는 글로벌 와이너리다. 마시는 1772년 보스카이니Boscaini 가문이 베네토 발폴리첼라의 핵심 지역에 첫 포도밭(Vaio dei Masi)를 매입하면서 시작을 알렸다. 바로 이 포도밭의 이름이 와이너리 이름이 된 셈이다. 참고로 이들이 생산하는 프리미엄 아마로네 중에서 바이오Vaio가 있다. 마시의 역사에서 매우 흥미로운 점은 이 와이너리가 시인이자 작가였던 단테와 관련이 있다는 것이다. 단테가 정치적인 이유로 토스카나에서 쫓겨났을 때 이주한 곳이 베네토였고, 그때부터 그의 가문은 와인을 만들어왔었다. 오랜 시간이 지난 후 단테의 후손들은 보스카이니 가문과 손을 잡으면서 그들의 와인들은 마시의 이름 아래 출시되고 있다. 마시의 세 군데 거점 중 세레고 알리기에리Serego Alighieri에 여전히 단테의 후손들이 거주하고 있고, 이곳의 와인 샵에서 와인을 테이스팅할 수 있다. 마시에서 독자 개발한 더블 퍼

먼테이션도 언급할 만하다. 신선한 와인에 아파씨멘토를 거친 말린 포도의 부산물을 넣어서 이중 발효하는 것. 이를 리파쏘 공법이라 부른다. 현재 산드로 보스카이니Sandro Boscaini가 마시의 사장 및 매니징 디렉터로 활동하고 있고, 그의 딸 알레싼드리아Alessandria가 세일즈와 운영을 도맡아 하고 있다.

추천 와인

모든 와인을 추천하지만, 현지에서만 맛볼 수 있는 오사르Osar를 추천한다. 발폴리첼라에서 핫하게 떠오르고 있는 품종인 오셀레타 100%로 만든 와인이다. 이 품종만으로 만든 레드 와인은 현지에서도 매우 드물기 때문에 꼭 마셔보기를 권한다. 품종 자체에 타닌이 많고, 매우 독특한 다크 베리의 뉘앙스가 강렬하기 때문에 호불호가 갈릴 수 있으나 멋진 경험이 될 것이다. 가격은 40유로 내외.

- 베로나에서 차로 약 30분
- 26, Via Monteleone, 37015 Gargagnago di Valpolicella (VR)
- +39 04 57 70 36 22
- 방문할 수 있는 세 곳의 에스테이트가 있으니 홈페이지에서 확인
- 방문지마다 투어와 가격이 상이하니 홈페이지 확인
- www.masi.it

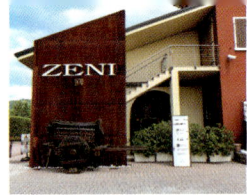

°제니 Zeni

이탈리아 최대 규모의 호수 가르다 근처에 있어서 호수 관광과 와인 테이스팅까지 한 번에 엮기 좋은 와이너리다. 특히 와인 박물관과 무료 테이스팅을 겸하고 있어 더욱 추천한다. 와이너리의 역사는 현 오너인 가에타노Gaetano의 할아버지 바르톨로메오 제니Bartolomeo Zeni로부터 시작된다. 짐 마차꾼이었던 그는 여러 물건을 싣고 다니면서 근교 마을에 파는 일을 했다. 물론 와인도 유통하던 물건 중 하나였는데, 후에 그의 아들 가에타노가 와인 브로커를 하면서 본격적으로 와인 산업에 뛰어들게 되었다. 나중에 후손인 니노Nino가 오너로 부임하면서 와이너리는 수출길도 열리고 급성장하기 시작했다. 이후 와이너리를 현재의 가르다호수로 옮겨서 와인 박물관과 으리으리한 지하 와인 셀러까지 완공하면서 지역의 명소가 되었다. 와인 퀄리티도 언제나 일정하고 좋은 수준을 유지해서 국내외 다양한 컴피티션에서 메달을 획득했다. 최근에는 《Decanter》 어워드에서 제니의 아마로네가 플래티넘 메달을 거머쥐었다.

⊙ 베로나에서 차로 약 40분
⌂ 9, Via Costabella, 37011 Bardolino (VR)
☎ +39 04 57 21 00 22
🕐 08:00~12:00, 14:00~18:00
📷 시즌마다 투어 내용이 달라지니 홈페이지 확인 및 이메일(lora@zeni.it) 문의
🌐 www.zeni.it

추천 와인

와이너리가 위치한 가르다호수 근처는 바르돌리노 DOC 와인 산지가 핵심이다. 때문에 제니에서 생산하는 다채로운 와인들 중 가장 클래식한 와인도 바르돌리노 클라시코다. 바르돌리노 DOC에서 기본이 되는 품종은 아마로네의 주력 품종인 코르비나, 론디넬라, 몰리나라로 같다. 바디감이 가볍다는 단점이 있지만, 가격은 저렴하다. 음식과 편안하게 즐기는 와인으로 추천한다. 가격은 10유로 내외.

°구에리에리 리자르디 Guerrieri Rizzardi

와이너리 이름은 베네토 지역의 두 백작 구에리에리와 리자르디 가문의 결혼으로 탄생했다. 본래 두 가문 모두 오랜 시간 동안 포도를 재배하고 와인을 만들어 왔던 곳이다. 구에리에리는 현재 와이너리가 위치한 바르돌리노 지역의 와인 터줏대감이었고, 리자르디 백작은 발폴리첼라 지역의 노른자위 땅 네그랄에서 1649년부터 포도를 재배해 온 유서 깊은 와인 가문이다. 두 가문의 노하우가 한 와이너리에 모이면서 날개를 달게 된 것. 두 이름이 뭉치게 된 건 1913년이고, 구에리에리 리자르디라는 이름으로 와인을 출시한 건 이듬해인 1914년이다. 1970년대에는 소아베 지역과 트렌토의 발다디제에 두 개의 추가 에스테이트를 마련했고, 2011년에는 지금의 와이너리를 새롭게 건축하면서 시설을 모던화했다. 와인 여행자 입장에서는 방문하지 않을 이유가 없는 곳이다. 매력적인 관광지인 가르다호수 근처에 있어 호수 관광과 엮어 겸사겸사 방문하기도 좋다. 와인 시음은 무료이며, 심지어 와인 퀄리티도 근방에서는 가장 좋다는 평가를 받는다.

- ⊙ 베로나에서 차로 약 40분
- ⌂ 2, Strada Campazzi, 37011 Bardolino (VR)
- ☏ +39 04 57 21 00 28
- 매일 10:00~18:30
- 다채로운 투어 옵션이 있으니 홈페이지 확인
- guerrieririzzardi.it

추천 와인

바르돌리노 DOC가 주력이기는 하지만, 그보다는 최상위 와인 중 하나인 칼카롤레 아마로네 델라 발폴리첼라 Calcarole Amarone della Valpolicella Classico를 추천한다. 독특하게 피에몬테 지역의 주력 품종인 바르베라가 약간 블렌딩 되었다. 파워풀하고 묵직한 질감, 긴 여운을 느낄 수 있는 와인이다. 가격은 60유로 내외.

°지메 Zýmē

독특한 이름의 지메는 그리스어로 효모를 뜻한다. 효모는 포도즙을 와인으로 만드는 마법사로, 오너이자 와인메이커인 체레스티노 가스파리Celestino Gaspari의 와인에 대한 열정을 담은 이름이다. 와이너리에서 가장 눈여겨볼 것은 체레스티노의 경력이다. 본래 농사를 짓던 가족 밑에서 자란 그는 어렸을 때부터 포도 재배에 능숙했고, 이와 관련해서 다채로운 경력을 쌓았다. 가장 눈에 띄는 부분은 그가 베네토의 전설적인 와인메이커 쥬세빼 퀸타렐리의 사위라는 것. 20살이 되던 해 그의 인생을 송두리째 바꾼 쥬세빼 퀸타렐리를 만났고, 그의 밑에서 1987년부터 1997년까지 10년 동안 일을 배우면서 진정한 와인메이커로 거듭났다. 그리고 그의 딸과 결혼하면서 일과 사랑을 모두 쟁취했다. 지메를 설립한 건 쥬세빼 퀸타렐리를 떠나고 2년 뒤인 1999년. 다소 전통적인 스타일의 쥬세빼 퀸타렐리와는 달리 지메는 온통 혁신으로 무장한 매우 신선한 와이너리다. 적포도로 화이트 와인을 만드는가 하면, 드문 품종인 오셀레타 100% 와인을 선보인다. 또한, 적포도와 청포도 등 16개 품종을 블렌딩한 와인을 생산하기도 한다. 과거 채석장이었던 곳을 개조한 와이너리는 자연에서 비롯된 천연 재료로 만들어진 자연친화적인 와이너리다. 와이너리의 운영 철학 또한 지속 가능한 포도 재배를 지향하고 있다.

- 베로나에서 차로 약 30분
- 1, Via Cà del Pipa, 37029 San Pietro in Cariano (VR)
- +39 04 57 70 11 08
- 월~토, 09:00~12:30, 14:00~18:00
- 홈페이지나 이메일(tour@zyme.it)로 사전 예약 필수
- www.zyme.it

추천 와인

독특한 모자이크 레이블이 시선을 끄는 카이로스Kairos를 적극적으로 추천한다. 베네토라는 다소 전통적인 와인 시장에서 쉽게 찾아볼 수 없는 매우 독특한 와인이다. 이 와인을 만드는 데 사용한 포도종만 무려 16가지이며, 심지어 적포도와 청포도가 골고루 섞여 있다. 이 모든 포도 품종은 개별 포도밭에서 수확해 개별 양조한 뒤 가스파리의 감각으로 블렌딩 된다. 파워풀한 타닌의 묵직한 스케일이 입을 압도한다. 가격은 100유로 내외.

테누타 산트안토니오 Tenuta Sant'Antonio

로미오와 줄리엣의 도시 베로나에 숙소를 잡았다면 한 번은 꼭 방문해보기를 추천하는 와이너리다. 와이너리는 아름다운 시골 마을에 있다. 와이너리가 위치한 포도밭 언덕에 서면 저 멀리 베로나 시내가 손에 잡힐 것처럼 보인다. 베네토 레드 와인의 노른자위인 발폴리첼라 지역에 있는 만큼 아마로네, 발폴리첼라 수페리오레 같은 매우 전통적인 와인들도 생산하지만, 스카이아Scaia와 텔로스Telos라는 독특하고 개성 있는 라인 업도 선보이고 있는 젊은 감각의 와이너리다. 와이너리 역사는 길지 않다. 1989년 아르만도Armando, 티지아노Tiziano, 파올로Paolo, 마씨모 카스타녜디Massimo Castagnedi 4형제가 함께 설립했고, 와이너리 이름은 아들들에게 기반을 마련해 준 그들의 아버지 안토니오 카스타녜디Antonio Castagnedi에서 따 왔다. 역사는 길지 않지만, 이산화황 무첨가 와인 텔로스와 특유의 석회암 토양에서 자란 포도로만 만든 스카이아 와인들에서 노하우와 철학을 느껴볼 수 있다. 특히, 순수하고 깔끔한 이미지의 스카이아의 경우 코르크나 스크류 캡을 거부하고 유리로 만든 최신 와인 병마개인 비노락만 고집한다. 한국에서도 꽤 많은 마니아를 확보한 산트안토니오 와이너리의 간판 와인이라 할 수 있다.

추천 와인

단연코 스카이아 비앙코Scaia Bianco를 추천한다. 10.5유로라는 저렴한 가격으로 현지에서 판매하고 있지만, 깔끔하고 순수함을 느낄 수 있는 향과 맛은 가격대비 최고의 수준을 자랑한다. 베네토의 전통적인 화이트 품종인 가르가네가와 샤르도네가 반반씩 섞였다.

- 베로나에서 차로 약 30분
- Via Monti Garbi, San Briccio, 37030 Lavagno (VR)
- +39 04 58 74 06 82
- 사전 예약자에 한해 오픈
- 20유로~, 자세한 내용은 홈페이지 확인
- www.tenutasantantonio.it

˚ 산티 Santi

200년에 가까운 역사를 지니고 있는 베네토의 와인 터줏대감. 와이너리는 카를로 산티Carlo Santi에 의해서 1843년 설립되었다. 이후 산티는 포도밭과 와인메이킹 분야에서 여러 혁신적인 일들을 이루어냈다. 특히, 1930년대 프랑스 샴페인 제조 기술을 접목한 프리미엄 스파클링 와인 공정 라인을 도입한 선구자적인 와이너리다. 1974년 Gruppo Italiano Vini에 속하게 되면서 전면적인 시설 리노베이션을 진행했고 마케팅에도 힘을 싣게 된다. 산티가 추구하는 철학은 크게 두 가지다. 첫째, 코르비나 품종에 대한 헌신. 코르비나는 베네토의 명품 와인 아마로네를 구성하는 가장 중요한 품종으로, 산티는 우디네 대학과 긴밀히 협조하면서 이 품종의 산화에 대한 공동 연구를 진행 중이다. 둘째, 대형 오크 배럴에서의 숙성. 225리터 프렌치 오크를 배제하고, 이탈리아 전통 와인 숙성 방식을 고집한다. 보통 25~80헥토리터 용량의 오크통을 사용하는데, 이 경우 와인 본연의 향과 맛을 더 내는 편이고, 섬세한 스타일의 와인을 만들게 된다. 또한, 오크통 재료는 현지에서 공수한 체리, 체스트넛, 아카시아 나무만 사용한다. 다분히 로컬 지향적인 와이너리라 할 수 있다.

- 베로나에서 차로 약 40분
- 33, Via Ungheria, 37031 Illasi (VR)
- +39 04 56 52 90 68
- 월~금 09:00~16:00
- 홈페이지의 'CONTACT'를 통한 사전 예약 필수
- www.gruppoitalianovini.it

추천 와인

대표 와인은 역시 아마로네이지만, 발도비아데네 프로세꼬 수페리오레Valdobbiadene Prosecco Superiore를 추천한다. 베네토 지역 특산 스파클링 와인을 프로세꼬라고 부르며, 산티의 프로세꼬는 퀄리티가 꽤 좋다. 자글자글한 기포와 라임, 자몽, 청사과의 시트러스, 산뜻함이 일품이다. 가격은 10.5유로 내외.

비솔 Bisol

비솔이 설립된 연도는 1542년이다. 5세기 동안 오로지 비솔 가문에 의해서 와인을 만들어 온 역사적인 와이너리로, 지금은 21대손이 와이너리를 이끌고 있다. 비솔 가문은 현 오너의 할아버지였던 데시데리오Desiderio 때부터 본격적으로 지역의 좋은 포도밭을 사들였다. 그중 가문의 역사와 궤를 같이했던 카르티쩨Cartizze는 비솔 가문이 자랑하는 최고급 프로세꼬 생산지라 할 수 있다. 쉽게 말해서 카르티쩨는 발도비아데네-코넬리아노 와인 산지의 그랑 크뤼 포도밭이다. 보통 이 지역의 최고급 포도밭들은 구릉에 자리잡고 있다. 카르티쩨도 전형적인 구릉(해발 300m)으로 이루어져 있다. 경사가 매우 가파르므로 기계 사용이 불가능해서 포도 재배 및 관리, 수확을 오로지 인력으로만 해야 한다. 포도밭은 남향이라 햇볕이 오래 잘 들고 토양의 배수가 좋아서 질 좋은 포도를 수확할 수 있다. 참고로 카르티쩨의 넓이는 총 107ha이고, 이를 104곳의 와이너리 및 포도 재배자들이 나눠 가지고 있다. 이중 비솔은 총 3ha의 포도밭을 소유하고 있는데, 이는 104곳 중 가장 큰 규모다. 카르티쩨에서 재배된 포도로 만든 프로세꼬가 비솔의 시그니처 와인이며, 비솔 전체 와인 생산량 중 1% 미만의 프리미엄 와인이다.

○ 베로나에서 차로 약 1시간 30분
33, Via Follo Santo Stefano di Valdobbiadene, 31049 Treviso (TV)
+39 04 23 90 01 38
월~토 10:00~13:00, 15:00~18:00, 일 10:00~13:00
전화나 이메일(accoglienza@bisol.it)로 사전 예약
www.bisol.it

추천 와인

비솔이 선보이는 프로세꼬의 흥미로운 점은 글레라라는 품종 하나로 만들어지지만, 떼루아 특성에 따라 놀랍도록 다채로운 특성을 보여준다는 점이다. 그중 카르티쩨는 테이스팅할 가치가 충분한 프로세꼬다. 흰 꽃 향과 조밀한 기포가 매우 매력적이다. 가격은 25유로 내외.

° 미오네또 Mionetto

미오네또는 1887년 동명의 프란체스코 미오네또 Francesco Mionetto가 설립한 와이너리다. 와이너리의 철학은 전통을 지키면서 새로운 양조 시설을 적극적으로 도입하는 것. 전통은 이 지역에서 오랫동안 고집해 온 스푸만테, 그중에서도 글레라 품종으로 만드는 프로세꼬만 고집해 온 것이다. 또한, 선조부터 대대로 근방의 질 좋은 포도를 공급하는 농부들과 끈끈한 유대관계를 이어오고 관리한다는 것도 중요한 포인트. 혁신이라면 1982년부터 고압증기멸균 발효조(Autoclave Fermentation)를 도입한 샤르마 방식(밀폐 탱크에서 발효해 기포를 가두는 방식)으로 신선하고 아로마틱한 프로세꼬를 만들어 왔다는 점이다. 1차 발효를 샤르마 방법으로 한 뒤 병에서 2차 발효를 하지 않고, 다시 고압증기멸균 발효조에서 한다는 점도 특이하다. 미오네또는 2008년 독일의 국가대표 스파클링 와인 업체 헨켈Henkell에 인수되면서 새로운 전기를 맞이했다. 헨켈은 세계적인 규모를 자랑하는 곳이라 미오네또가 세계를 무대로 활동할 수 있는 입지를 마련해주고, 미오네또의 홍보를 책임지고 있다. 또한, 미오네또는 미국의 유명한 경제 매거진인 《IMPACT》의 Hot Brand에 2009년부터 2014년까지 6년 연속 꼽히기도 했다.

추천 와인

굉장히 다채로운 스타일의 프로세꼬를 생산한다. 특히, 럭셔리 라인의 퀄리티가 매우 우수하다. 그중에서도 퀴베 세르지오 로제Cuvee Sergio Rose 1887을 추천한다. 보통 글레라로 만들어지는 대부분의 프로세꼬와 달리 라그레인Lagrein, 라보조 베로네제Raboso Veronese라는 독특한 레드 품종으로 만들어진다. 라즈베리, 산딸기, 은은한 꽃 향이 매우 매력적이다. 가격은 15유로 내외.

- 베니스에서 차로 약 1시간 30분
- 2, Via Colderove, 31049 Valdobbiadene (TV)
- +39 04 23 97 08 13
- 월~금 09:00~18:30, 토 09:00~13:00
- 가이드 투어는 이메일(wineshop@mionetto.it)로 사전 예약
- it.mionetto.com

º 라 토르데라 La Tordera

와이너리 이름 Tordera는 과거 이 지역에 많이 살던 개똥지빠귀새를 잡기 위한 덫을 의미한다. 먹이를 찾기 위해 포도밭을 날아다니면서 작물을 해쳤던 새들이 그 당시에는 큰 피해였다. 하지만 현재는 무분별하게 농약을 살포한 포도밭 때문에 자취를 감춘 토르데라를 기억하기 위해 와이너리 이름으로 채택했다. 라 토르데라는 1918년 현 오너들의 증조부 베피 베또레띠 Bepi Vettoretti에 의해 시작되었다. 베피는 포도밭만 일구었고, 라 토르데라라는 이름으로 와이너리를 런칭한 건 후손들이다. 다만, 베피가 처음 포도를 재배한 곳이 현재 이 지역의 그랑 크뤼 포도밭으로 일컬어지는 카르티쩨라서 그가 와이너리의 진정한 근간을 마련했다고 해도 과언이 아니다. 토르데라는 CasaClima Wine 인증을 받았다. 이는 이탈리아 볼차노에 위치한 Agenzia CasaClima에서 인증하는 일종의 친환경 프로토콜로, 쉽게 이야기하면 와이너리가 지속 가능한 방법으로 와인을 생산하고 있다는 것을 증명한다. 이 '지속 가능한'이란 '지구는 일회용이 아니다'라는 것과 일맥상통한다. 즉, 후손들에게 물려주기 위해 땅을 아끼고, 자원을 아끼고, 재활용하는 것을 의미한다. 몇 가지 예를 들자면 태양열로 전기를 획득한다든지, 나무를 이용한 과학적인 와이너리 설계로 열 손실을 줄이는 것, 병 무게를 15% 절감해서 운송 과정에서 생기는 이산화탄소 감소에 앞장서고, 와인 생산 과정에서 원재료를 재활용이 가능한 것으로 사용하는 것 등이다.

추천 와인

A3를 추천한다. 'A'는 이 와인을 탄생시키는 포도밭이 Asolo라는 마을 근처에 있다는 것에서 비롯됐고, '3'는 최종 와인의 잔여 당도가 3g 존재한다는 것에서 착안했다. 글레라 100%로 만들어진 산뜻한 스타일의 프로세꼬다. 특히 라임, 레몬 같은 시트러스한 향과 청사과의 달콤한 향의 밸런스가 매우 좋다. 가격은 10유로 내외.

- 베니스에서 차로 약 1시간 30분
- 23, Via Alnè Bosco, 31020 Vidor (TV)
- +39 04 23 98 53 62
- 월~토 09:00~12:30, 14:00~18:00, 일 09:00~12:30
- 다채로운 컨셉의 투어가 있으며, 홈페이지나 이메일(visit@latordera.it)로 신청 가능
- www.latordera.it

○ 피에로판 Pieropan

피에로판은 이탈리아 대표 화이트 와인 소아베를 만드는 정상급 와이너리 중 하나다. 1890년 마을에서 존경받는 의사였던 레오닐도 피에로판Leonildo Pieropan이 설립했다. 피에로판은 그의 증손자 니노 피에로판Nino Pieropan을 거쳐 그의 사후 아내 테레시타Teresita와 두 아들 안드레아Andrea와 다리오Dario에 의해 지금까지 성공적으로 운영되고 있다. 현재 명품 소아베 와인을 책임지는 대부분의 와이너리들이 그러하듯, 피에로판은 대량 생산 및 소비되는 대중적인 소아베 와인의 이미지를 탈피하고자 노력했다. 생산성만 좋은 포도 품종을 마구잡이로 재배하는 것이 아닌, 오로지 소량의 최상급 가르가네가와 트레비아노에 집중해서 지금의 성공을 일굴 수 있었다. 특히, 71세의 일기로 타계한 니노는 1971년 칼바리노Calvarino 포도밭의 싱글 빈야드 소아베를 출시하면서 다른 와이너리들과 차별화된 행보를 보여주면서 스타 와이너리로 부상했다. 또 다른 싱글 빈야드인 라 로까La Rocca에서는 10월 중순까지 푹 익힌 레이트 하비스트 가르가네가를 오크통에서 완전 발효 및 숙성시킨 최초의 오크 터치 소아베를 선보이면서 일대 센세이션을 일으키기도 했다. 2008년에는 등급을 포기하면서까지 와인 마개를 스크루 캡으로 바꾸는 변화를 꾀하기도 했다. 그의 도전과 실험 정신은 주변 와이너리에 많은 영향을 끼쳤다. 니노가 71살의 비교적 젊은 나이에 사망했을 때 전 세계의 와인 매체와 애호가들이 애도를 표했을 정도다.

○ 베로나에서 차로 약 30분
3, Via Giulio Camuzzoni, 37038 Soave (VR)
+39 04 56 19 01 71
월~금 09:00~18:00
홈페이지를 통한 사전 예약 필수
www.pieropan.it

추천 와인

산뜻하고 밝은 소아베를 선호하는 이에게는 다소 호불호가 갈릴 수 있지만, 라 로까 소아베 클라시코를 추천한다. 적당한 오크 숙성 뉘앙스가 훌륭하게 와인의 뼈대를 구성하고 있다. 특히, 아몬드 같은 구운 너트 향과 미세한 향신료 향이 매우 매력적이다. 입안에서 굴러가듯 느껴지는 유질감도 만족스럽다. 가격은 15유로 내외.

- 베로나에서 차로 약 30분
- 5, Corte Pittora, 37038 Soave (VR)
- +39 04 57 68 00 93
- 사전 예약자에 한해서만 오픈
- 이메일(cantinacastello@cantinacastello.it)을 통한 사전 예약
- www.cantinacastello.it

추천 와인

싱글 빈야드 소아베 중 프레쏘니를 추천한다. 라임, 레몬그라스, 솔티한 향이 감각을 찌르는 날카로운 산도와 신선함을 보여준다. 그외의 와인들은 대체로 산미가 살짝 도드라지는 스타일이다. 소아베 마을에서 파는 가정식 요리와 매칭하는 것을 권장한다. 가격은 11유로 선.

°칸티나 델 카스텔로 Cantina del Castello

고즈넉한 중세 마을 소아베 시내 한가운데 자리 잡은 와이너리. 소아베 마을 관광을 엮어서 방문하기에 더할 나위가 없다. 와이너리 내부도 60년대 설립되었을 그 당시 모습을 그대로 보존하고 있다. 특히, 지하 셀러의 빈티지스러운 분위기와 와인을 지상으로 실어 나르던 구식 컨베이어 벨트가 흥미를 자아낸다. 와이너리가 설립된 것은 1960년대이나, 현재 와이너리의 오너이자 와인메이커인 아르투로 Arturo가 1980년대에 와이너리를 인수해서 지금의 위치로 끌어올렸다. 와이너리는 평범한 소아베 와인과 클라시코 버전을 생산하고 있으며, 카르니가 Carniga와 프레쏘니 Pressoni, 두 곳의 싱글 빈야드를 소유하고 있다. 카르니가는 해발 90~110m. 프레쏘니는 약 200m이며, 토양은 화산토다. 여기서 수확한 가르가네가(보통 80%)와 트레비아노(20% 내외), 샤르도네(소량)를 스테인리스 스틸 탱크에서 발효 및 숙성시켜서 미네랄이 풍부하고 감각적인 소아베 와인을 선보인다. 가장 비싼 소아베 와인이 20유로를 넘지 않을 정도로 합리적인 가격을 자랑한다. 지하 셀러에서 인생샷을 남기면서 소아베 와인을 맛보기를 원하는 이들에게 추천한다.

°마이넨테 Mainente

아름다운 소아베 마을을 관통하는 작은 실개천 옆에 위치한 와이너리. 소량의 와인만을 생산하고 있으나, 한국에 수입이 된다. 가정집 1층을 개조해 양조장을 만들었고, 2층에는 와이너리 이름이 된 마이넨테 가족이 거주한다. 현 오너 다비데Davide는 키가 훤칠한 키다리 아저씨 같은 푸근한 인상으로 손님을 따뜻하게 맞아준다. 와인 맛도 매우 훌륭해 소아베 마을에 들릴 기회가 있다면 방문해보는 것을 추천한다. 마이넨테 가문은 현 오너의 할아버지 비르질리오Virgilio 때부터 다른 지역에서 포도를 재배해 왔다. 그러다 1939년 포도밭을 팔아치운 할아버지는 소아베에 미래가 있다고 여겼는지, 그곳에 와이너리와 포도밭을 사면서 본격적으로 와인을 만들기 시작했다. 당시에는 베로나 시내에 갖다 팔 정도의 작은 규모였지만, 이탈리아에서 알아주는 양조학교 코넬리아노 대학에서 공부했던 아들 우고Ugo가 와이너리의 규모를 키워나갔다. 해외로의 수출길도 그때부터 열렸다. 이후 우고의 아들이자 3대인 마르코Marco와 다비데 형제까지 이르게 됐다. 현재 12ha의 포도밭을 소유하고 있고, 이 중 2ha가 클라시코 존에 있다. 와인의 특징에 따라 색깔별로 구분해 놓은 심플한 디자인의 와인이 인상적이다. 와인 또한 군더더기 없이 깔끔한 스타일이다.

⊙ 베로나에서 차로 약 30분
⌂ 45, Viale della Vittoria 37038 Soave (VR)
☏ +39 04 57 68 03 03
🕙 월~토 09:00~19:00
✉ 이메일(info@cortemainente.com)이나 홈페이지를 통한 사전 예약
🔗 www.cortemainente.com

추천 와인

작은 와이너리지만 6종의 와인을 생산한다. 스푸만테도 있다. 이 가운데 프리미엄 와인 소아베 클라시코 이름은 토보 알 피뇨Tovo al Pigno다. 이 와인은 꽤 화려한 수상 경력을 자랑하는 와이너리의 시그니처 와인이다. 라임, 레몬, 아몬드, 헤이즐넛, 흰 꽃, 오렌지 향 등 다채로운 아로마와 부케가 인상적이다. 가격은 20유로 내외.

°테누타 산타 마리아 Tenuta Santa Maria

프랑스 보르도의 거대 샤또를 연상케 하는 대저택과 그 뒤에 숨겨져 있는 넓은 포도밭, 연못, 정원 등이 인상적인 곳이다. 1인당 9유로 정도만 내면 빌라 모스코니 베르타니Villa Mosconi Bertani라 불리는 고풍스러운 대저택과 그 주변을 감싸고 있는 정원, 그리고 포도밭을 돌아보는 힐링 투어를 할 수 있다. 개인적인 감상으로는 와인에 전혀 관심이 없는 사람에게도 추천할 수 있을 정도로 저택의 인테리어가 인상적이고, 그 주변 풍광이 아름답다. 물론 와인 퀄리티도 훌륭하다. 저택의 이름에서 짐작할 수 있는데, 사실 이 저택과 와이너리의 소유주는 205페이지에서 소개한 베르타니 가문이다. 19세기 중반 베르타니 와이너리를 설립한 지오반 바띠스타와 가에타노 베르타니 형제는 베네토 지역의 와인 산업을 한 단계 끌어올린 기념비적인 인물이었다. 또한, 정치적으로도 많은 공헌을 했다. 그 공로를 인정받아 20세기 중반 빌라 모스코니를 인수하는 결실을 이루었다. 현재 테누타 산타 마리아는 베르타니 형제의 증손자인 가에타노Gaetano와 그의 아들들인 지오반니Giovanni, 굴리엘모Guglielmo가 3세기에 걸친 베르타니 가문의 와인 열정을 이어가고 있다.

⊙ 베로나에서 차로 약 25분
🏠 1, Localita Novare, 37024 Arbizzano di Negrar (VR)
📞 +39 04 56 02 07 44
🕐 월 14:00~18:00, 화~일 09:00~18:00
💶 시음을 제외한 저택 투어는 1인당 9유로, 와인 시음은 1인당 22유로~. 홈페이지에서 신청 가능
🌐 www.tenutasantamaria.wine

추천 와인

와인들은 대형 배럴에서 매우 전통적인 방식에 따라 만들어진다. 가격까지 고려해 본다면 발폴리첼라 리파쏘 클라시코 수페리오레를 추천한다. 코르비나, 론디넬라, 코르비노네의 전통적인 블렌딩으로, 2년을 바리크에서, 6개월을 병에서 숙성시켜 출시한다. 입안에서 부담 없이 느껴지는 질감이 매력적이다. 가격은 30유로 내외.

° 마리온 Marion

생산량은 적지만, 와인 한 병, 한 병에 장인정신을 담아 생산하는 보석 같은 와이너리다. 로버트 파커는 마리온을 베네토의 전설적인 와이너리 퀸타렐리와 달 포르노 로마노에 필적하는 곳이라 극찬한 바 있다. 또한, 저명한 영국 와인 매거진 《Decanter》의 아마로네 테이스팅에서 마리온이 1위를 차지한 적이 있다. 와이너리는 현 오너 스테파노 캄페델리Stefano Campedelli와 그의 아내 니콜레따 포르사나Nicoletta Forsana, 그리고 스테파노의 형제인 마르코Marco가 운영하고 있다. 스테파노는 1986년 포도 재배자로 경력을 시작했지만, 베네토의 유명 와인메이커인 체레스티노 가스파리(218페이지에 소개한 자임의 오너)를 와인 컨설턴트로 초빙한 후부터 본격적으로 와인을 만들기 시작했다. 마리온에서 주목할 와인은 단연코 아마로네를 비롯한 발폴리첼라 와인들이지만, 독특한 개성이라면 테롤데고Teroldego다. 이 품종은 북부 트렌티노 지역의 메인 품종이지만, 테롤데고의 공주라 일컬어지는 엘리자베따 포라도리Elisabetta Foradori로부터 얻은 대목으로 훌륭한 베네토산 테롤데고 와인을 선보이고 있다. 두 번째 주목할 것은 마리온 와인들은 대부분 농축된 포도의 즙(아빠시멘토)을 일부 섞어 만들어 풍미가 묵직하다는 점이다. 또한, 와인 숙성에는 작은 프렌치 오크 배럴을 배제하고 500리터 이상의 대용량만을 고수하고 있다. 대부분의 레드 와인이 배럴에서 약 30개월 정도 오랜 숙성 시간을 거친다. 아마로네는 36개월 정도 시간을 보낸다.

추천 와인

모든 와인을 추천한다. 특히, 아마로네는 꼭 마셔보라고 권하고 싶지만, 가격이 만만치 않다. 아마로네를 제외하고 가격까지 고려해서 단 하나의 와인을 추천한다면 칼토Calto다. 베네토의 역사적인 전통 품종 크로아티나, 오셀레타와 국제 품종인 시라, 까베르네 소비뇽, 메를로의 유혹적인 만남을 경험할 수 있다. 환상적인 밸런스를 지닌 명품 와인이다. 가격은 30유로 내외다.

베로나에서 차로 약 30분
2, Via Borgo Marcellise, 37036 San Martino Buon Albergo (VR)
+ 39 04 58 74 00 21
사전 예약자에 한해 오픈
전화나 이메일(info@marionvini.it)을 통한 사전 예약 필수
www.marionvini.it

˚스페리 Speri

블록버스터 영화 포스터가 연상되는 화려한 레이블이 인상적인 와이너리. 스페리는 1874년부터 7대에 걸쳐 와인을 만들어 온 유서 깊은 와이너리다. 19세기에 선대들이 썼던 오크통이 여전히 지하 셀러에 보관이 되어 있다. 스페리는 1908년 로마에서 열린 엑스포에서 실버 메달을 획득하면서 두각을 나타냈다. 1933년 산테 스페리Sante Speri가 현 와이너리의 그랑 크뤼 포도밭이라 일컬어지는 몬테 산트 우르바노Monte Sant'Urbano를 매입하면서 독보적인 노선을 걷기 시작했다. 2004년부터 올가닉 농법으로 전향한 후 현재 모든 와인을 올가닉 와인으로 출시하고 있는 친환경 와이너리다. 한 가지 독특한 점이라면, 포도밭에서 Open inclined Pergoletta라는 포도나무 경작 방식을 쓰고 있다는 것. 이는 본래 베네토에서 전통적으로 쓰던 페르골라 방식의 포도나무 재배 방식을 변형한 것으로, 포도나무가 사람의 머리까지 자라도록 관리하는 형태다. 이 경작 방식은 통풍을 원활하게 하고 햇빛을 더욱 많이 받을 수 있는 장점이 있다. 또한 포도밭에 마로네Marogne라 불리는 돌담을 쌓아 포도를 보호하고 있다. 이 돌담은 포도밭의 생태계 균형을 유지하고, 강우에 의한 지반의 붕괴를 막으며, 추운 겨울에 햇빛의 열기를 보존하는 역할을 한다. 와인은 포도밭에서 시작된다는 철학 아래 포도밭을 친환경적으로 관리하는 데 많은 노력을 기울이고 있다.

추천 와인

스페리는 전통을 유지하는 와이너리다. 대세인 국제 품종을 배제하고 오직 코르비나, 론디넬라, 몰리나라를 메인으로 발폴리첼라가 자랑하는 역사적인 와인을 주력으로 생산하고 있다. 가격까지 고려했을 때 발폴리첼라 리파쏘를 추천한다. 검붉은 체리 향, 산딸기, 자두 향이 매력적인 와인으로 이탈리아 전통 피자나 파스타에 잘 어울린다. 가격은 15유로 내외.

베로나에서 차로 약 30분
14, Via Fontana, 37029, San Pietro In Cariano (VR)
+39 04 57 70 11 54
월~금 8:30~12:00, 14:00~18:00, 토 08:30~12:00
홈페이지에서 신청
www.speri.com

알레그리니 Allegrini

국내에서도 높은 인지도를 자랑하는 발폴리첼라 명장. 알레그리니는 이 와이너리를 설립한 가문의 이름이다. 이들 가문은 발폴리첼라 지역에서 16세기부터 포도를 재배하고 와인을 만들어왔다. 와이너리는 현 오너 프랑코 알레그리니Franco Allegrini의 아버지 지오반니Giovanni에 의해 비약적인 발전을 할 수 있었다. 지하 셀러에 살다시피 했던 그의 열정 때문에 '배럴 스파이더'라는 독특한 별명까지 붙었을 정도. 그의 사후 와이너리는 자식들에게 이어졌고, 프랑코는 와인메이커를, 마릴리사Marilisa는 마케팅 업무를 책임지고 있다. 알레그리니는 각기 이름이 다른 6개의 포도밭을 소유하고 있으며, 와이너리 근처에 조성된 팔라쪼 델라 토레Palazzo della Torre와 30ha 넓이의 라 그롤라La Grola가 와이너리의 핵심이라 할 수 있다. 작지만 세련된 와인 샵에서 토스카나의 볼게리와 몬탈치노 지역에서 생산하는 다채로운 와인들을 모두 글라스로 시음해볼 수 있다. 또한, 16세기에 건축된 역사적인 고옥인 빌라 델라 토레Villa della Torre에서 신비로운 빌라 투어와 숙박을 할 수 있다. 오래된 이탈리아 전통 가옥에서 와인과 함께 하는 꿈같은 하루를 보내기를 원하는 이들에게 안성맞춤이다.

- 베로나에서 차로 약 15분
- 25, Via della Torre, 37022 Fumane (VR)
- +39 04 56 83 20 70
- 월~금 9:00~18:30, 토 10:00~17:00
- 다채로운 투어가 준비되어 있으며 홈페이지 확인
- www.villadellatorre.it

추천 와인

대표 와인은 팔라쪼 델라 토레다. 코르비나, 코르비노네, 론디넬라의 발폴리첼라 전통 품종에, 토스카나의 메인 품종인 산지오베제가 블렌딩된 독특한 와인이다. 여기에 말린 포도의 즙을 섞은 리파쏘 공법을 더해 바디감을 높였다. 풍미가 강한 리조또와 함께 마시면 금상첨화. 가격은 20유로 내외.

피에몬테

피에몬테를 이탈리아 최고의 와인 산지로 꼽는데 이견을 달 사람은 아무도 없다. 이곳의 특산 와인 바롤로Barolo, 바르바레스코Barbaresco는 이탈리아 명품 와인을 대표한다고 해도 과언이 아니다. 낮은 구릉을 자욱이 덮은 안개를 헤치고 보석 같은 와이너리를 찾아 헤매는 과정은 이탈리아 와인 여행의 하이라이트다.

PIEDMONT

피에몬테의 역사
HISTORY

피에몬테 지역은 차례대로 로마 제국, 동로마 제국, 랑고바르드 왕국, 신성 로마 제국의 영토였다가 11세기부터 사보이 왕조의 지배를 받은 곳이다. 사보이 왕조는 현재 프랑스의 사보이 지역을 중심으로 활동했으며, 1032년 사보이 백작으로 임명된 움베르토 1세에 의해 성립되었다. 혈통이 끊이지 않고 이어져, 중세와 르네상스를 거쳐 근대 이탈리아 왕국의 초대 왕조가 됐다. 특히, 이탈리아 북부에 강력한 영향력을 미쳤고, 피에몬테도 그중 하나다.

1416년 사보이 왕조는 공작위를 받아 사보이 공국이 되었고, 프랑스, 이탈리아, 오스트리아, 스위스의 경계에 있는 지리적 이점을 활용, 여러 세력을 중재하면서 세력을 넓힐 수 있었다. 1713년 스페인 왕위 계승 전쟁 때는 위트레흐트 조약을 통해 시칠리아를 양도받는다. 이후 신성 로마 제국의 황제이면서 사르데냐의 왕이었던 카를 6세가 시칠리아와 사르데냐를 교환하자고 제안했고, 그 제안을 받아들이면서 1720년 국호를 사르데냐 왕국으로 개칭했다. 사실 이름만 사르데냐 왕국이지 수도는 토리노였기 때문에 발전은 피에몬테에서 거의 이루어졌다.

1. 사보이 왕가의 본가 토리노 2. 폰타나프레다 와이너리 3. 알바의 막달레나 성당 4. 콘트라또 와이너리의 지하 저장실

토리노 베나리아 궁전

한때 사르데냐 왕국은 유럽을 제패한 나폴레옹 때문에 피에몬테를 잃기도 했다. 그러나 빈 회의를 통해 프랑스로부터 피에몬테를 되찾았고, 1814년 사르데냐-피에몬테 왕국으로 국호를 개칭한다. 1831년 사보이 왕조 본가의 대가 끊기고, 사보이-카리냐뇨 가문 출신의 카를로 알베르토가 새 국왕이 된다. 이후 사보이 왕가는 나폴레옹 3세의 도움을 받아 통일 이탈리아 왕국의 건국 주체가 되었다. 하지만 사보이 왕조는 이탈리아를 통일한 지 85년 만인 1946년, 왕정과 공화정 선택 여부를 묻는 국민투표에서 46:54로 패하면서 폐위되었고, 역사의 뒤편으로 물러나게 되었다.

1. 토리노 피아짜 광장 2. 사보이 왕가에 대한 기록. 사보이 왕가의 역사가 곧 피에몬테의 역사다

피에몬테의 볼거리
TRAVEL

아침 안개가 자욱한 피에몬테의 풍경

피에몬테는 모든 주를 통틀어서 가장 와인에 초점이 맞춰져 있는 동네다. 그래서 여행도 와인과 함께 하는 미식 여행을 가장 추천한다. 실제로 피에몬테의 DOP 와인 생산량은 전체 생산량의 거의 90%에 육박한다. 이 말은 이탈리아 와인 등급의 가장 상위 개념인 DOC와 DOCG 와인의 생산 비율이 가장 높다는 이야기다. 그만큼 좋은 와인이 많이 나온다.

피에몬테에서는 대도시를 조금만 벗어나면 와인으로 유명한 마을들이 줄줄이 이어진다. 바롤로, 바르바레스코, 카스틸리오네 팔레또Castiglione Falletto, 라 모라La Morra, 몬포르테 달바Monforte d'Alba, 세라룽가 달바Serralunga d'Alba, 알바Alba, 아스티Asti 등. 그중 바롤로나 바르바레스코, 라 모라 같은 마을들은 마을 차원에서 인포메이션 센터를 운영하고 있는데, 이곳에서 1~3유로만 내면 고가의 와인들을 글라스로 시음해 볼 수 있다. 그야말로 와인 여행의 로망을 채워주기에 안성맞춤인 곳이다. 이중 가장 추천하는 마을은 와인으로도 가장 유명한 바롤로와 바르바레스코다. 바르바레스코보다는 바롤로가 규모가 크고 와인 애호가들을 위한 관광 인프라가 잘 갖추어져 있는 편이다.

바롤로에서는 마을 어귀에 있는 와인 샵 Enoteca Regionale del Barolo를 만사 제치고 꼭 들어가 보기를 바란다. 수십 여종의 바롤로 와인을 디스펜서에서 글라스로 신선하게 테이스팅 할 수 있고, 150여 종 이상의 바롤로 와인을 합리적인 가격에 구매할 수 있다. 마을 꼭 대기에 위치한 Ufficio Collisioni Festival도 추천한다. Enoteca Regionale del Barolo가 바롤로에 국한되어 있다면 이곳은 피에몬테 전 지역을 총망라하는 와인 디스펜서를 갖추고 있는 것이 특징이다. 시음할 수 있는 와인의 종류는 약 40여 종이며, 잔당 1유로에서 8유로 사이로 선택의 폭이 넓다. 피에몬테 와인을 경험하고 이해하는데 이보다 더 좋은 장소는 없다. 둘 다 카운터에서 충전식 카드를 구매해서 호기심이 가는 와인들만 쏙쏙 골라가며 테이스팅 할 수 있다. 물론 언급하지 않은 여러 에노테카와 레스토랑도 발길 가는 데로 들러보자. 어디든 실망하지 않으리라 장담한다.

다음은 바르바레스코. 개인적으로 바르바레스코 마을을 세 번 방문했다. 워낙 애정 있게 거닐었던 곳이라 마을 구석구석이 자연스레 그려진다. 마을 중심에는 바르바레스코 와인을 맛볼 수 있는 인포메이션 센터가 있는데 갈 때마다 빠지지 않고 들렀다. 수십 여 종에 이르는 바르바레스코 와인들이 진열되어 있고, 그날의 시음 와인들은 한 종당 3유로면 테이스팅할 수 있다. 마을 안에는 가야를 비롯한 지역을 대표하는 와이너리들도 다수 포진하고 있다. 몇몇 곳은 예약해야 방문이 가능하지만, 편하게 들러서 프리 테이스팅을 할 수 있는 곳도 있기 때문에 게으른 여행자들에게도 안성맞춤인 곳이다.

바르바레스코 마을의 보파 와이너리 테라스

낮은 구릉을 온통 포도밭이 채우고 있는 와인의 고장 피에몬테

조금 더 큰 도시인 알바도 추천하는 관광지다. 바롤로와 바르바레스코에 비해 아기자기한 맛은 떨어지지만, 규모가 큰 만큼 좋은 레스토랑이나 바, 그리고 전통 식자재를 살 수 있는 샵들이 많다. 특히, 알바는 세계에서 알아주는 트러플 산지다. 귀한 화이트 트러플을 그나마 싸게 구할 수도 있고, 트러플 오일 같이 트러플을 활용해서 만든 2차 가공식품들도 쉽게 찾아볼 수 있다. 참고로 알바에 세계적인 제과업체인 페레로의 본사가 있다.

한때 이탈리아 북부를 제패하며 영화를 누렸던 사보이 공국의 발자취를 따라가 보는 것도 피에몬테 여행의 백미다. 그 중심은 주도인 토리노다. 토리노는 매우 오랜 역사를 자랑하는 도시다. 기원전 218년, 한니발이 로마를 침공하기 위해 알프스를 넘을 때도 존재하던 도시였다. 토리노는 11세기부터 사보이 공국의 수도였고, 전성기에는 인구가 2만 명에 달했다고 전해진다. 또한, 사보이 왕가가 이탈리아 통일 운동을 추진할 때 중심 도시였으며, 1861년부터 1864년까지 이탈리아 왕국의 수도이기도 했다. 우리에게는 2006년 동계 올림픽 개최지로 친숙한 도시다. 이처럼 유구한 역사를 지닌 토리노 관광의 포인트는 사보이 왕가가 이룩한 화려한 역사의 발자취를 느껴보는 것이다.

1. 라 모라의 성당 **2.** 시음을 하며 여유로운 시간을 보낼 수 있는 마을의 에노테카 **3.** 바롤로의 에노테카 레지오날레 델 바롤로(Enoteca Regionale del Barolo) **4.** 바르바레스코 마을의 에노테카 **5.** 바롤로 마을의 아름다운 풍경

1

L'infernot del Castel
ALIMENTARI ENOTECA PRODOTTI TIPICI
TARTUFI
FUNGHI
TUME
SALAMI VARI
TORTA NOCCIOLA
ALBESI AL BAROLO
ENTRATA
LIBERA
BENVENUTI
FREE
ENTRY
WELCOME

2

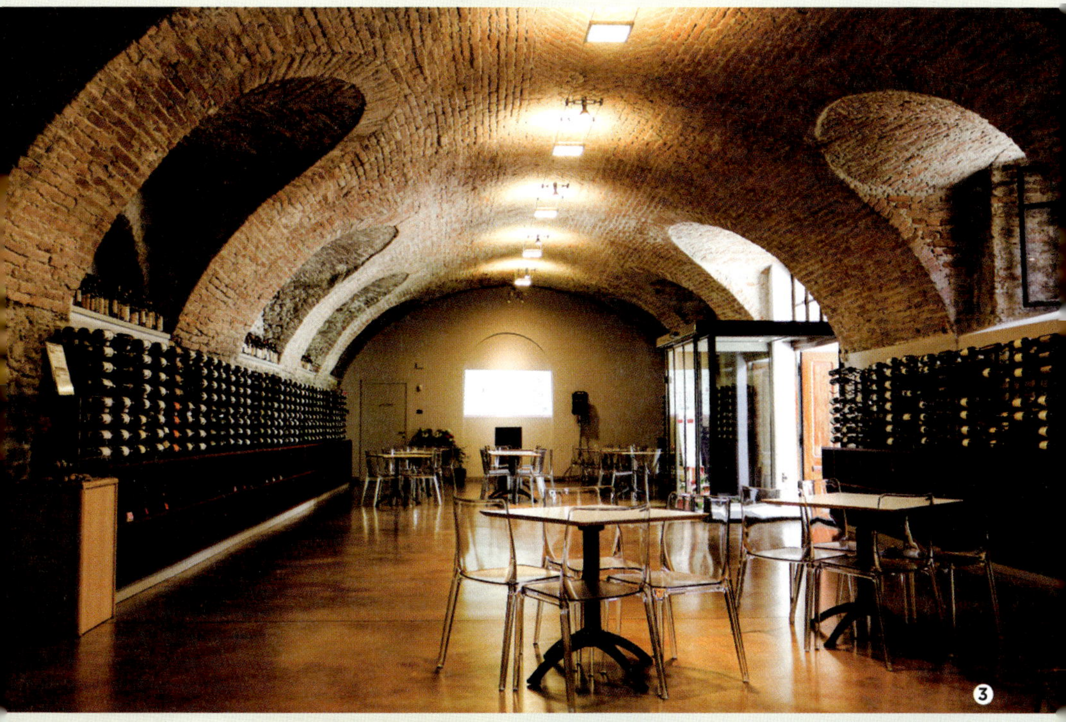

3

ENOTECA
REGIONALE
BARBARESCO

4

5

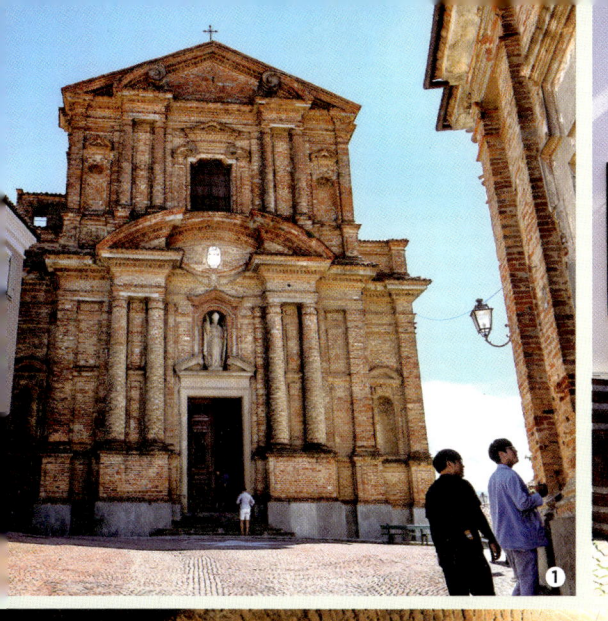

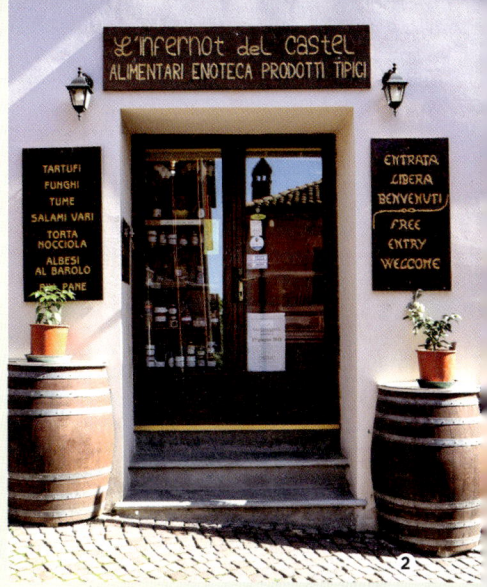

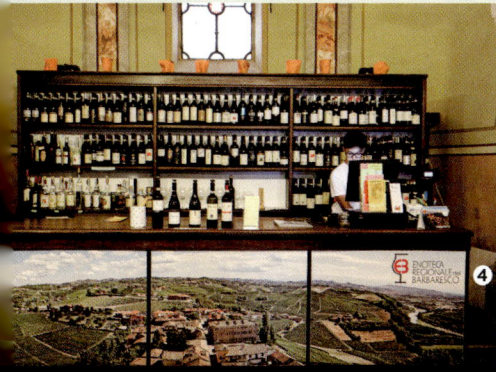

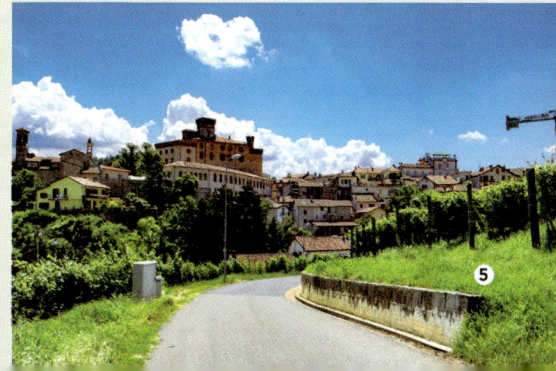

1. 바르바레스코 마을에서 바라본 포도밭과 평원 **2.** 높은 산들이 병풍처럼 둘러친 피에몬테의 주도 토리노

피에몬테

사보이 궁정 저택의 본향이라 불리는 토리노의 시내와 근교에서는 사보이 왕가의 왕궁과 정원을 비롯한 유럽의 바로크 양식 건물을 볼 수 있다. 토리노는 17~18세기 유럽 바로크 양식의 대표적인 도시로 자리 잡았고, 이탈리아의 파리로 불렸다. 이밖에도 세계에서 가장 큰 규모를 자랑하는 이집트 박물관, 가장 고귀한 기독교 성물인 토리노의 수의, 토리노를 대표하는 건축물이자 국립 영화 박물관으로 쓰이고 있는 몰레 안토넬리아나, 자동차 박물관도 토리노가 자랑하는 볼거리다.

토리노 대성당에 보관 중인 토리노의 수의는 예수의 수의라고 전해지는 물건이다. 성의聖衣라고도 불리는데, 진위를 놓고 여전히 갑론을박 중이다. 요한 복음서에 따르면 십자가에 못 박혀 죽은 예수는 아리마태아의 요셉이 예수를 십자가형에 처한 폰티우스 필라투스에게 요청해 시신을 받아 동굴 무덤에 매장했다고 한다. 유대인들은 시신을 고운 삼베로 싸서 매장하는 관습이 있었고, 예수 또한 그렇게 매장되었다. 하지만 사흘 뒤에 동굴을 가보니, 시신은 사라지고 삼베만 접혀 남아 있었는데, 바로 이게 토리노의 수의라는 것이다.

후에 수의의 진위를 밝히기 위해 1988년 옥스퍼드 대학, 애리조나 대학, 스위스 연방 공과대학이 수의의 샘플을 과학적으로 조사한 결과 수의가 1260년부터 1390년 사이에 만들어진 것이라고 발표했다. 즉 수의는 가짜이며, 중세시대에 만들어진 조작된 성유물이라는 것이다. 물론 이에 바로 반박한 사람들도 많았다. 가톨릭은 공식적으로 입장을 밝히지는 않았지만, 수의가 진위를 떠나 신앙을 위한 중요한 도구라고 규정하고 있다.

1. 미식의 고장 피에몬테의 특산품 **2.** 알바 시내

피에몬테의 미식
EAT

좋은 와인이 있는 곳에 좋은 음식이 있다. 피에몬테는 에밀리아 로마냐, 시칠리아와 더불어 이탈리아의 미식을 책임지는 곳이다. 특히 올리브 오일, 파스타, 토마토가 음식의 기본 베이스가 되는 다른 지방과 달리 버터와 쌀, 생크림이 주가 된다. 음식에서조차 프랑스의 영향을 받은 셈이다. 그래서 진득한 리조또나 감자 뇨끼가 이들의 주식이라고 할 수 있다. 그중 달걀 노른자가 유난히 많이 들어가는 타야린Tajarin은 파스타의 진면목을 보여준다.

타야린은 피에몬테가 자랑하는 환상적인 식감의 파스타다. 타야린은 원산지인 피에몬테 랑게에서 부르는 이름이고, 다른 곳에서는 탈리에리니Taglierini, 혹은 탈리오리니Tagliolini라고 부르기도 한다. 타야린은 가는 원통형의 일반 파스타와 달리 납작한 형태다. 가장 큰 특징이라면 일반 파스타와는 비교할 수 없을 정도로 부드러운 식감을 자랑한다는 것. 이런 풍미는 반죽에 활용되는 달걀 노른자 때문이다. 엄선된 듀럼밀 반죽에 밀가루의 약 1/3이나 되는 달걀 노른자가 들어간다. 그 때문에 타야린은 달걀 노른자의 고소한 풍미가 살아 있다. 실로 파스타계의 명품이라 부를 만하다.

피에몬테에서는 대개 면을 삶아서 버터에 볶고 소금으로 간한 뒤 그 위에 얇게 슬라이스한 트러플을 올려서 먹는다. 이 음식을 현지에서는 타야린 알 타르투포Tajarin al Tartufo라 부른다. 이처럼 트러플까지 올려져 있는 타야린 파스타라면 고급 피에몬테 와인이 어울리겠지만, 그게 아니라면 피에몬테의 바르베라 품종으로 만들어지는 중저가의 레드 와인도 좋은 궁합을 보일 것이다.

1. 와인으로 브레이즈한 소고기 스테이크 2. 치즈를 올린 넓은 면의 타야린 파스타

이밖에 피에몬테의 유명한 식자재로 트러플을 빼놓을 수 없다. 트러플(송로버섯)은 푸아그라, 캐비어와 함께 세계 3대 진미로 불리는 귀한 식자재다. 이탈리아에서는 타르투피Tartufi라 부르며, 트러플은 영어식 명칭이다. 프랑스어로는 트뤼프Truffe라고 한다. 트러플은 떡갈나무 숲의 땅속에서 자라기 때문에 돼지나 개처럼 후각이 발달한 동물을 활용해서 채취한다. 프랑스에서는 블랙 트러플을, 이탈리아에서는 화이트 트러플을 최고급으로 친다. 다만, 트러플은 땅속의 다이아몬드라는 별칭을 지닌 만큼 가격이 비싸다. 참고로 2010년 11월 14일 이탈리아에서 열린 경매에서 900g의 송로버섯이 1억 6,000만원에 낙찰되기도 했다.

트러플은 다른 버섯과는 다른 독특한 향기가 있으며, 과거에는 최음 효과가 있다고 알려졌다. 실제로 트러플은 17세기 유럽에서 최음제로 큰 인기를 누렸다고 한다. 루이 15세의 정부였던 마담 퐁파두르는 왕의 총애를 받기 위해 매일 트러플을 갈아 넣은 음식을 먹었다고 전해진다. 이처럼 트러플은 소량이라도 음식의 풍미를 극대화하는 천연 조미료 역할을 한다. 트러플을 얇게 슬라이스 할 수 있는 전용 커터기를 이용해 음식 위에 뿌려 먹는 것이 보통인데, 요리에 소질이 없는 사람이라도 최고급 요리를 만들 수 있게 만들어주는 마법의 식재료다.

종종 오래 숙성시킨 바롤로나 바르바레스코에서는 트러플 향이 난다고 말한다. 그 때문에 트러플을 쓴 고급 요리에는 이에 걸맞게 피에몬테의 고급 와인들이 따라 나와야 한다. 일생의 한 번이라면 트러플을 아낌없이 넣은 요리에 20~30년 정도 숙성시킨 바롤로나 바르바레스코 와인을 마셔봐야 한다. 한국에서라면 엄두도 못 낼 일이지만, 현지라면 충분히 도전할 만하다.

이외에도 피에몬테는 스위스와 인접한 지리적 위치 탓에 퐁듀 같은 음식도 유명하다. 이와 비슷한 요리로는 치즈를 넣어 중탕한 볼에 빵이나 햄을 찍어 먹는 폰두따

1. 타야린 알 타르투포 **2.** 심플한 바냐 카우다

1. 트러플이 나는 시즌이면 관광객으로 붐비는 알바 시내 **2.** 트러플과 환상적인 궁합을 이루는 올드 빈티지 바르바레스코

Fonduta와 앤초비, 마늘, 올리브유, 버터, 샐러리, 아티초크 등을 넣어 요리하는 바냐 카우다Bagna Cauda가 유명하다.

특히, 바냐 카우다는 피에몬테 사람들의 소울 푸드다. 찬 기운이 스멀스멀 느껴지는 늦가을이 되면 주민들은 삼삼오오 모여 뜨겁게 데운 바냐 카우다를 가운데 놓고 채소를 찍어 먹으면서 추위를 달랬다. 서민들이 추운 겨울을 나기 위해 만들어 먹던 음식이니만큼 레시피도 일정하지 않다. 반드시 있어야 하는 재료는 앤초비와 마늘, 그리고 올리브유다. 우선 마늘을 절구 등을 이용해 빻다가 앤초비를 넣고 함께 빻는다. 팬에 올리브유를 넣고 빻은 앤초비와 마늘을 넣고 약불로 끓인다. 여기에 버터를 넣으면 부드러운 향과 맛의 바냐 카우다가 된다. 그리고 채소를 먹기 좋게 잘라 뜨거운 바냐 카우다에 찍어 먹는다. 피에몬테의 특산 화이트 품종인 아르네이스로 만든 와인과 함께 한다면 더할 나위가 없다.

유명한 고기 요리로는 브라자토 디 만조 알 바롤로Brasato di Manzo al Barolo가 있다. 이름에서 짐작할 수 있듯이 바롤로 와인 한 병을 통째로 넣어 숙성시킨 소고기를 오랜 시간 조리해 만드는 요리다. 다만, 바롤로 와인은 가격이 비싸기 때문에 네비올로 품종으로 만든 중저가 와인을 쓰기도 한다. 만드는 방법은 시간이 오래 걸려서 그렇지 간단한 편이다. 우선 소고기와 각종 야채(당근, 양파, 샐러리 등), 허브(로즈마

우리나라에서는 너무 비싸서 엄두조차 내기 어렵지만, 현지에서는 블랙 트러플 정도는 욕심내 볼만하다

리, 타임 등), 향신료(후추)를 큰 볼에 넣고 바롤로 와인 한 병을 부어 하루 정도 숙성시킨다. 그 다음 따로 건져 낸 고기를 버터를 넣은 팬에 골고루 구워준다. 구워진 고기와 재워 놓았던 모든 재료를 냄비에 넣고 약한 불에서 4~5시간 정도 푹 끓인다. 완전히 익었으면 고기만 따로 건져 내고 나머지는 모두 갈아 소스를 만들어도 되고, 국물만 따로 걸러 조려서 만들어도 된다. 마지막으로 소스를 곁들인 고기에 폴렌타를 얹어 플레이팅 하면 끝.

브라자토 디 만조 알 바롤로는 당연히 바롤로 와인과 함께 마시는 것이 가장 좋다. 물론 바르바레스코나 네비올로로 만든 피에몬테 와인들과 매칭해도 무방하다. 브라자토 디 만조 알 바롤로는 정성이 들어간 요리이기 때문에 가격이 싸지는 않다. 하지만 현지에 갔다면 한 끼를 굶는 한이 있더라도 반드시 먹어봐야 한다.

 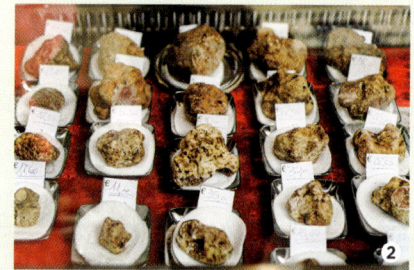

1. 다채로운 형태의 타야린 파스타 2. 화이트 트러플은 현지에서도 가격이 비싸다

Special

가야 와이너리 추천 레스토랑

평소 흠모하던 가야 와이너리에서 투어와 테이스팅을 마칠 때 즈음, 안젤로 가야의 막내아들 지오반니 가야가 몇 가지 선물을 들고 우리 부부를 맞이해주었다. 그가 건네준 선물 중에는 가족들이 자주 가는 레스토랑 목록을 A4 용지 두 장 분량으로 정리한 것이 있었는데, 한눈에 로컬 맛집들이 정리된 보물 지도임을 눈치챘다. 우리 부부는 타이트한 일정 속에 라 모라의 오스테리아 벨리오Osteria Veglio와 바르바레스코의 트라또리아 안티카 토레Trattoria Antica Torre를 방문할 수 있었다. 둘 다 훌륭했지만, 오스테리아 벨리오는 이탈리아에서 경험한 레스토랑 중에 가장 좋았다. 가야의 추천 코멘트 그대로 환상적인 뷰를 지닌 최고의 맛집이다. 이곳은 만약 피에몬테로 와인 여행을 가게 된다면 꼭 방문해보기를 바란다.

이외의 곳들도 피에몬테의 터줏대감 가야에서 추천해 주는 레스토랑들이니 실패할 일은 없을 거로 생각한다. 간단히 레스토랑 이름과 가야 가문의 추천 코멘트를 번역해서 짧게 소개한다. 정확한 위치나 연락처, 휴무일 등은 구글링을 하면 쉽게 찾아볼 수 있다.

라 모라 La Morra

Osteria Veglio. 아름다운 랑게 지역의 언덕을 바라보며 식사할 수 있는 환상적인 테라스를 가진 곳. 시간을 쪼개서라도 반드시 방문해야 할 곳.
Osteria del Vignaiolo. 피에몬테의 전통적인 가정식을 맛볼 수 있는 편안한 분위기의 레스토랑.
Osteria More & Macine. 분위기 좋은 와인 바 겸 레스토랑. 현지 와인메이커들이 자주 모여 와인을 마시고 시간을 보내는 매력 만점의 장소.
Osteria Mange. 음식과 분위기 모두, 가야 가족들이 매우 사랑하는 레스토랑.
Ristorante Bovio. 피에몬테의 역사적인 레스토랑. 환상적인 음식과 놀라울 정도로 다채로운 와인 리스트를 자랑한다.
Ristorante & Bistro Arborina. 미슐랭 1스타 레스토랑. 미슐랭 스타 레스토랑답게 모던하고 창조적인 음식이 서빙된다. 랑게의 아름다운 포도밭 언덕을 바라보며 식사할 수 있다.
Ristorante Massimo Camia. 미슐랭 1스타 레스토랑. 전통과 현대의 융합이 잘 어우러진 음식.

몬포르테 달바 Monforte d'Alba

Ristorante Felicin. 오랜 역사의 전통적인 레스토랑. 다채로운 올드 빈티지 와인들을 만날 수 있다.
Trattoria La Posta. 전통적인 레스토랑. 좋은 와인 리스트.
Osteria la Saracca. 가야 가족이 잘 아는 와인메이커가 매우 사랑하는 와인 바 겸 레스토랑. 음식과 분위기 모두 나무랄 데 없다.
Osteria la Salita. 편하게 방문하기 좋은 레스토랑.
Osteria I Rebbi. 매일 새로운 음식을 제공하는 편안한 분위기의 레스토랑. 훌륭한 와인 리스트와 친절한 직원들. 가야 가족들이 사랑하는 장소.
Osteria La Repubblica di Perno. 작지만 보석 같은 곳. 매우 아늑한 분위기.
Pizzeria Osteria in Piazza. 가야 가족들이 사랑하는 피자 가게. 피자 이외에도 심플한 가정식 요리도 제공한다.

바롤로 Barolo

Osteria la Cantinetta. 편안한 분위기. 로컬 푸드를 제공하는 곳.
Osteria Wine Bar Barolo Friends. 가야 가족이 사랑하는 장소. 바롤로성 바로 옆에 있어서 접근성이 좋으며, 바로 옆에 코르크 박물관이 있다. 간단한 음식부터 정찬까지 다채로운 음식을 제공한다.
Osteria La Cantinella. 로컬 푸드. 가정집 같은 편안한 분위기와 활짝 오픈된 테라스가 매력적인 곳.
Osteria Rossobarolo. 훌륭한 와인 리스트를 보유하고 있는 와인 바 겸 심플한 메뉴의 레스토랑.
Vineria La Vite Turchese. 가야 가족들이 사랑하는 와인 바. 수준 높은 아페리티프나 심플한 요리가 제공된다. 특히 환상적인 살루미와 치즈, 그리고 글라스 와인 리스트를 보유하고 있다.

세라룽가 달바 Serralunga d'Alba

Vineria Centro Storico. 환상적인 수준의 와인 바. 세라룽가성 바로 아래에 있으며, 런치나 디너는 물론 가벼운 스낵 요리의 퀄리티가 매우 좋다. 좁은 골목길에 있어서 찾기가 조금 어려울 수 있으니 조심하자. 와인메이커들의 사랑방 같은 곳.

카스틸리오네 팔레또 Castiglione Falletto

Ristorante le Torri. 랑게 언덕이 조망되는 아름다운 뷰를 자랑하는 로컬 푸드 레스토랑.

바르바레스코 Barbaresco

Trattoria Antica Torre. 런치만 하는 전통 가정식 요리. 저녁은 예약만 받는다. 가야 와이너리에서 가장 가까이 위치한 레스토랑으로, 운이 좋다면 식사를 하는 안젤로 가야를 만날 수 있다. 만약 그를 본다면 반드시 가야 와인을 시킬 것. 그가 직접 테이블로 다가와 악수를 청하는 영광을 누릴 수도 있다.
Osteria Campamac. 모던한 인테리어의 레스토랑. 간편식의 퀄리티가 좋고, 특히 고기 요리가 훌륭하다.

알바 Alba

Osteria dell'Arco. 슬로우 푸드 컨셉을 지향하는 레스토랑.
Osteria La Libera. 알바 시내 중심에 위치. 가야 가족이 애용하는 레스토랑. 훌륭한 음식의 퀄리티, 친절한 서비스가 인상적이며, 피에몬테 지역 이외의 와인들도 리스트에 구성이 되어 있는 것이 포인트.
Osteria Vincafe. 알바를 관광할 때 가볍게 한잔하거나 그에 어울리는 아페리티프를 즐기기에 좋은 와인 바.
Ristorante Enoclub. 작지만 매력 넘치는 레스토랑 겸 와인 바.
Osteria del Vicoletto. 놀라운 수준의 피에몬테 전통 음식이 서빙되는 레스토랑.
Osteria La Piola. 환상적인 음식과 수준 높은 와인 리스트가 장점.
Ristorante Piazza Duomo. 미슐랭 3스타 레스토랑. 모든 것이 완벽한 최고의 장소.

피에몬테의 와인
WINE

이탈리아를 대표하는 명품 와인 바롤로

피에몬테는 이탈리아 전체는 물론, 세계 와인 지도를 펼쳐 놓고 봐도 가장 중요한 프리미엄 와인 생산지 중 하나다. 이곳에서 이탈리아 3대 명품 와인 중 하나인 바롤로와 쌍벽을 이루는 바르바레스코가 탄생한다. 재미있는 사실은 두 와인이 피에몬테 와인 전체 생산량의 3%밖에 안 된다는 점이다.

피에몬테는 이탈리아 대부분의 와인 산지가 그렇듯 초기에는 고대 그리스와 로마의 영향 아래 와인 문화가 꽃피웠다. 피에몬테 와인에 대한 가장 오래된 기록은 14세기다. 당시의 농업 작가 피에트로 데 크레센치의 저서 《Liber Ruralium Commodorum》에 따르면 피에몬테 와인을 '말린 포도로 만든 그리스 스타일의 스위트 와인'이라고 묘사했다. 피에몬테는 사보이 공국이 통치할 때도 포도 재배와 와인 생산이 끊이지 않고 이어졌다. 한 가지 특이할 만한 점은 피에몬테가 프랑스와 인접한 지리적 위치 때문에 그에 많은 영향을 받았다는 점이다. 19세기 이탈리아 통일의 주역으로 꼽히는 주세페 가리발디라든지, 카밀로 벤소는 혁명가이자 정치가였지만, 포도밭을 소유한 지주이자 농부이기도 했다. 가리발디 장군은 피에몬테의 포도밭이 노균병에 고통받을 때 프랑스에서 개발한 보르도액을 소개한 것으로 알려졌다. 벤소 또한 적극적으로 프랑스의 선진화된 포도 재배와 양조기술을 소개한 인물이다.

피에몬테는 특히 지리적으로 근접한 부르고뉴의 영향을 많이 받았다. 부르고뉴가 화이트 품종에 샤르도네, 레드 품종에 피노 누아로 대부분의 와인을 생산하는 것처럼 피에몬테도 단일 품종 와인을 위주로 생산하는 특징이 있다. 현재 피에몬테의 고급 와인들은 부르고뉴처럼 싱글 빈야드 와인에 주력하고 있다.

피에몬테는 왼쪽에 알프스산맥을, 남쪽으로는 아펜니노산맥을 병풍처럼 두르고 있다. 사계절 내내 흰 눈이 덮인 알프스의 모습은 그 자체로 한폭의 그림과 같은 풍경을 자랑한다. 피에몬테라는 지명이 'at the foot of the mountains'에서 비롯된 것도 이와 같은 자연환경을 품고 있기 때문이다. 이 산맥들 때문에 피에몬테의 내륙, 특히 와인 산지가 몰려 있는 남부는 종종 안개가 자욱한 독특한 환경을 보인다. 온난한 지중해성 기후와 산맥에서 내려오는 차가운 기운이 충돌해서 안개를 형성하기 때문이다. 이는 이 지역에서 가장 중요한 품종인 네비올로가 천천히 익을 수 있도록 도와주는 역할을 한다. 이런 특수한 기후 때문에 보통 피에몬테의 좋은 포도밭은 구릉에 위치한 경우가 많다. 해발고도가 높은 구릉에 있는 포도밭은 안개에 가려지는 햇빛을 낮에 조금이라도 더 많이 받을 수 있다. 구릉은 보통 산맥에 가까운 기슭에 가까워질수록 많다. 주요 와인 산지와 좋은 포도밭도 대부분 산맥을 따라 구릉지대가 많은 피에몬테 남부에 몰려 있다. 다만 북쪽 가띠나라Gattinara는 예외다. 이곳은 남쪽보다 기후가 차가운 편이어서 생산되는 와인도 조금 더 가볍고 산도가 많은 특징을 갖고 있다.

1. 피에몬테 와인 산지의 특징인 자욱한 안개 속에서 와인을 마시는 여행자들 2. 이탈리아 와인 발전에 공헌한 가리발디 장군 동상

1. 바롤로 와인의 거장 쟈코모 콘테르노의 와인 2. 바르바레스코의 거장 가야의 와인
3. 아름다운 주황색을 띄는 올드 빈티지 바르바레스코 와인 4. 재배하기가 매우 까다로운 네비올로

피에몬테

피에몬테의 주요 포도 품종
MAIN GRAPE

※ 피에몬테는 화이트 와인보다는 레드 와인이 유명하다. 가장 중요한 품종으로는 네비올로와 바르베라가 있다. 다만 바르베라는 이미 서두에서 이탈리아 TOP 10 품종으로 설명했기에 여기서는 제외한다.

1. 다소 가벼운 와인을 생산하는 돌체또
2. 달콤한 발포성 와인을 만드는 모스카토

네비올로 Nebbiolo

산지오베제와 더불어 이탈리아 전체에서 가장 중요한 레드 품종이다. Nebbiolo라는 이름은 nebbia(안개)에서 유래했다. 여기에는 두 가지 설이 있다. 첫째, 잘 익은 네비올로 껍질에 유독 많은 흰 분이 마치 안개처럼 보여서 네비올로라 불렸다는 설. 둘째, 네비올로는 10월 중순 혹은 11월에 수확하는 만생종인데, 수확기에 주요 재배지인 랑게와 로에로 지방을 뒤덮는 가을 안개에서 이름을 따왔다는 설이 있다. 또 다른 피에몬테의 주요 품종인 바르베라가 환경에 크게 구애받지 않고 잘 자라는 것과는 반대로, 네비올로는 마치 피노 누아처럼 기후와 토양에 대단히 민감하다.

네비올로는 다른 피에몬테 포도 품종과 비교했을 때 가장 일찍 싹을 틔우고 10월 말까지 기다려야 충분히 익는 대표적인 만생종이다. 네비올로의 이런 특성 때문에, 주요 재배지인 피에몬테의 랑게 지역에서는 네비올로를 심을 때 조금이라도 더 햇빛을 많이 받을 수 있는 구릉지, 그중에서도 남서향 혹은 서남향의 포도밭을 선호한다. 가장 이상적인 위치는 해발 250~400m. 네비올로는 토양에 있어서도 낯을 많이 가린다. 가장 좋아하는 토양은 석회질이 포함된 이회토인데, 이런 토양을 가진 곳이 바로 바롤로와 바르바레스코다. 이외에도 모래토에서도 잘 자라기는 하지만, 와인으로 만들어졌을 때 특징적인 아로마라 할 수 있는 타르 향이 부족한 경향이 있다.

그리고 네비올로는 수많은 클론을 지닌 피노 누아처럼 유전적으로 매우 불안정해서 변이 되기가 쉽다. 그래서 현재 약 40~50여 종의 클론이 존재한다고 한다. 하지만 바롤로와 바르바레스코를 만드는 주요 클론은 람피아Lampia, 볼라Bolla, 미케트Michet, 로제 네비올로Rose Nebbiolo다. 여기서 로제 네비올로는 로제 와인을 뜻하는 게 아니라 품종의 껍질이 다른 클론보다 옅어서 이런 이름이 붙었는데, 이 품종으로 만든 와인의 색이 유독 연해서 최근에는 다른 세 품종보다 인기가 떨어졌다.

4개의 클론 중 가장 인기 있는 건 람피아다. 재배자들에게 가장 인기가 있고 포도 품질에 있어서도 가장 신뢰도가 높다. 미케트의 경우는 최종 생산된 와인의 품질 특히 와인의 농축미에 있어서 평가가 좋은 편이다. 그리고 볼라는 람피아와 형제 품종이라고 할 만큼 밀접하게 연관이 되어 있는 품종인데, 생산성이 너무 뛰어난 바람에 버려진 비운의 클론이다.

네비올로로 만든 와인은 주황빛이 도는 진한 보라색, 또는 보랏빛이 도는 루비색을 띤다. 또한 적절한 산미, 매우 섬세한 향, 풍부한 타닌을 지니고 있다. 포도 자체가 지닌 타닌이 많은 편이기 때문에 오랜 숙성에 적합한 고급 품종이다. 잘 익은 네비올로 와인은 테두리에 주황빛을 띠고, 향에서는 발사믹, 트러플 등이 느껴진다. 입에서는 마치 피노 누아처럼 좋은 산도와 부드러운 타닌이 조화롭다.

돌체또 Dolcetto

레드 품종으로, 어원은 dolcezza(단맛)에서 유래했다. 이 뜻은 만들어진 와인이 달아서가 아니라, 포도 자체가 달다는 의미다. 그 때문에 식용으로 이용되기도 한다. 돌체또는 심한 점토질 토양의 경우 생산량이 적고 잘 익지 않는 특성이 있다. 잘 만들어진 돌체또 와인은 아름다운 루비색, 미디엄 바디, 적당한 타닌, 씁쓸한 맛이 주요한 특징이다. 이름의 뜻과는 달리 대부분 드라이한 스타일로 만들어진다. 참고로 필록세라 이전에는 피에몬테에서 가장 중요한 품종이었다. 현재는 바르베라처럼 생산성이 높고 더 뛰어난 품질을 가진 포도 품종에 밀려 하락세를 걷고 있다.

모스카토 비앙코 Moscato Bianco

화이트 품종. 간단히 모스카토라고도 부른다. 하지만 모스카토라는 이름으로 다양한 개체가 존재하기 때문에 피에몬테의 경우 명확히 하려면 모스카토 비앙코라고 부르는 것이 맞다. 모스카토 집단 내에서 가장 유명하고 가장 넓게 분포된 종이다. 고향은 고대 그리스로, 로마인들은 벌들의 포도라는 뜻의 Uve Apiane라고 불렀다. 수확기가 되면 모스카토의 달콤한 향과 맛 때문에 벌들이 몰려왔기 때문이다.

모스카토의 어원은 라틴어 Muscum(사향)에서 유래되었다. 이 품종이 지닌 특유의 향이 사향과 비슷했기 때문이다. 이런 특징 때문에 고대에는 모스카토 포도로 값비싼 에센스를 만드는 데 활용하기도 했다. 드라이한 스틸 와인으로 만들어지는 경우는 드물며, 모스카토 다스티 Moscato d'Asti와 같은 약 스파클링 와인 혹은 2차 병 발효시킨 고급 스푸만테로 만들어지는 것이 대부분이다.

코르테제 Cortese

화이트 품종. 정확한 기원은 알려지지 않았으나 1700년대부터 피에몬테에서 재배된 기록이 있다. 강한 생장력을 보이며, 특별히 기후나 토양을 가리지는 않지만, 일조량이 좋은 경사면을 선호한다. 단일 품종으로 양조되면 초록빛이 도는 황갈색에 부드럽고 섬세한 향, 적당한 당도, 프레시하고 좋은 산미, 쓴 아몬드 맛을 갖는다.

아르네이스 Arneis

화이트 품종. 최초의 기록이 1400년대까지 거슬러 올라갈 정도로 피에몬테에서 오랫동안 재배된 품종이다. 신선함이 특징으로, 익는 시기가 빠른 편이다. 단일 품종 와인으로 만들면 은은한 황금색에 우아하고 진한 과일 향을 느낄 수 있다. 또한, 강렬한 맛에 적당한 산미를 지닌 좋은 밸런스의 와인으로 탄생한다. 피에몬테에서는 한때 잊혀진 품종이었으나, 몇몇 와이너리들의 노력으로 현재 피에몬테를 대표하는 화이트 품종으로 제2의 전성기를 맞이했다.

1. 레나토 라띠 와이너리에서의 바롤로 와인 시음 2. 바롤로 마을의 우피치오 콜리시오니 페스티발(Ufficio Collisioni Festival)에서 와인에서 나는 향을 맡고 있는 여행객들

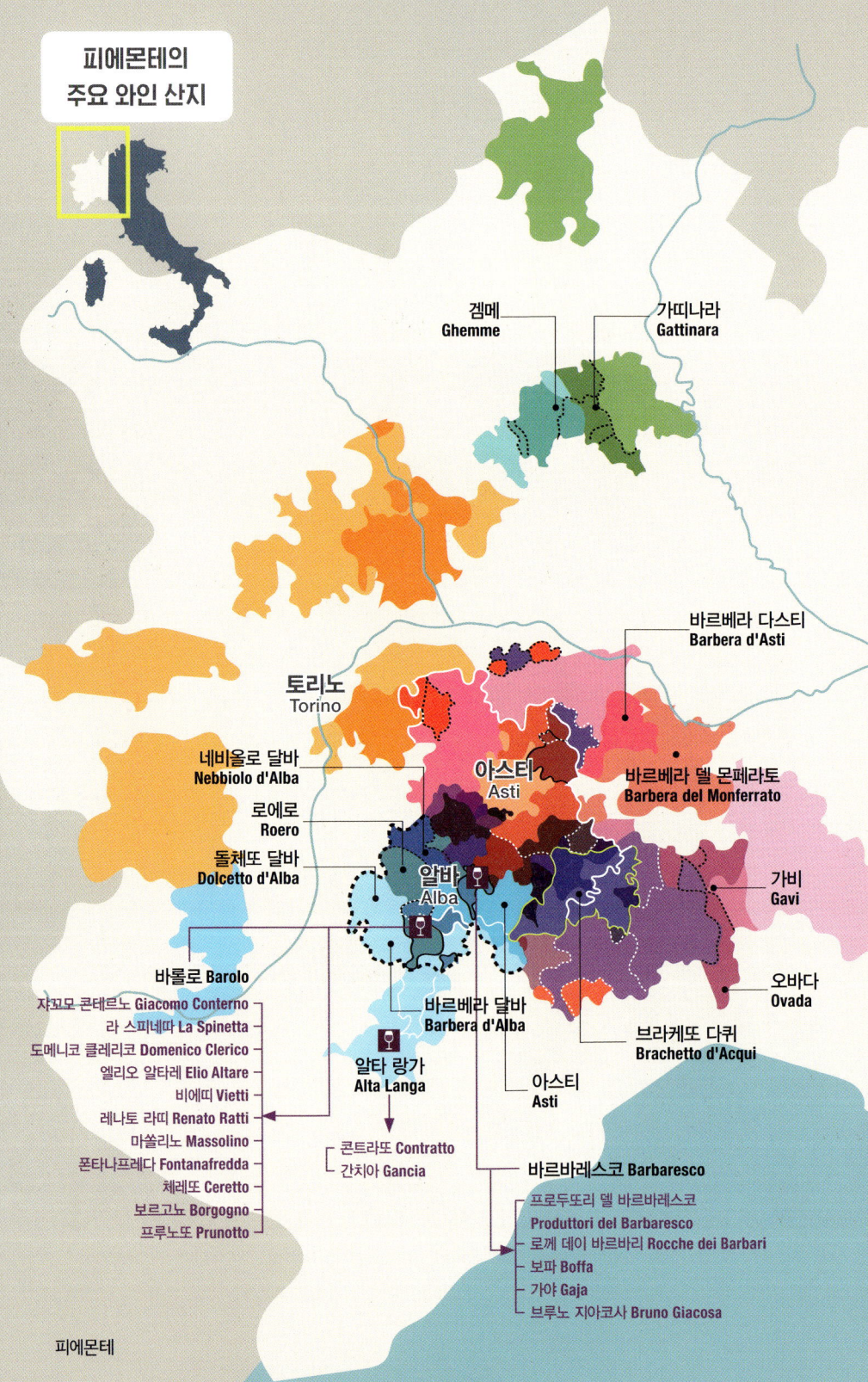

피에몬테의 주요 와인 산지

바롤로 Barolo DOCG

이탈리아가 자랑하는 세계적인 와인 산지. 기록에 따르면 19세기 중반까지 바롤로는 스위트 와인이었다고 한다. 바롤로를 만드는 네비올로 포도가 10월 중순이 넘어야 수확이 가능한 만생종이기 때문이다. 수확한 포도를 발효시키는 도중에 날씨가 추워지면서 자연스럽게 발효가 멈추었고, 잔당은 고스란히 와인에 남게 되었다. 물론 그 당시에는 낮은 온도에서 발효를 이어나갈 기술력이 없었다. 그렇게 바롤로 와인은 내추럴한 스위트 와인이 될 수밖에 없었다. 양조 기술이 발달하지 않았던 시기라 일어날 수 있었던 자연적인 해프닝이다. 이후 드라이한 바롤로가 어떻게 탄생했는지는 두 가지 설이 있다.

하나는 통일 이탈리아 왕국의 초대 재상인 카밀로 벤소 디 카부르가 프랑스 양조학자인 루이 우다르를 초청해 와인 양조에 자문을 구했다는 이야기다. 네비올로를 완전히 발효시키는 방법을 알았던 그에 의해서 최초의 모던 바롤로, 즉 드라이한 바롤로 와인이 탄생했다는 것이다. 이 새로운 드라이한 레드 와인이 순식간에 토리노의 귀족과 피에몬테를 다스렸던 사보이 왕가에 알려지면서 소위 있는 사람들이 즐기기 시작했고, 그때부터 바롤로는 '왕들의 와인, 와인의 왕'이라는 별칭으로 불리게 된다.

하지만 미국 보스턴 출신의 와인 비평가이자 작가인 커런 오키프는 2014년 《The King and Queen of Italian Wine》이라는 저서를 발간하면서 기존의 가설을 반박했다. 그녀는 1835년 《Istruzione intorno al miglior metodo di fare e conservare i vini in Piemonte》라는 긴 이름의 책을 발간한 파올로 프란체스코 스타릴에노가 모던한 드라이 바롤로의 창시자라 주장한다. 그는 카밀로 벤소의 포도밭을 관리하던 책임자로 1836년부터 1841까지 일했고, 외국으로 수출할 정도로 품질 높은 와인을 만들었다고 한다. 그가 바로 드라이한 바롤로 와인을 만들었던 창시자였으며, 그가 드라이한 바롤로를 만드는 방법을 당시에는 'the Staglieno Method'라 불렀다고 전한다.

그녀의 저서에 따르면 첫 번째 가설에 등장했던 우다르는 양조학자가 아닌 포도 및 와인 상인이었다. 그는 1800년대 초 제노아에 이주해서 메종 우다르 에 브루쉐Maison Oudart et Bruché 라는 와이너리를 설립했는데, 그가 알바에 와서 보니, 이미 스탈리에노 방법에 따라 드라이한 바롤로가 만들어지고 있었다는 것이다. 이 가설은 많은 와인 전문가들에 의해 지지를 받고 있기에 현재로서는 더 신빙성이 있어 보인다.

드라이한 바롤로가 어떻게 탄생했든 간에 바롤로 와인은 21세기에 들어서 큰 변화를 맞이하게 된다. 많은 와인 생산지와 마찬가지로 20세기 중반까지 바롤로 와인 생산은 대형 네고시앙들이 점령하고 있었다. 1960년대가 넘어서야 와이너리에서 와인을 직접 병입하고 자신이 재배한 포도로 싱글 빈야드 와인을 내놓기 시작했다. 1980년대가 되면서 다채로운 싱글 빈야드 와인들이 출시되었고, 서서히 바롤로를 만드는 네비올로 포도밭을 세분화하는 움직임이 시작됐다. 사실 바롤로의 포도밭을 구분하는 작업은 19세기 말 로렌조 판티니Lorenzo Fantini, 20세기 레나토 라띠Renato Ratti, 루이지 베로넬리Luigi Veronelli에 의해서 시작되긴 했지만 2009년까지 공식적인 분류가 이루어지지는 않았다.

그렇게 바롤로 와인을 만드는 생산자들은 다른 이탈리아 와인 산지보다 빠르게 자신들의 와인을 고급화하는데 한발 앞서 행동했고, 부르고뉴처럼 떼루아에 맞춰 포도밭을 쪼개고 그곳에 이름을 붙여 캐릭터화하는 데 성공했다. 개인적으로도 바롤로 와인을 생각하면 프랑스의 부르고뉴 와인이 연상된다. 둘 다 국가를 대표하는 프리미엄 와인이라

1. 바롤로 역사에서 가장 중요한 바롤로 와인 몬포르티노 2. 모던 바롤로의 창시자 엘리오 알타레

1. 왕의 와인, 와인의 왕이라 불리는 바롤로 **2.** 네비올로 포도밭

는 점에서 공통점을 갖지만, 깊이 들여다보면 흥미로운 역사와 (대체로)단일 포도 품종을 고집한다는 점, 그리고 까다로운 포도밭 분류 체계를 지녔다는 점에서도 비슷하다. 그리고 파워풀한 바롤로를 지향하는 이들은 동감하지 않을 수도 있겠지만, 은은하고 우아한 캐릭터도 부르고뉴 와인의 특징과 비슷하다고 생각한다.

바롤로 와인은 엄격히 11개의 코뮌, 쉽게 말하면 와인 마을을 아우르는 바롤로 존에서 탄생한 와인을 통칭한다. 포도는 물론 네비올로만 재배한다. 이중 바롤로 존의 약 87%의 생산량을 책임지는 라 모라, 바롤로, 카스틸리오네 팔레또, 세라룽가 달바, 몬포르테 달바는 최상급 바롤로 와인을 만드는 마을로 명성이 자자하다. 더 세분화해서 체레퀴오Cerequio, 브루나테Brunete, 로케 디 카스틸리오네Rocche di Castiglione 같은 싱글 빈야드는 마치 부르고뉴의 로마네 콩티나 클로 드 부죠처럼 특별 취급을 받는 특급 밭들이다.

바롤로 존의 주요 코뮌들은 토양의 성격에 따라 다시 두 그룹으로 나뉜다. 좀 더 화사하고 우아해서 접근하기 쉬운 타입의 바롤로와 장기 숙성에 적합한 파워풀한 스타일의 바롤로. 세부적으로 들어가면 각 마을의 캐릭터는 아래와 같이 나눌 수 있다. 물론 이와 같은 특징은 큰 시야에서 바라봤을 때 그렇고, 세부적으로 파고 들어가면 와이너리나 와인 메이커의 철학에 따라 달라질 수 있음을 명심하자.

라 모라 : fragrance, softness
바롤로 : grace and earthiness
카스틸리오네 팔레또 : boldness and richness
세라룽가 달바 : depth and power
몬페라토 달바 : concentration and structure

바롤로는 토양과 품종 특성상 갓 만든 와인에는 타닌이 많아서 바로 마시기가 힘들다.

그래서 오랫동안 숙성한 후에 마셔야 하는 것이 특징이다. 최소 숙성 기간은 법으로 정해져 있는데, 레이블에 바롤로라 이름 붙이려면 적어도 38개월(이중 18개월은 오크통)을 숙성시켜야 한다. 리제르바는 오크통 18개월을 포함해 최소 5년 이상 숙성을 시켜야 출시할 수 있다. 많은 생산자들은 법으로 규정한 기간보다 더 길게 와인을 숙성시켜서 출시하고 있다.

와인은 아니지만 번외로 소개하고픈 술이 있다. 바로 바롤로 키나토 Barolo Chinato 다. 바롤로 와인에 향을 가미한 술이다. 보통 허브나 향이 좋은 재료를 섞어 만드는데 달콤하고 여운이 꽤 길다. 한 마디로 꽤 맛있으니 기회가 되면 맛보기를 바란다.

바르바레스코 Barbaresco **DOCG**

바롤로와 함께 피에몬테를 대표하는 DOCG. 현지에서도 그렇고 많은 사람이 바롤로를 남성, 바르바레스코를 여성에 비유하곤 하는데, 반드시 그런 건 아니다. 대체로 바르바레스코가 약간 더 우아하고 여성적이라는 이미지가 있긴 하다. 하지만 두 와인을 블라인드로 테이스팅하게 되면 그 차이를 느낄 수 있는 사람은 많지 않다. 그리고 세간에는 바롤로가 바르바레스코보다 타닌이 높다고 이야기하는데, 연구 결과에 따르면 미미하거나 거의 없다고 밝혀졌다. 이처럼 바르바레스코는 바롤로에 가려진 면이 없지 않다. 하지만 가야 같

1. 바르바레스코 마을 근처의 네비올로 포도밭 2. 바르바레스코 마을에서는 저렴한 시음비로 다채로운 와인을 테이스팅할 수 있다
3. 바르바레스코 마을의 와인 사랑방 에노테카 델 바르바레스코

은 불세출의 와인 생산자 덕분에 현재는 바롤로만큼 높은 인기와 가격을 구사하고 있다. 사실 바르바레스코 와인의 역사는 짧다. 왜냐하면 19세기 후반 이전에는 바르바레스코 지역에서 재배된 네비올로 포도의 대부분이 바롤로를 만드는 데 쓰였기 때문이다. 하지만 변화는 한 사람에 의해서 시작됐다. 1881년 알바의 왕립 양조학교 이사로 취임하게 된 모데나 출신의 도미지오 카바짜는 1886년 바르바레스코 마을 근방에 농장과 포도밭을 구매한다. 그는 칸티나 소시알레라는 이름 아래 양조 시설을 갖추고 9명의 포도 재배자와 함께 네비올로로 와인을 탄생시켰다. 이 와인이 공식적인 최초의 바르바레스코 와인이다. 하지만 연이은 세계대전과 도미지오 카바짜의 사망으로 칸티나 소시알레는 문을 닫는다.

바르바레스코가 다시 재기할 수 있었던 건 1950년대 후반이 되어서다. 지금은 이 지역을 대표하는 와이너리인 브루노 지아코사(p282)와 안젤로 가야(p278)를 비롯한 역동적이고 진취적인 와인 생산자들이 선대의 유지를 받들어 뛰어난 바르바레스코 와인을 세계에 알리며 성공을 거두었다. 또한, 도미지오 카바짜의 정신을 이어받은 피오리노 마랜고 신부의 주도 아래 새로운 협동조합인 프로두또리 델 바르바레스코(p275)가 탄생하면서 바르바레스코는 바롤로의 그늘에서 벗어나 비로소 어깨를 나란히 할 수 있게 됐다.

바르바레스코를 구성하는 코뮌은 세 곳이다. 동명의 바르바레스코Barbaresco, 네이베

Neive, 트레이소Treiso. 바르바레스코 코뮌은 전체 바르바레스코 와인 생산량의 45%를 차지하고 있으며, 바르바레스코를 대표하는 와인 생산자들이 몰려 있다. 네이베와 비교해 색과 구조감에 있어서 다소 가볍다는 평가를 받는다. 바르바레스코 동쪽에 있는 네이베는 바르바레스코 와인 생산량의 31%를 책임지고 있다. 바르바레스코 코뮌과 반대로 풀바디하고 타닌이 많은 스타일이다. 또한, 산토 스테파노Santo Stefano나 브리꼬 디 네이베Bricco di Neive와 같은 특급 포도밭이 이곳에 있다. 마지막으로 트레이소는 바르바레스코 마을 남쪽에 있다. 셋 중 가장 높은 언덕에 있는 곳으로 가장 가벼운 바디를 보이지만 매우 섬세한 플레이버를 자랑하는 것으로 알려져 있다. 전체 생산량의 약 20%를 차지하고 있다.

바르바레스코는 바롤로와 마찬가지로 19세기 후반부터 최고의 포도밭을 분류하려는 시도가 꾸준히 있어왔다. 이후 1960년대 루이지 베로넬리가 그 리스트를 만들었고, 1970년대부터 와인 평론가들과 포도 재배자들이 그 자료를 바탕으로 자신만의 리스트를 만들어 공유해 왔다. 현재 바르바레스코 최고의 포도밭으로 평가받는 곳은 다음과 같다.

바르바레스코: Asili, Martinenga, Montefico, Montestefano, Rabaja
네이베: Albesani, Santo Stefano, Bricco di Neive, Gallina
트레이소: Pajore

이 포도밭들의 입지가 다른 곳 보다 뛰어나 좋은 포도가 영글 수 있는 가능성이 크다는 것이지, 이곳의 포도로 만든 바르바레스코 와인이 다른 와인을 압도한다는 것은 아니다. 참고만 하면 된다.

바르바레스코 와인의 숙성에 대한 규정은 바롤로보다 적다. 그 이유는 바르바레스코의 네비올로가 바롤로의 네비올로보다 미세기후의 차이 때문에 조금 더 일찍 익기 때문이다. 이 얘기는 포도의 타닌이 바롤로보다 낮을 가능성이 있을 수 있다는 것이기 때문에 발효나 침용, 그리고 숙성도 바롤로보다는 짧게 하는 경향이 있다. 물론 이는 그해 작황이나 포도 재배자, 혹은 와인메이커의 철학에 따라 충분히 변주가 가능한 부분이다.

바르바레스코라 레이블에 이름 붙이려면 적어도 24개월(이 중 9개월은 오크통)을 숙성시켜야 한다. 리제르바 등급은 오크통 9개월 포함해 4년 이상 숙성시켜야 출시할 수 있다.

브라케또 다퀴 Brachetto d'Acqui DOCG

브라케또 품종으로 만든 약 발포성 스위트 와인. 브라케또는 고대 로마시대 때부터 재배된 것으로 추측되는 유서 깊은 품종이다. 전설에 따르면 시저는 클레오파트라에게

아름다운 색과 기포가 매력적인 브라케또 다퀴

vinum acquense(지금의 브라케토 다퀴)를 선물했다고 한다. 다만, 필록세라의 피해로 재배 면적이 급격하게 줄어들었고, 보다 생산성이 좋은 품종으로 대체되다 보니 인기가 시들해졌었다. 하지만 전 세계적으로 마시기 편한 약 스파클링 스위트 와인의 수요가 폭발적으로 증가함에 따라 다시 전성기를 맞이했다. 이는 수치로도 확인할 수 있는데, 1985년에는 재배 면적이 62ha 불과했지만, 최근에는 1,300ha 가까운 면적으로 늘어났다.

브라케토 다퀴는 한국에서 밸런타인데이 때 많이 팔려나가는 인기 와인이다. 밝은 석류빛이 감도는 루비색과 장미를 연상시키는 품종 특유의 부드러운 꽃 향, 부드럽고 감칠맛 나는 맛으로 모스카토 다스티와 더불어 로맨틱 와인으로 인기를 끌고 있다. 간단히 아퀴라 부르기도 한다. 브라케토 품종을 97% 이상 써야 DOCG 자격을 얻을 수 있다.

아스티 Asti DOCG

국내에서는 아스티 DOCG보다는 모스카토 다스티Moscato d'Asti가 더 많이 알려져 있다. 아스티 DOCG에 모스카토 다스티가 속한다고 보면 되는데, 레이블에 아스티라 적혀 있는 경우나 모스카토 다스티나 둘 다 모스카토 100%로 만들어야 하는 건 같다.

모스카토 품종은 네비올로와 더불어 피에몬테 지역에서 가장 오랜 시간 재배된 품종이지

지하 셀러에서 2차 병 발효 숙성 중인 아스티 스푸만테

만, 발포성 와인으로 생산된 건 그리 오래된 일이 아니다. 지금은 이 지역에서 가장 오래되었고 가장 유명한 와이너리인 간치아(p285)의 설립자 카를로 간치아가 19세기 말 프랑스에서 배워 온 기술로 최초의 스파클링 모스카토를 생산한 것이 시초다. 낮은 알코올 도수, 그리고 달콤한 맛을 지닌 이 와인은 미국에서 선풍적인 인기를 끌었고, 많은 이들이 이 산업에 뛰어들게 된다. 다만, 샴페인처럼 까다로운 2차 병 발효 방식보다는 탱크에서 대량 생산되는, 지금의 모스카토 다스티 같은 와인들의 생산에 집중되었다.

참고로 탱크 발효 방식은 샤르마 메소드라고 부른다. 이 방법은 온도 조절이 관건이다. 우선 수확된 포도를 으깨는 과정에서 발효가 바로 시작되는 것을 막기 위해, 으깬 포도를 바로 영하로 온도 조절이 가능한 대형 탱크로 옮긴다. 이후 탱크를 완벽히 밀봉한 뒤 발효가 시작될 수 있도록 온도를 올린다. 탱크는 완전히 밀봉된 상태라 발효 때문에 생긴 이산화탄소가 빠져나가지 못하고 와인에 그대로 녹아 스파클링 와인이 된다. 이 상태에서 알코올 도수가 와인메이커가 원하는 상태에 이르면(보통 6~9%) 발효를 멈추기 위해 여과를 통해 와인 내 효모를 제거하고 병에 담으면 된다.

1993년 아스티 스푸만테가 DOCG를 획득하자 생산자들은 이 지위에 걸맞는 스파클링 와인을 생산하기 위해 2차 병 발효 방식으로 생산되는 고급 스파클링 와인으로 시선을

1. 식탁을 풍성하게 해주는 아스티 와인 2. 아스티 지방의 오래된 포도 압착기
3. 식전주로 좋은 아스티 와인

1. 알타 랑가 DOCG를 대표하는 콘트라또 와이너리 **2.** 지하 셀러에서 숙성 중인 스푸만테

돌렸다. 지금은 아스티 DOCG라는 이름으로 달콤하고 낮은 알코올 도수를 지닌 스타일에서부터 샴페인처럼 고급스러운 스타일까지 다채롭게 생산이 되고 있다. 2차 병 발효와 숙성을 시키는 샴페인 스타일의 경우 메토도 클라시코 Metodo Classico라고 레이블에 적혀 있다.

아스티 DOCG에는 아래와 같이 3곳의 서브 존이 있다.

카넬리 Canelli : Moscato d'Asti
산타 비또리아 달바 Santa Vittoria d'Alba : Moscato d'Asti, Vendemmia Tardiva (늦수확 스위트 와인)
스트레비 Strevi : Moscato d'Asti

알타 랑가 Alta Langa **DOCG**

2011년 DOCG로 승격된 매우 핫한 스푸만테 생산지. 약 80ha 정도의 규모이며, 오로지 2차 병 발효 방식의 고급 스푸만테 생산에 매진한다. 알타 랑가 DOCG는 해발고도 250m에 위치한 포도밭의 샤르도네와 피노 누아(두 품종 비율이 90% 이상)를 샴페인 방식으로 만든 고급 스푸만테를 말한다. 포도밭의 경사가 매우 가파르기 때문에 손으로만 포도를 수확해야 하고, 철저히 샴페인 방식으로 만들되, 최소 숙성 연도는 기본이 30개월, 리제르바 등급은 36개월로 지정되어 있다.

참고로 샴페인 방식이란 1차 발효된 와인을 병 안에 넣고 2차 발효를 시켜서 버블을 얻는 걸 의미한다. 병 속에 1차 발효 와인을 넣을 때 소량의 효모와 당분을 함께 넣고 밀봉한다. 병 안에서는 효모가 소량의 당분을 먹고 이산화탄소를 생성하는데 병이 단단히 밀봉되어 있기 때문에 빠져나갈 일이 없는 이산화탄소는 와인에 녹아서 기포가 있는 와인이 된다. 병 하나하나 일일이 신경을 써 줘야 하므로 가격이 비싼 편이다.

피에몬테

가비 Gavi DOCG

드라이한 피에몬테 화이트 와인의 대명사. 길게는 코르테제 디 가비Cortese di Gavi라고 부른다. 코르테제만 사용해서 만들며, 포도는 주로 알레쌘드리아 10개 지역 구릉지에서 재배된다. 참고로 현지에서는 코르테제를 쿠르테이즈Courteis라고 부른다. 대개 드라이한 스틸 와인으로 만들어지고, 가끔 기포가 있는 스푸만테도 찾아볼 수 있다. 만약 메토도 클라시코라고 적혀 있으면 샴페인 생산 방식과 똑같이 만든 고급 스푸만테라는 뜻이다. 드라이한 스타일의 가비 와인은 레드 와인 천지인 피에몬테 지역에서 아름다운 흰 꽃처럼 우아한 느낌을 준다.

네비올로 품종이 베이스가 되는 DOC/G

바롤로나 바르바레스코가 최고의 네비올로 와인임을 부정하는 사람은 없다. 하지만 비싼 가격 때문에 데일리 와인으로 즐기기에는 무리가 있는 편. 그래도 시선을 조금만 다른 곳으로 돌리면 훌륭한 네비올로 와인을 찾을 수 있다.

가띠나라Gattinara, 겜메Ghemme, 로에로Roero는 DOCG급 네비올로 와인을 선보이고 있다. 참고로 현지에서는 네비올로를 스판나Spanna라고 부른다. 그리고 개인적으로 밸류 와인이라 생각하는 DOC가 있는데, 바로 랑게 네비올로Langhe Nebbiolo DOC다. 빈티지가 좋은 해에는 바롤로나 바르바레스코에 뒤지지 않은 훌륭한 풍미를 보여준다. 이외에도 전문가들이 추천하는 네비올로 베이스 DOC는 다음과 같다.

보카Boca DOC, 레쏘나Lessona DOC, 브라마테라Bramaterra DOC, 시짜노Sizzano DOC, 파라Fara DOC, 카레마Carema DOC

1. 높은 구릉에 자리 잡은 네비올로 포도밭 2. 가성비 좋은 랑게 네비올로 와인

피에몬테 음식과 좋은 매칭을 이루는 바르베라 다스티

바르베라 품종이 베이스가 되는 DOC/G

2020년 기준 이탈리아 TOP 10 포도 품종 중 10위에 랭크되고 있는 바르베라는 대중적이고 접근하기 편안한 레드 와인을 생산한다. 이탈리아 많은 주에서 이 품종을 재배하고 있지만 가장 좋은 품질의 바르베라 와인을 찾으려면 단연코 피에몬테다. 만약 피에몬테에 네비올로만 있었다면, 와인 애호가들은 네비올로 와인을 숙성시키는 기다림에 지쳐버렸을 것이다. 바르베라는 좋은 산미를 지닌 품종이기 때문에 피에몬테의 특산 요리들과의 궁합도 매우 좋다. 이 품종으로 만드는 여러 DOCG가 있는데, 그중 2008년 DOCG로 승격한 바르베라 다스티 Barbera d'Asti DOCG가 가장 무난하게 접근할 수 있는 와인이다.

바르베라 다스티도 니짜 Nizza, 티넬라 Tinella, 콜리 아스티아니 Colli Astiani와 같은 서브존이 있다. 특히, 크뤼 급으로 평가 받는 니짜야말로 TOP 바르베라 와인이 탄생하는 곳이다. 최고급 바르베라 와인에 관심이 있는 이들이라면 분명히 도전할 만하다. 보통 10년 이상 거뜬히 저장이 가능하다.

이밖에 바르베라 델 몬페라토 수페리오레 DOCG도 추천한다. 우선 DOCG가 붙으면 한 번쯤 도전해봐도 무방하다. 이외에 바르베라 달바 Barbera d'Alba, 바르베라 델 몬페라토

피에몬테

Barbera del Monferato가 바르베라 품종만을 사용하거나 바르베라 품종을 주로 이용해서 레드 와인을 만드는 DOC 지역이다. 가격이 적당해서 편안하게 식탁에 올릴 수 있는 밸류 와인이라 할 수 있다.

돌체또 품종이 베이스가 되는 DOC/G

돌체또는 가벼운 스타일의 레드 와인을 선호하지 않는다면 추천하지 않는다. 하지만 훌륭한 푸드 와인이라 피에몬테 전통 음식과 함께 한다면 더할 나위가 없다. 가장 추천하고 싶은 돌체또 와인은 2005년 DOCG로 승격한 돌체또 디 돌리아니 수페리오레Dolcetto di Dogliani Superiore. 줄여서 돌리아니라고도 부른다. 돌체또 품종만 사용해서 만드는 와인으로는 최초로 DOCG를 획득했다. 특히, 이 와인은 숙성된 치즈와 마시면 환상적인 궁합을 보인다. 이외에도 돌체또 디 오바다 수페리오레Dolcetto di Ovada Superiore(줄여서 오바다), 돌체또 디 디아노 달바Dolcetto di Diano d'Alba, 둘 다 모두 DOCG 와인이니 도전해볼 만한 가치가 있다. 보통 오바다를 가장 수준급의 돌체또 와인으로 친다. 저렴하고 무난한 돌체또 달바Dolcetto d'Alba DOC 같은 와인은 한국 시장에서도 종종 발견할 수 있다. 돌체또라는 품종이 지닌 정직한 풍미를 보여주는 밸류 와인이라 할 수 있다.

기분 좋은 산미가 매력적인 돌체또 달바

아르네이스 품종이 베이스가 되는 DOC/G

레드 와인이 강세인 피에몬테에서도 훌륭한 화이트 품종이 있다. 바로 아르네이스와 코르테제다. 화사하고 균형 잡힌 두 품종은 향기롭고 마시기 편한 스타일의 화이트 와인을 만든다. 추천하는 아르네이스 와인은 두 곳이 있다. 우선 로에로Roero DOCG. 2005년 DOCG로 승격된 곳이다. 로에로 아르네이스는 아르네이스 100%로 만들어지고, 드라이 화이트나 스푸만테로도 생산된다. 아주 훌륭한 화이트 와인이다. 이외에도 랑게 DOC에서도 아르네이스만을 가지고 화이트 와인을 생산한다. 밸류 화이트 와인으로 강력히 추천한다.

세 와인 전문가가 꼽은
바롤로 최고의 포도밭

1. 레나토 라띠의 포도밭 분류 지도 **2.** 수많은 포도밭으로 쪼개져 있는 피에몬테의 광활하고 구릉진 평원

와인 전문가들의 주된 관심사는 최고의 포도밭은 어디인가이다. 좋은 와인이 되려면 기본적으로 포도밭의 입지가 좋아야 하기 때문이다. 이탈리아 와인 전문가들 또한 20세기 후반부터 바롤로 지역 최고의 포도밭은 어디인가에 대해 적극적인 관심을 보여왔다. 그리고 몇몇 선구자적인 인물들은 포도밭의 특징을 세분화하기 시작했다. 그 주역에 레나토 라띠Renato Ratti, 알레싼드로 마스나게띠Alessandro Masnaghetti, 안토니오 갈로니Antonio Galloni가 있다.

첫 번째 인물인 레나토 라띠는 바롤로의 유명 와이너리 레나토 라띠 와이너리의 설립자이다. 그에 대해서는 이 와이너리 소개 페이지(p292)를 참고하자. 피에몬테, 특히 바롤로 와인이 한 단계 나아가는 데 큰 공을 세운 그는 1970년대 자기가 꼽은 최고의 포도밭을 표시한 지도를 만들었다. 그는 이탈리아의 유명한 와인 평론가인 루이지 베로넬리의 저서 《The Wines of Italy》에 수록된 비공식 바롤로 등급에 영감을 받아 지도를 제작하게 되었다고 한다.

두 번째는 열정적인 지도 제작자 알레싼드로 마스나게띠다. 그는 1990년대 피에몬테 포도밭의 지도 분류 작업을 시작하면서 바롤로 최고 등급의 포도밭을 세분화했다. 특히 21세기 초에는 더욱 정교한 컴퓨터 맵핑 테크닉이 등장하면서 그의 작업물은 날개를 달았다.

세 번째는 로버트 파커의 《Wine Advocate》에 피에몬테 보고서를 작성해 주목 받은 안토니오 갈로니다. 나중에 파커를 떠난 그는 자신만의 팀을 꾸려 'Vinous'라는 프로젝트를 시작했다. 이 프로젝트를 통해 그는 부르고뉴처럼 바롤로의 포도밭을 그랑 크뤼, 프르미에 크뤼 등으로 세분화하는 작업을 시작한다고 알렸다.

피에몬테

아래 리스트는 위의 세 명이 꼽은 최고의 바롤로 포도밭에 대한 것이다. 물론 와인은 기호식품이고, 사람의 입맛은 모두 다르다. 또한 이 평가는 포도밭의 입지, 그러니까 떼루아에 대한 평가지, 이 포도로 만든 와인을 평가하는 표가 아니다. 좋은 와인을 만들려면 당연히 좋은 포도가 필요하지만, 좋은 포도라도 와인메이커의 실력에 따라 밋밋한 와인이 될 수도 있다. 그러니 아래 표는 단순 참고용임을 명심하자. 그 누구의 판단과 의견도 자신의 혀가 내리는 판단보다 앞설 수는 없다.

세 전문가가 공통으로 최고의 포도밭이라고 평가하는 곳은 세 곳이다. 맨 위부터 브루나테, 체레퀴오, 로께 디 카스틸리오네. 그리고 그다음에 이어지는 두 포도밭인 몬프리바토와 로케 델 아눈지아타도 TOP에 속한다고 평가받고 있다. 나머지 포도밭에 대해서는 약간씩 이견이 있지만, 바롤로 와인의 애호가라면 아래 표에 리스팅된 포도밭의 이름을 기억해 둘 필요는 있다.

포도밭 이름	라띠	마스나게띠	갈로니
Brunate (La Morra / Barolo)	1°	★★★★★ Superiore	Exceptional
Cerequio (La Morra / Barolo)	1°	★★★★★ Superiore	Exceptional
Rocche di Castiglione (Castiglione / Monforte)	1°	★★★★★ Superiore	Exceptional
Monprivato (Castiglione Falletto)	1°	★★★★★	Exceptional
Rocche dell'Annunziata (La Morra)	1°	★★★★★	Exceptional
Vigna Rionda (Serralunga d'Alba)		★★★★★ Superiore	Exceptional
Francia (Serralunga d'Alba)		★★★★★	Exceptional
Villero (Castiglione Falletto)	1°	★★★★★	
Brea			Exceptional
Cannubi	1°		
Falletto			Exceptional
Gabutti-Prafada	1°		
Ginestra			Exceptional
Lazzarito	1°		
Marenca-Rivette	1°		
Ornato (Serralunga d'Alba)		★★★★★	

Special

전통과 현대의 대립, 바롤로 전쟁

네비올로는 그 역사가 무려 1세기 전으로 거슬러 올라갈 정도로 오래된 품종이다. 15세기 라 모라, 그러니까 지금의 바롤로 지역의 칙령을 보면, 라 모라 지역에서 자라는 네비올로 포도나무를 다루는 것에 대한 엄격한 법을 확인할 수 있다. 당시 법에 따르면 네비올로 포도나무를 자르거나 뽑게 되면 무거운 벌금을 내렸고, 만약 다시 한 번 이를 어길 시 오른손을 자르거나 교수형에 처했다고 한다. 이토록 오래되고, 중요한 네비올로 품종은 오랜 시간 동안 와인 양조 방식에 변화를 겪어 왔다. 그리고 현대에 들어 전통적인 방식과 현대적인 방식, 두 가지 방법으로 만들어지게 된다.

전통적인 방식은 과거 네비올로 포도 품종을 오랜 시간 다루어왔던 전통주의자들의 관습과 많은 연관이 있다. 과거에는 지금처럼 온도 조절을 자유자재로 할 수 없었기 때문에, 늦게 수확한 네비올로를 양조할 때가 되면 이미 날씨가 추워져서 발효가 더디게 진행되었다. 때때로 추위가 일찍 찾아오면 발효가 아예 멈추기도 했다. 발효가 지연된다는 것은 자연스럽게 긴 침용으로 이어졌고, 네비올로 포도가 지닌 풍부한 산과 폴리페놀, 그러니까 타닌이나 안토시아닌 등이 와인에 녹아날 수밖에 없었다. 때문에 이를 조절할 수 없었던 과거의 생산자들은 어쩔 수 없이 네비올로 와인의 높은 산도와 통렬한 타닌을 부드럽게 만들기 위해서 시멘트나 큰 나무통에서 5년 이상의 장기 숙성을 할 수밖에 없었다. 바롤로가 장기 숙성 와인의 대명사가 된 것은 여기서 비롯됐다. 문제는 과거의 와인 생산자들은 위생 관념이 별로 없었다는 점이다. 대대로 전해져 내려오는 좀 먹은 오래된 나무통과 시멘트 탱크에서 와

1. 바롤로와 바르바레스코를 만드는 네비올로 품종 2. 포도 껍질과 과육을 접촉시키는 과정을 침용이라 부른다
3. 과거 바롤로는 오래된 대형 나무통에서 장기간 숙성을 거쳐야 했다

인을 숙성시켰다. 당연히 오염이 심한 통에서의 숙성은 박테리아 감염을 유발했고, 좋지 못한 향과 맛을 지닌 와인이 만들어지기 일쑤였다.

반대로 현대적인 와인메이킹은 3~4주나 소요되는 긴 침용에서 벗어나, 7~10일 정도로 기간을 줄이고 온도를 낮춘 저온 침용을 해서 네비올로의 과실 맛과 향을 보존하는 데 중점을 둔다. 그리고 네비올로의 날카로운 산도를 부드럽게 만들기 위해 유산 발효(Malolactic Fermentation)를 진행한다. 이에 더해 네비올로의 타닌을 보다 빠르게 진정시킬 수 있는 작은 배럴, 대표적으로 프렌치 바리크를 사용한다. 솔직히 네비올로의 현대적인 와인메이킹은 요즘 흔하게 볼 수 있는 것이다. 다만, 네비올로 와인은 그 역사가 꽤 오래되었기 때문에 화석처럼 굳어진 전통주의자들의 관습을 깨부수는 것 자체가 매우 어려웠다는 게 포인트다.

와이너리 소개에서 다룰 엘리오 알타레(p288)에도 나오지만, 전통주의자들에게 반기를 든 대표적인 사람이 바로 엘리오 알타레다. 엘리오 알타레는 선대들이 해오던 방식, 그러니까 낡고 더러운 나무통에서 와인을 오랜 시간 숙성하는 것에 의문을 가지고 당시 이탈리아보다 앞서 있던 프랑스 부르고뉴로 가서 선진화된 포도 재배 기술과 와인메이킹 노하우를 배워왔다. 그는 고향으로 돌아와 갖가지 혁신을 일으킨다. 가장 큰 변화는 작은 용량의 프렌치 바리크를 도입한 것. 지금이야 '그게 뭐 대수야'라고 생각할 수 있지만, 당시 피에몬테의 와인 생산자들에게는 매우 충격적인 일이었다. 그들에게 와인을 저장하고 숙성시키는 통이란 응당 크고 오래됐어야 했기 때문이다. 그리고 이탈리아인이 프랑스 산을 쓴다는 것 자체가 자존심이 허락하지 않았다.

엘리오 알타레가 바리크를 처음 사용하기 시작한 해는 1983년이다. 그가 대대로 사용하던 오래된 체스트넛 나무통 20개를 전기톱으로 박살 내버린 것은 전설처럼 내려오는 일화다. 이 일은 그의 아버지에게 매우 모욕적인 일이었고, 2년 뒤 세상을

피에몬테에서도 이제 흔하게 찾아볼 수 있는 프렌치 바리크

1. 모던 바롤로의 선구자 엘리오 알타레 **2.** 엘리오 알타레의 올드 빈티지 바롤로 **3.** 프렌치 바리크 **4.** 대형 나무통인 보띠

떠날 때 엘리오를 상속인에서 제외했다고 한다. 그의 말에 따르면, 아버지는 눈을 감는 그 순간까지도 자기를 미쳤다고 생각했다고 한다.

사실 아버지와의 트러블은 오크통에서만 있었던 건 아니다. 엘리오는 양질의 포도를 얻기 위해서는 가지치기와 그린 하베스트가 필수라고 생각했지만, 멀쩡한 포도를 땅에다 버리는 행위는 아버지에게, 아니 선대에게 있어서는 있을 수 없는 행동이었다. 엘리오의 아버지는 그에게 이렇게 이야기했다고 한다. "난 70년 동안 가지치기를 해왔다. 근데 네가 나한테 어떻게 가지치기를 하는지 가르친다고?" 엘리오의 아버지는 이후로 다시는 포도밭에 발을 들이지 않았다.

이처럼 전통주의자들과 모더니스트들의 대립이 한창일 때 1986년 이탈리아 와인 업계를 완전히 추락시킨 사건이 발생한다. 비윤리적인 이탈리아 와인 생산자들이 알코올을 높이기 위해 메탄올을 섞은 와인을 유통했고, 이를 마신 소비자 23명이 사망한 것. 이 사건은 기나긴 와인 역사에서 최악의 스캔들을 꼽을 때 항상 상위권에 리스팅 되는 비극적인 사건이다. 소 잃고 외양간 고치는 격이긴 했지만, 이로 인해 이탈리아 와인 업계는 와인 생산에 있어서 엄격한 기준을 마련하게 되었다.

그리고 엘리오 알타레는 이 사건을 전통보다 품질을 우선하는 분위기를 만드는 발판으로 삼았다. 주변의 뜻있는 생산자들을 규합해서 품질을 향상 시키기 위한 여러 실험을 하게 된다. 이 단체의 이름이 바로 바롤로 보이즈다. 바롤로 보이즈가 국제적인 성공을 거둘 수 있었던 것은 이탈리아계 미국인이었던 마르코 드 그라지아Marco de Grazia의 공도 컸다. 그는 유명한 와인 중개상이자, 시칠리아의 유명 와이너리 테레 네레의 오너다. 이탈리아 피렌체에서 태어난 그는 미국에서 대학을 졸업하고, 본격적으로 자신이 고른 이탈리아의 우수한 브랜드들을 미국 시장에 소개했다. 시작은 토스카나였고, 이후 바롤로 보이즈도 그와 함께했다.

바롤로 보이즈가 미국으로 진출하면서 세계적인 와인 평론가 로버트 파커나, 영향력 있는 미국의 와인 매거진 《Wine Spectator》에서 그들의 와인이 높은 점수를 획득했다. 이는 피에몬테 지역에도 큰 영향을 미치게 된다. 그들은 반항아였지만 동시에 혁신가였고, 누가 뭐라고 하든 세계 와인 업계의 이목

1. 쟈꼬모 콘테르노의 현 오너 로베르토 콘테르노 2. 전통 방식의 바롤로 3. 모던 바롤로 생산자인 도메니코 클레리코 4. 현대적인 바롤로

을 다시 피에몬테로 돌린 역사의 산증인이었다.
다만 전통주의자로서 바롤로를 수십 년간 지켜왔던 구세대들에게 이들의 행보가 마냥 기쁘지는 않았다. 일명 바롤로 전쟁(Barolo War)이라 불리는 전통주의자들과 모더니스트들의 대립은 꽤 오래 지속되었다. 재미있는 사실은 모던 바롤로에 대한 세간의 극찬이 이어지다가 시간이 지나면서 다시 전통주의자들의 바롤로로 관심이 변했다는 것이다. 이 상황에서 모더니스트를 자칭하던 생산자들 몇몇은 전통으로 회귀하기도 했다.
즉, 네비올로의 전통주의적 접근이 마냥 틀렸던 것이 아니었다. 틀린 건 과거의 잘못된 위생 관념이었다. 그래서 모더니스트들도 구세대들의 노하우 중에서 받아들일 건 받아들이고, 전통주의자들도 선진화된 양조 기술을 받아들이면서, 신구가 융합된, 즉 진화된 네비올로 와인들이 현재 만들어지고 있다. 많은 네비올로 생산자들이 경계의 구분 없이 빈티지에 따라 침용을 길게 하기도 짧게 하기도 하고, 대용량의 보띠와 프렌치 바리크를 동시에 사용하고 있는 추세다. 우리 부부는 피에몬테 지역을 여행하면서 전통주의자라고 볼 수 있는 쟈꼬모 콘테르노

(p280)도 방문했고, 모더니스트의 수장인 엘리오 알타레 와이너리도 방문했다. 두 와인 모두 훌륭하다. 누가 더 낫냐의 문제가 아닌, 두 와인은 각자의 철학에 따라 만든 최고의 네비올로 와인이다.
파란만장한 역사를 지닌 네비올로는 전통적인 와인메이킹을 거쳤냐, 혹은 현대적인 와인메이킹을 거쳤냐에 따라 풍미에 차이가 있다. 전통적인 방법으로 만든 네비올로 와인은 벽돌색, 나아가 오렌지색을 띈다. 향에서도 장미, 제비꽃, 타르, 스모키, 트러플, 마른 허브 향이 감미롭게 다가온다. 입에서는 기분 좋은 산도와 오밀조밀한 타닌이 부드럽게 혀를 감싼다. 반면, 현대적인 방법으로 생산된 네비올로 와인은 선명한 루비색을 띤다. 풍미는 체리, 장미, 가죽, 아니스, 감초 등의 강렬한 아로마와 부케가 인상적이다. 입안을 가득 채우는 힘과 좋은 결의 타닌, 그리고 긴 여운이 특징적이라고 할 수 있다.
전통적이든 현대적이든 네비올로 와인은 천연 산도와 타닌 때문에 병 속에서 오랜 시간을 숙성시킬 수 있다. 대개 십 년 이상도 거뜬하다. 바롤로나 바르바레스코 같은 최상급 와인은 30년 넘게 병에서 진화하기도 한다.

피에몬테

추천! 와이너리
Recommended Wineries

프로두또리 델 바르바레스코

Produttori del Barbaresco

프로두또리 델 바르바레스코(이하 PdB)는 바르바레스코의 전설적인 와인 명가 가야와 함께 지역을 대표하는 협동조합형 와이너리다. 1894년 알바의 왕립 양조학교 교수였던 도미지오 카바짜Domizio Cavazza가 설립한 최초의 협동조합으로 시작한 PdB는 당시 바롤로에 가려져 있던 바르바레스코 와인을 알리는 데 큰 공헌을 했다. 최초에는 칸티나 소시알레Cantina Sociale라 불렸다. 1930년대 파시스트 정부에 의해 잠시 문을 닫았다가 마을의 신부였던 마렌고 피오리노Marengo Fiorino의 주도 아래 1958년 19개의 작은 와이너리들이 규합해 협동조합을 재탄생시켰다. 현재 51곳의 멤버, 100ha에 이르는 포도밭에서 바르바레스코의 네비올로 진정성을 담은 와인을 선보이고 있다. 특히, 와이너리가 선보이는 9곳의 싱글 빈야드 바르바레스코 와인들은 바르바레스코 와인의 정석을 구현하고 있다. 협동조합 와인이라면 으레 품질이 낮은 것으로 여기는 이들에게 신선한 충격을 안겨 줄 만큼 대단한 퀄리티를 자랑하기 때문에 꼭 들러보기를 추천한다. PdB는 오래전부터 파커를 비롯한 세계 유수의 저명한 와인 평론가들로부터 최고의 바르바레스코 와인으로 평가받고 있다. 마을 중심에 사무실이 있고, 간단한 와인 테이스팅을 무료로 진행한다.

- 바르바레스코 마을 내 위치
- 54, Via Torino, 12050 Barbaresco (CN)
- +39 01 73 63 51 39
- 월~금 9:00~18:00
- 홈페이지나 전화를 통한 별도 예약
- www.produttoridelbarbaresco.com

추천 와인

랑게 네비올로 DOC를 제외한 나머지 와인은 모두 바르바레스코다. 9가지 싱글 빈야드 바르바레스코는 가격이 살짝 부담될 수 있어 일반 바르바레스코 DOCG를 추천한다. 25유로의 합리적인 가격이지만, 누구나 만족시킬 수 있을 만큼 훌륭한 밸런스를 자랑한다.

°로께 데이 바르바리 Rocche dei Barbari

매우 독특하게도 로께 데이 바르바리 와인을 사거나 맛보려면 반드시 바르바레스코 마을까지 와야 한다. 이들 와인은 외부로 유통되지 않고 오직 마을 내 있는 와인 샵에서만 판매 및 시음을 하기 때문이다. 바르바레스코 마을까지 가는 게 관건이기는 하지만, 평소 접해보기 힘든 올드 빈티지 바르바레스코 와인을 시음할 수 있다는 점에서 강력하게 추천한다. 와이너리는 17세기부터 꾸준히 와인을 생산해 온, 바르바레스코의 유서 깊은 와인 가문에 의해서 탄생했다. Rocche dei Barbari라는 이름으로 와인을 만들기 시작한 것은 1974년. 여기서 Rocche는 언덕이라는 뜻, Barbari는 야만인이라는 의미를 지니고 있다. 과거 이 지역에 거주하던 야만족 역사에서 와이너리 이름이 비롯됐다. 1974년부터 와이너리 이름의 유래가 된 언덕의 포도밭에서 네비올로로 수준급의 와인들을 선보이고 있다. 메인 와인은 알리비오Alivio라 불리는 바르바레스코 리제르바다. 이 와인은 늦수확한 고퀄리티의 네비올로 포도를 발효시켜서 최소 5~10년 정도 숙성시킨 후 출시한다. 숙성 용기는 몇 번 사용한 나무통이나 시멘트만을 쓰는데, 이는 매해 빈티지의 특징과 포도 자체가 지닌 고유의 향과 맛을 유지하기 위함이다.

○ 바르바레스코 마을 내 위치
62, Via Torino, 12050 Barbaresco (CN)
+39 01 73 63 51 38
월~금 9:00~18:00
홈페이지나 전화를 통한 별도 예약
www.rocchedeibarbari.it

추천 와인

와이너리의 메인 와인 알리비오를 추천한다. 와인 샵에서 1990년대 빈티지까지 매우 신선한 상태로 테이스팅 할 수 있다. 1993년과 2006년 빈티지가 특히 추천할 만하다. 아름다운 오렌지 가넷 컬러, 매혹적인 발사믹 향이 특징적이다. 가격은 빈티지마다 차이가 있지만 30유로 내외.

°보파 Boffa

와이너리가 위치한 피에몬테 남부는 왼쪽에 그림 같은 알프스 산맥을, 남쪽으로는 웅장한 아펜니노산맥을 병풍처럼 두르고 있다. 본래 산기슭을 뜻하는 피에몬테 지명이 바로 이 같은 자연환경에서 비롯됐다. 이 산맥들 때문에 피에몬테 내륙, 특히 와인 산지가 몰려 있는 남부는 가을이 되면 종종 안개가 자욱하게 내려앉는 독특한 환경을 보인다. 보파 와이너리의 테라스에서는 사시사철 변화하는 바르바레스코의 아름다운 경치를 감상할 수 있다. 특히, 가을 안개가 이곳을 자욱이 덮었을 때 방문하게 된다면 안개에 휩싸여 와인을 테이스팅하는 잊지 못할 경험을 하게 될 것이다. 보파는 피에트로 보파Pietro Boffa에 의해 1960년대에 설립됐다. 현재는 카를로 보파Carlo Boffa가 포도 재배와 와인메이킹을 전담하고 있고, 그의 아내 로라Laura가 와이너리의 재무 및 무역을 담당하고 있다. 와이너리가 소유한 4ha의 포도밭은 친환경으로 관리하고 있다. 바르바레스코는 물론, 돌체또 달바와 바르베라 달바까지 다채로운 와인을 선보인다. 모든 와인은 야외 테라스에서 글라스로 느긋하게 테이스팅할 수 있다. 글라스에 가득 따라주는 와인과 무료로 제공되는 크래커가 주인장의 후한 인심을 느끼게 한다. 테이스팅 가격은 와인마다 다르지만 3~5유로 선. 참고로 작은 게스트 하우스도 운영한다.

⊙ 바르바레스코 마을 내 위치
⌂ 17, Via Torino, 12050 Barbaresco (CN)
☏ +39 01 73 63 51 74
🕐 11:00~18:00(수요일만 휴무)
📧 전화나 이메일(casaboffa@yahoo.it)을 통한 사전 예약 필수
🌐 www.boffacarlo.it

추천 와인

와인 퀄리티는 무난한 편이다. 가장 추천하는 와인은 랑게 네비올로. 가격이 15유로로 적당하고, 퀄리티도 좋다. 와인을 대형 오크통에 숙성하는 전통적인 방식으로 만들어졌기 때문에 네비올로 특유의 체리, 레드플라워 향이 은은히 풍기고 질감도 우아하다.

가야 Gaja

명실상부 이탈리아를 대표하는 와이너리. 가야는 현 오너 안젤로 가야Angelo Gaja의 증조할아버지 지오반니 가야Giovanni Gaja가 1859년에 설립했다. 와이너리가 지금의 위치에 오르게 된 건 크게 두 가지 이유로 설명할 수 있다. 첫째, 가야의 아버지인 지오반니(증조할아버지와 동명)가 이른 시기에 바르바레스코 최고의 포도밭인 소리 산 로렌조Sori San Lorenzo, 소리 틸딘Sori Tildin, 코스타 루씨Costa Russi의 가치를 미리 알아채고 선점한 것. 둘째, 20대에 와이너리를 이어받은 안젤로 가야의 혁신이다. 안젤로는 와이너리에서 몇 가지 기념비적인 업적을 이루어냈는데, 가장 높게 평가받는 것이 마케팅이다. 그는 1960년대, 바르바레스코 와인에 대한 정보 자체가 없던 유럽 곳곳의 레스토랑으로 직접 달려가 자신의 와인을 소개하고 맛보게 했다. 결국 그의 노력은 성공했고, 와인 애호가들은 GAJA의 와인이 '가자'가 아닌 '가야'로 발음해야 한다는 것을 알게 됐다. 안젤로는 바르바레스코 와인을 알리고 그 빛을 보기까지 거의 20년이 걸렸다고 고백한다.

또 다른 혁신은 매우 보수적인 피에몬테 시골에서 까베르네 소비뇽을 비롯한 여러 국제 품종을 재배한 것이다. 안젤로가 1975년 브리꼬Bricco 남향 언덕 2ha에 달하는 네비올로를 뽑아내고 까베르네 소비뇽을 심었을 때 마을 주민들은 그 일을 수치스러운 짓으로 치부했다. 마을 시장이었던 안젤로의 아버지도 이를 받아들이기 어려웠고, 그 포도밭을 지날 때마다 '다르마지(Darmagi, 정말 부끄러운 일이다)'라고 중얼거렸다. 이런 상황에서 안젤로 가야는 1982년 까베르네 소비뇽 와인을 병입하고 그 와인을 '다르마지'라고 명명하면서 그가 절대 틀리지 않았음을 와인의 퀄리티로 증명해냈다. 이후 안젤로 가야는 잠자고 있던 바르바레스코를 현대적 스타일로 숙성시켜 이탈리아 최고의 와인을 만들어냈다. 이탈리아 와인의 르네상스를 이끈 주역 중 한 명이 된 그는 오늘날 '피에몬테의 왕자'라는 수식어로 통한다. 현재 가야는 토스카나 몬탈치노에 피에브 산타 레스티튜타Pieve Santa Restituta와 볼게리에 카마르칸다Ca'Marcanda 와이너리를 추가로 운영하는 이탈리아 와인 산업의 거인이다.

추천 와인

가야의 대표 와인은 단연 바르바레스코다. 특히 싱글 빈야드인 코르타 루씨, 소리 틸딘, 소리 산 로렌조는 그 이름만으로도 와인 애호가들을 설레게 하는 명품 와인들이다. 다만 가격이 매우 비싸다. 여러 밭의 네비올로를 섞어서 만든 일반 바르바레스코 와인이 그나마 가격까지 착한 밸류 와인이라 할 수 있다. 입안을 적시는 부드럽고 우아한 와인의 질감이 황홀하다. 가격은 빈티지마다 상이하며, 대략 100유로 선.

📍 바르바레스코 마을 내 위치
🏠 5, Via Torino, 12050 Barbaresco (CN)
📞 +39 01 73 63 51 58
🍽 사전 예약에 한해서만 오픈
📧 전화나 이메일(info@gaja.com)을 통한 사전 예약 필수
🌐 gaja.com

쟈꼬모 콘테르노 Giacomo Conterno

전설적인이라는 수식어가 매우 잘 어울리는 와이너리. 쟈꼬모 콘테르노는 오로지 바롤로 와인에 헌신하는 곳이다. 그들이 매우 드물게 세상에 선보이는 바롤로 몬포르티노Monfortino의 경우 와인의 왕이라는 별칭을 지니고 있는 바롤로 안에서도 단연코 최고의 와인으로 평가받는다. 참고로 몬포르티노 바롤로 1978 빈티지는 로버트 파커가 만점을 주었다. 또한, 마스터 오브 와인 니콜라스 벨프라게는 1999년에 이 와인을 마시고 다음과 같이 이야기했다. "죽기 전에 한 병의 와인을 고를 수 있다면 몬포르티노를 선택할 것이다." 제1차 세계대전에서 무사히 귀향한 쟈꼬모는 유난히 포도 품질이 좋았던 해, 네비올로의 강력한 타닌을 시간으로 잠재우기 위해 오랜 시간 발효 및 숙성시켜 진정한 바롤로의 모델을 구축했다. 그리고 이 와인을 마을 이름 몬포르테에서 따와 몬포르티노라고 명명했다. 그가 대단한 것은 당시 나무통이나 플라스틱에 담아 빨리 소비되도록 만들던 다른 바롤로 생산자들과 달리, 네비올로의 숙성 잠재력을 깨닫고 병입 및 숙성해서 와인을 팔았다는 점이다. 그에게는 두 아들이 있었는데, 큰아들 지오반니는 선대가 고집하던 전통적인 방식을 이어갔다. 이 전통적인 방식이란 것은 매우 긴 침용과 대형 배럴에서의 오랜 숙성이다. 참고로 1970년 빈티지의 몬포르티노의 경우 약 5주가 넘는 시간 동안 침용을 진행했고, 대형 배럴에서 무려 15년을 숙성시킨 후 출시한 것으로 유명하다. 현재 와이너리는 몬포르티노와 체레따Cerretta, 아리오네Arione까지 총 세 곳의 포도밭을 소유하고 있으며, 전 세계 와인 애호가들의 수집 대상이 되고 있다.

추천 와인

단연 와이너리를 지금의 위치로 끌어 올린 몬포르티노 바롤로를 추천한다. 하지만 워낙 소량이라 구하기 어렵고, 가격도 선뜻 손이 가지 않는 고가이다. 그 때문에 일반 바롤로를 추천한다. 빈티지마다 차이가 있지만, 이 또한 100유로 내외로 가격이 상당한 편이다. 그래도 매우 훌륭한 퀄리티를 생각한다면 적어도 한 번은 경험해 봐도 좋을 와인이다.

바롤로 마을에서 차로 약 10분
Conterno Loc. Ornati, 12065 Monforte d'Alba (CN)
+39 01 73 78 221
사전 예약자에 한해서만 오픈
전화나 이메일(conterno@conterno.it)을 통한 사전 예약 필수
www.conterno.it

라 스피네따 La Spinetta

코뿔소와 사자가 그려진 독특한 레이블로 유명한 와이너리. 와이너리에서 공식적으로 밝혔지만, 레이블의 코뿔소와 사자는 와이너리나 와인 자체와는 아무런 관계가 없다. 오너가 이 그림(정확히는 판화)을 그린 알브레히트 뒤러Albrecht Durer의 팬일 뿐이다. 라 스피네따는 리베띠Rivetti 가문이 1977년 피에몬테의 카스타뇰레 란쩨에 설립한 와이너리다. 참고로 La Spinetta는 영어로 Top of the Hill이라는 뜻이다. 와이너리 이름 그대로 랑게 언덕이 조망되는 아름다운 언덕에 와이너리가 자리잡고 있다. 스피네따가 최초에 생산했던 와인은 모스카토 다스티였다. 다만, 여러 포도밭의 모스카토를 블렌딩한 대량 생산용 모스카토 다스티가 아닌, 훌륭한 입지의 싱글 빈야드 모스카토 다스티였다는 점에서 차별화되었다. 스피네따는 모스카토 다스티로 번 돈을 바탕으로 1985년 첫 레드 와인 바르베라 카 디 피안Barbera Ca' di Pian, 1989년 네비올로와 바르베라를 블렌딩한 핀Pin을 선보인다. 이어서 1995년부터 바르바레스코 삼총사인 바르바레스코 갈리나Gallina, 스타르데리Starderi, 발레이라노Valeirano를 연이어 출시하면서 정점을 찍었다. 2000년에는 리베띠 가문의 오랜 염원인 바롤로에 발을 들여 추가로 와이너리를 짓고 캄페Campe를 선보였다. 라 스피네따의 도전은 여기서 멈추지 않았다. 토스카나에서 산지오베제 와인을 만드는 한편, 비교적 최근인 2011년에는 이탈리아에서 가장 오래된 스푸만테 생산자인 콘트라또Contratto를 컬렉션에 추가하면서 명실공히 이탈리아를 대표하는 와이너리로 이름을 알리고 있다.

추천 와인

시작이 모스카토 다스티였던 만큼 최고의 퀄리티를 자랑한다. 두 싱글 빈야드인 브리꼬 쿠알리아Bricco Quaglia, 비안코스피노 Biancospino에서 탄생하는 두 가지의 모스카토 다스티는 그야말로 이 분야의 마스터피스라고 해도 과언이 아닐 정도. 화사한 꽃 향, 코를 간질이는 달콤한 꿀 향, 사향, 그리고 산미와 당도의 밸런스가 훌륭하다. 가격은 15유로 내외.

◎ 바롤로 마을에서 차로 약 30분
🏠 17, Via Annunziata, 14054 Castagnole Lanze
📞 +39 01 41 87 73 96
🚪 사전 예약에 한해서 오픈
📧 전화나 이메일(info@la-spinetta.com)을 통한 사전 예약 필수
🌐 www.la-spinetta.com

°브루노 지아코사 Bruno Giacosa

이탈리아 와인 업계의 전설과도 같은 이름이자 와이너리다. 또 다른 전설적인 와이너리 가야가 바르바레스코에, 쟈꼬모 콘테르노가 바롤로에 헌신하는 반면, 브루노 지아코사는 두 와인 모두에 열정을 다해 전통을 계승한 와인메이커로서 경지에 이르렀다. 그의 인생에 있어서 흥미로운 부분은 그가 전문적인 와인 교육을 받은 사람이 아니라는 점이다. 1929년 네이베에서 태어난 그는 불과 13세의 나이에 가족의 포도밭을 시작으로 생활전선에 뛰어든다. 어린 나이에 아버지와 함께 일하기 시작한 브루노는 피에몬테 곳곳을 다니면서 좋은 포도가 자라는 곳, 좋은 포도를 재배하는 사람, 그리고 좋은 포도를 구별하는 법을 배웠다. 이때 몸으로 체득한 소중한 현장학습이 바로 전설적인 브루노 지아코사를 만들어 냈다. 랑게 지역 전체 포도밭에 대해 백과사전을 방불케 할만큼 뛰어난 지식을 가지고 있었던 그는 피에몬테 최초의 싱글 빈야드 와인 산토 스테파노 디 네이베 바르바레스코 Santo Stefano di Neive Barbaresco를 선보이면서 지역을 대표하는 와이너리로 빛나기 시작했다. 그는 이에 그치지 않고, 바롤로, 돌체또, 아르네이스로 영역을 넓혔다. 특히, 그의 아르네이스는 특별하다. 네비올로에 밀려 하향세를 걷던 이 품종을 되살려내고, 소비자가 다시 찾게 만든 장본인 중 하나이기 때문이다. 2018년 브루노 지아코사가 타계한 후 그의 두 딸과 오랜 시간 함께 와인을 만들어 온 단테 스칼리오네 Dante Scaglione가 와이너리를 책임지고 있다.

추천 와인

가야나 쟈꼬모 콘테르노와는 달리 상당히 많은 수의 와인을 생산한다. 유명한 와인은 비싼 만큼 값어치를 하지만, 중가의 와인들도 가격보다 훨씬 좋은 모습을 보여주는 훌륭한 와이너리다. 사심을 담아 가장 추천하는 것은 의외이겠지만, 화이트 와인인 아르네이스. 이 사랑스러운 품종을 재탄생시킨 장본인인만큼 차원이 다른 퀄리티를 맛볼 수 있다. 가격은 20유로 내외.

바롤로 마을에서 차로 약 30분
52, Via XX Settembre, 12052 Neive (Cn)
+39 01 73 67 027
사전 예약자에 한해서만 오픈
전화나 이메일(brunogiacosa@brunogiacosa.it)을 통한 사전 예약 필수
www.brunogiacosa.it

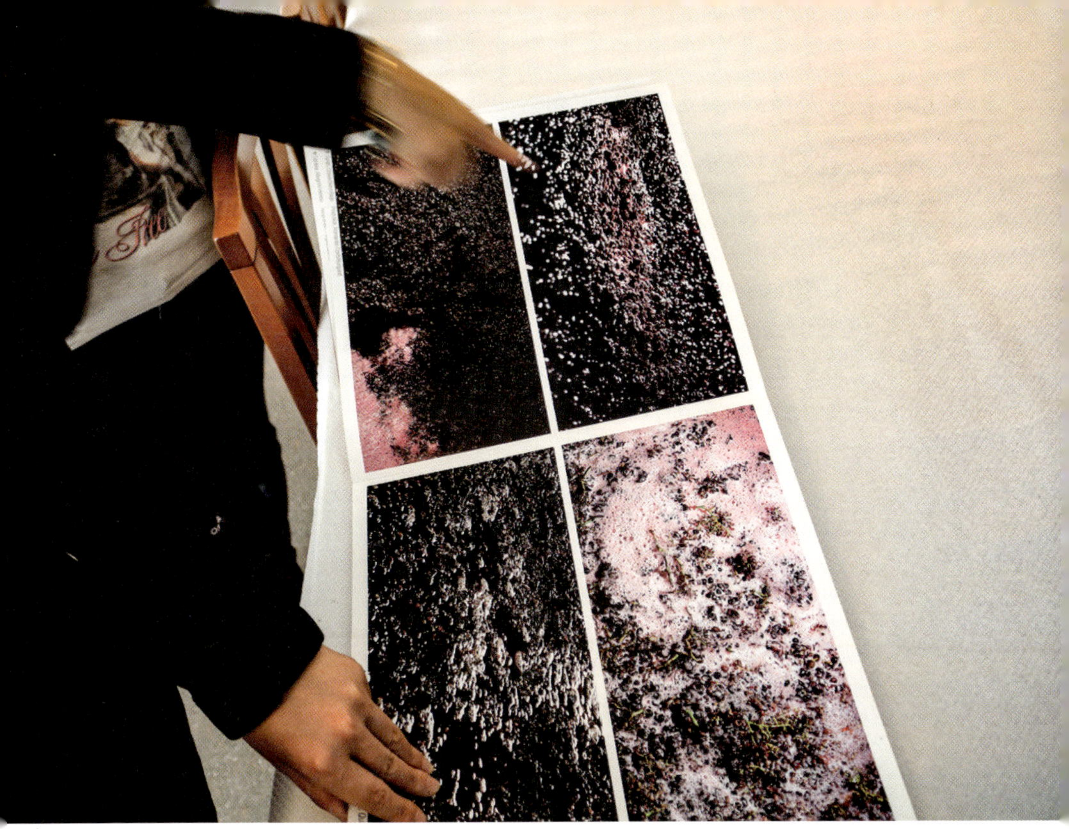

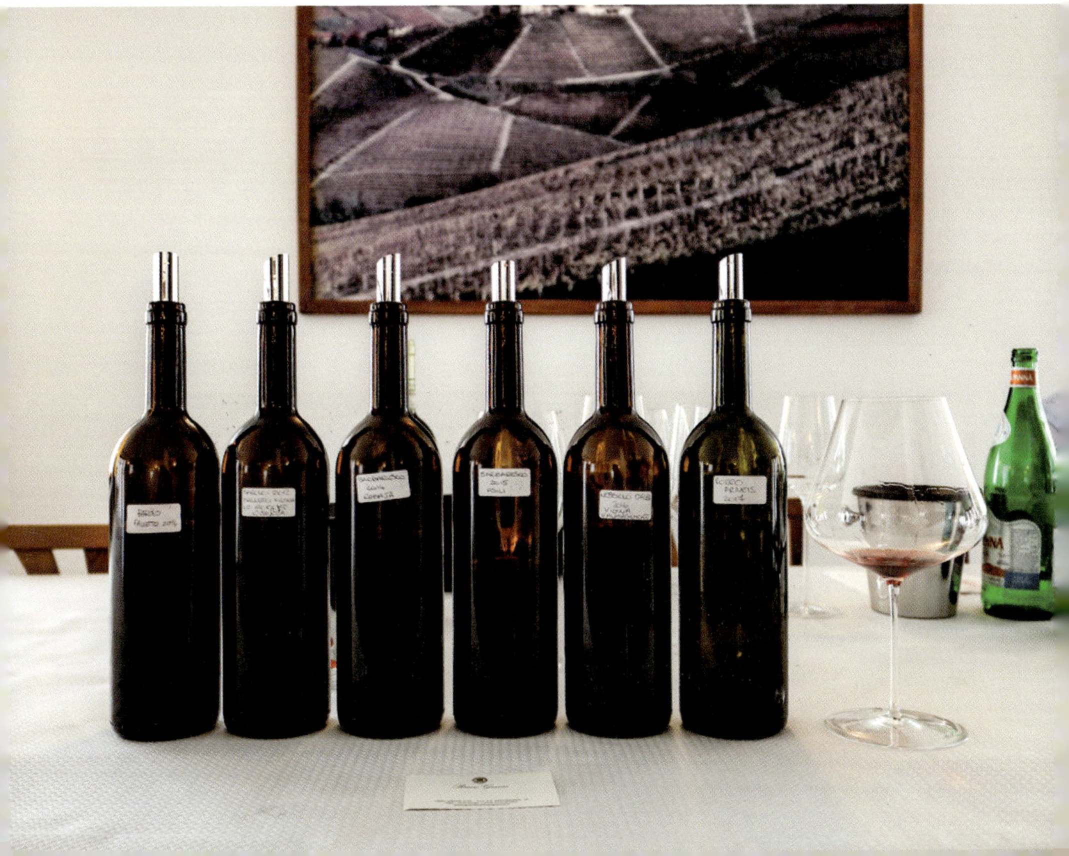

도메니코 클레리코 Domenico Clerico

모던 바롤로를 대표하는 와이너리. 폐쇄적인 피에몬테의 지역 사회를 거부하고 프랑스에서 건너온 새로운 포도 재배 방법과 양조 기술을 적극적으로 받아들인 와이너리다. 모더니스트로 이름을 알렸던 도메니코 클레리코가 처음 시작한 사업은 포도가 아닌 올리브 오일이었다. 하지만 아버지의 와인 사업이 어려워지자 가족을 돕기 위해 귀향했다. 그는 모아놓은 돈으로 부시아에 작은 땅을 샀고, 1981년 그의 이름을 건 최초의 바롤로를 탄생시켰다. 처음에는 번듯한 셀러도 없어서 집 옆 판잣집에 두 개의 발효조를 놓고 와인을 만들었다고 한다. 와인을 숙성시킬 나무통도 없어서 독일에서 맥주를 만들던 미디엄 사이즈의 슬라보니안 오크통을 구매해 숙성을 시켰다. 어렵게 시작했지만, 꾸준히 상승곡선을 그린 그는 돈이 생기는 족족 좋은 땅을 사들이기 시작했다. 1981년 지네스트라Ginestra에 3.3ha의 땅을 구매해 번듯한 와이너리를 건축했고, 다음으로 와이너리의 핵심 크뤼가 된 파야나Pajana를 손에 넣었다. 1995년에는 모스코니의 포도밭을 구매해서 페르크리스티나Percristina 바롤로를 생산하기 시작했다. 그는 1990년부터 225리터의 프렌치 바리크를 사용함으로써 모더니스트로 간주되기 시작했고, 이후 프렌치 바리크를 쓰는 방법에 있어서 계속해서 변화를 줬다. 즉, 100% 뉴 프렌치 오크를 쓸 때도 있었고, 사용했던 걸 섞어서 쓰기도 했다. 그리고 2005년부터 와인에서 오크향이 지나치게 나는 걸 방지하기 위해 새 바리크를 35~40% 비율로 대폭 낮추기로 했다. 도메니코 클레리코는 불과 67세의 나이에 세상을 떠났지만, 그의 도전 정신을 이은 후손들이 여전히 훌륭하게 와이너리를 이끌어 가고 있다.

- 바롤로 마을에서 차로 약 5분
- 22/a Borgata Manzoni, 12065 Monforte d'Alba (CN)
- +39 01 73 78 171
- 사전 예약자에 한해서 오픈
- 홈페이지를 통한 사전 예약 필수
- www.domenicoclerico.com

추천 와인

와이너리를 대표하는 와인은 단연 파야나 바롤로다. 프렌치 바리크에서 숙성시켜 복합적인 아로마와 부케를 느낄 수 있다. 파워풀하게 입 안을 조여오는 뜨거운 타닌과 벨벳같이 두툼하고 부드러운 와인 질감이 우아하게 느껴지는 와인이다. 가격은 50유로 내외.

˚ 간치아 Gancia

이탈리아 스푸만테 역사에서 '최초'라는 수식어가 붙는 기념비적인 와이너리. 1829년 피에몬테의 나르졸레라는 작은 마을에서 태어난 카를로 간치아Carlo Gancia가 설립자다. 19살의 젊은 나이에 프랑스로 유학을 간 그는 샴페인의 본고장 랭스의 샴페인 하우스에서 일하면서 고급 2차 병 발효 스파클링 와인을 어떻게 만드는지 체계적으로 배우게 된다. 2년 뒤 고향에 돌아온 카를로는 형제 에두아르도 Edoardo와 함께 카넬리에 프라텔리 간치아Fratelli Gancia를 설립했고, 프랑스에서 배워 온 지식을 총동원해서 당시에는 전무했던 질 좋은 스푸만테를 만들기 위한 작업에 착수한다. 다만, 샴페인을 만드는 주요 품종인 샤르도네와 피노 누아가 그 당시 피에몬테에는 없었기 때문에 널리 쓰이던 모스카토가 주재료가 됐다. 1865년 카를로는 모스카토 품종으로 만든 2차 병 발효 방식의 고급 스파클링 와인을 모스카토 샴페인Moscato Champagne이라 이름 붙인 뒤 판매를 개시했다. 이 와인이 바로 이탈리아 최초의 2차 병 발효 방식의 스푸만테다. 후에 법적으로 Champagne이라는 단어를 레이블에 사용할 수 없게 되면서 모스카토 스푸만테로 이름이 바뀌었다. 간치아는 향을 가미한 와인 베르무트 생산에도 뛰어들었다. 화이트 버전의 베르무트를 최초로 생산한 곳이 바로 간치아이며, 1870년에 품질을 인정받아 사보이 왕궁의 공식 공급처가 되었다. 현재 수십여 가지의 스푸만테를 선보이고 있으며, 대중적인 것부터 무려 120개월을 병 숙성시킨 최고급 스푸만테까지 다채로운 라인업을 자랑한다.

■ 추천 와인

간치아라는 브랜드는 국내에서 다소 대중적인 스푸만테 생산자로 알려졌지만, 그들의 라인업을 자세히 들여다보면 매우 고급스러운 스푸만테도 많다. 가격까지 고려하면 36개월 병 숙성시킨 것을 추천한다. 포도 자체의 산미와 싱그러움은 물론, 숙성에서 오는 가벼운 비스킷 향까지 훌륭하다. 가격은 30유로 내외.

- 아스티 마을에서 차로 약 30분
- 66, Corso Libert, 14053 Canelli AT
- +39 01 41 83 01
- 사전 예약자에 한해 오픈
- 전화나 이메일(info@gancia.it)로 사전 예약 필수
- www.gancia.it

˚콘트라또 Contratto

이탈리아 최고의 스푸만테 중 하나. 이탈리아에서 병 내 2차 발효 즉, 샴페인 방식인 메토도 클라시코로 스푸만테를 만들기 시작한 가장 오래된 와이너리 중 하나다. 1867년 쥬세뻬 콘트라또 Giuseppe Contratto가 샴페인 스타일의 스파클링 와인을 만들려는 꿈을 가지고 카넬리 마을로 이주한 것이 와이너리의 시초다. 그는 1872년 200여명의 인부를 고용해 5년에 걸쳐 카넬리 마을의 석회암 언덕을 깎아 지하 셀러를 만들었다. 콘트라또는 최초에 모스카토 품종을 가지고 2차 병 발효시킨 고급 스푸만테를 만들어서 모스카토 샴페인Moscato Champagne과 아스티 샴페인Asti Champagne이라는 이름을 붙여 판매했다. 20세기 초반에는 한 해 무려 100만병을 생산할 정도로 규모가 커졌는데, 품질까지 뛰어나서 영국 왕실에 납품이 될 정도였다고 한다. 하지만 세계대전

을 거치면서 하향세를 걸었고, 롬바르디아의 스푸만테 강자인 카 델 보스코Ca'del Bosco의 등장과 이를 위시한 여러 스푸만테 생산자들의 기세에 밀려서 시장 점유율을 잃게 되는 시기도 있었다. 결국 1993년 그라빠 회사인 보끼노Bocchino에 인수되었고, 스푸만테 생산에 브레이크가 걸리기도 했다. 하지만 2011년 라 스피네따의 리베띠 가문에 인수된 후 그야말로 순풍에 돛을 단 듯 정상급의 스푸만테 와인을 만들어내고 있다. 와이너리가 주력하고 있는 알타 랑가 DOCG 스푸만테는 피에몬테이지만, 메인 품종은 샤르도네와 피노 누아다. 반드시 스푸만테 와인만 생산해야 하고, 방식은 메토도 클라시코를 고집한다. 당도는 브륏 나투레Brut Nature(감미 없음)부터 엑스트라 드라이Extra Dry(살짝 감미 있음)다. 숙성은 최소 30개월이며 리제르바를 달려면 최소 36개월을 숙성해야 한다.

추천 와인

십여 종의 스푸만테를 선보이고 있다. 대부분 샤르도네나 피노 누아로 만든 것이지만, 미란다Miranda라 이름이 붙은 것은 100% 모스카토로 만든 스푸만테다. 바로 이 와인이야말로 와이너리를 대표하는 스푸만테라 할 수 있다. 저렴한 약 스파클링의 재료로 치부되는 모스카토 100%로 만든 고급 스푸만테로 단연코 이탈리아 내에서 최고의 품질을 지녔다. 가격은 20유로 내외.

- 바롤로 마을에서 차로 약 50분
- 56, Via Giovanni Battista Giuliani, 14053 Canelli
- +39 01 41 82 33 49
- 사전 예약자에 한해 오픈
- 홈페이지를 통한 사전 예약 필수
- www.contratto.it

˚ 엘리오 알타레 Elio Altare

와이너리 이름이자 사람 이름인 엘리오 알타레는 모던 바롤로의 리더이자 선구자다. 엘리오 알타레와 그가 결성했던 모던 바롤로 생산자 단체인 'Barolo Boys'에 대한 이야기는 동명의 영화로 만들어지기도 했다. 모던 바롤로가 무엇인지, 그리고 Barolo Boys가 긴 바롤로 와인의 역사에서 어떤 것들을 쟁취하고, 또 어떤 것들을 잃었는지 궁금하다면 영화를 감상해보기를 바란다. 알타레 가문은 피에몬테의 돌리아니에 터를 잡고 있었지만, 1948년 엘리오의 할아버지 쥬세뻬Giuseppe가 라 모라로 이주하면서 그 역사가 시작된다. 최초에는 5ha의 포도밭에서 네비올로, 바르베라, 돌체또를 재배했다. 하지만 먹고 살기 위해 여러 과실을 함께 재배했던 터라 와인의 품질이 형편없었다. 당시 피에몬테는 누구나 먹고 살기 힘들었을 때였다. 엘리오는 암울했던 현실을 타개하기 위해 1976년 부르고뉴로 여행을 떠나 그곳의 선진화된 포도밭 관리와 와인 생산 시스템을 배웠다. 그리고 고향에 돌아와서 거침없이 혁신을 행동으로 옮기기 시작했다. 엘리오 알타레는 1983년부터 프렌치 바리크를 사용했는데, 전기톱으로 가문의 오래된 오크통을 산산조각 내고 불쏘시개로 쓴 건 매우 유명한 일화다. 또한, 그는 주변의 뜻 있는 생산자들을 규합해 Barolo Boys를 결성한 뒤 전통에서 탈피한 현대적인 바롤로 와인을 만들기 위해 최선을 다했다. 그들은 반항아인 동시에 혁신가였고, 누가 뭐라고 하든 세계 와인업계의 이목을 피에몬테로 돌린 역사의 산증인이라 할 수 있다. 현재 엘리오는 고령이 되었지만, 리구리아주의 친퀘 테레에서 와인을 만드는가 하면 치즈나 약용 허브를 기르는 등 도전을 멈추지 않고 있다.

○ 바롤로 마을에서 차로 약 10분
⌂ 51, Frazione Annunziata,
12064 La Morra (CN)
☎ +39 01 73 50 835
🔑 사전 예약자에 한해 오픈
🖥 홈페이지를 통한 사전 예약 필수
🔗 www.elioaltare.com

추천 와인

와이너리의 대표적인 바롤로 와인인 체레따 비냐 브리꼬Cerretta Vigna Bricco를 추천한다. 결이 고운 타닌과 좋은 구조감이 더해져 전체적으로 고급스러운 인상을 준다. 가격은 70유로 내외. 이외에도 친퀘 테레 비앙코Cinque Terre Bianco도 트라이해보길 바란다. 바롤로의 거장이 만드는 친퀘 테레는 매끈한 질감과 상쾌한 산미를 지닌 수작이다. 가격은 30유로 내외.

비에띠 Vietti

시선을 끄는 아름다운 레이블로 잘 알려진 와이너리. 종종 아티스트 레이블도 출시하는데, 이 와이너리의 팬이라면 수집할 가치가 있다. 참고로 1996년 뉴욕의 현대미술관에서 레이블 전시를 하기도 했다. 다만, 아티스트 레이블은 매해 만드는 것이 아니고, 대개 비싼 와인에 붙이기 때문에 보기 힘든 편이다. 비에띠는 와이너리를 설립한 가문의 이름이다. 19세기 중반으로 역사를 거슬러 올라가는 이 지역의 터줏대감이라 할 수 있다. 본격적으로 가문의 이름을 붙여 와인을 팔기 시작한 것은 1919년 파트리아르슈 마리오 비에띠Patriarche Mario Vietti부터. 1870년 미국으로 이민을 갔던 그는 피에몬테에 남아 농부의 삶을 자처한 큰형의 사망 이후 1917년 가족을 데리고 다시 고향으로 돌아오면서 제2의 인생을 시작했다. 좋은 땅에서 좋은 와인을 만들 줄 알았던 파트리아르슈는 피에몬테 최초로 미국 수출의 쾌거를 이뤄내기도 했다. 이후 그의 사위 알프레도 큐라도 Alfredo Curado가 와이너리를 이어받으면서 여러 혁신을 이뤄냈다. 그의 가장 큰 업적은 당시 이런저런 밭의 네비올로를 섞어서 만들던 바롤로에서 업그레이드된 싱글 빈야드(Brunate, Rocche di Castiglione, Villero) 바롤로를 탄생시킨 것. 또한, 잊혀져 가던 화이트 품종 아르네이스를 부활시킨 것. 그리고 아티스트 레이블을 고안하고 실행에 옮긴 것도 알프레도와 그의 아내 루시아나 Luciana였다. 현재는 3대인 루카Luca가 선대의 위대한 역사를 이어가고 있다.

추천 와인

단연코 아티스트 레이블인 싱글 빈야드 바롤로를 추천한다. 하지만 가격이 꽤 비싼 편이라 섣불리 다가가기 어렵다. 사심을 담아 단 하나의 와인을 추천하자면 비에띠가 재탄생시킨 로에로 아르네이스Roero Arneis. 미려한 미네랄과 품종의 향긋하고 싱그러운 풍미를 제대로 즐길 수 있는 명품 화이트 와인이다. 가격은 15유로 내외.

- 바롤로 마을에서 차로 약 15분
- 5, Piazza Vittorio Veneto, 12060 Castiglione Falletto (CN)
- +39 01 73 62 825
- 사전 예약자에 한해 오픈
- 홈페이지를 통한 사전 예약 필수
- www.vietti.com

ᵒ 폰타나프레다 Fontanafredda

와이너리 규모가 작은 마을 하나 정도로 거대하다. 수출량이나 세계적인 인지도 면에서도 타의 추종을 불허하는 곳이다. 와이너리가 설립된 데에는 통일 이탈리아 초대 국왕 비또리오 엠마누엘레 2세의 영향이 컸다. 그는 오스트리아의 여대공 아델라이데와 1842년 정략 결혼했으나, 후에 로사 베르첼라나를 새로 맞이했고 그녀에게 하사한 영지가 바로 폰타나프레다의 전신이다. 로사에게 주어졌던 폰타나프레다의 별장은 사냥터가 주목적이긴 했으나, 1866년 왕이 직접 포도밭을 사들여서 테니멘티 디 바롤로 폰타나프레다Tenimenti di Barolo e Fontanafredda라는 이름을 붙여주었다. 1870년에는 양조장을 지어서 직접 와인을 만들기 시작했다. 1878년에는 로사의 아들 엠마누엘레 알베르토 구에리에리 백작이 300ha의 포도밭을 구매해서 본격적인 와인 생산에 돌입했다. 그는 포도밭에서 일하는 인부들을 위해 학교와 교회가 딸린 마을 하나를 통째로 만들어버렸고, 그 시설이 지금까지 잘 보존된 채로 전승되고 있다. 20세기 초반 필록세라와 경제 대공황, 정치적 갈등 등의 악재를 거친 후 2009년 피에몬테의 사업가 오스카 파리네띠Oscar Farinetti에게 인수되면서 새로운 전기를 맞이했다. 2017년에는 미국 와인 매거진《Wine Enthusiast》가 꼽은 올해의 유러피안 와이너리에 선정된 바 있다. 폰타나프레다는 그 규모와 명성에 걸맞게 방문자를 매우 환영하는 와이너리다. 와이너리 안에 호텔, 게스트하우스는 물론, 레스토랑, 와인 바까지 있다. 와이너리 투어가 목적이 아니더라도 피크닉 삼아 방문해도 훌륭하다.

추천 와인

와인은 다소 평범하고 대중적인 편이다. 가장 추천하는 와인은 스푸만테인 콘테싸 로사 로제 알타 랑가Contessa Rosa Rose Alta Langa다. 샤르도네, 피노 누아가 메인인 스푸만테로 피에몬테에서 가장 훌륭한 스파클링 와인 생산지인 알타 랑가 DOCG에서 탄생한 스푸만테다. 섬세한 미네랄과 크리스피한 질감이 일품이다. 가격은 20유로 내외.

바롤로 마을에서 차로 약 10분
15, Via Alba 12050
Serralunga d'Alba (CN)
+39 01 73 62 61 11
월~일 09:30~18:30
홈페이지를 통한 사전 예약 필수
www.fontanafredda.it

° 레나토 라띠 Renato Ratti

레나토 라띠는 와이너리 이름이자 이 와이너리를 설립한 사람 이름이다. 그는 피에몬테 알바에서 양조학을 공부한 뒤 브라질 상파울루의 친자노 지사에서 베르무트와 스파클링 와인을 만들면서 경력을 쌓았다. 이후 1965년 피에몬테로 돌아와 라 모라의 역사적인 바롤로 존인 마르체나스코 Marcenasco에 포도밭을 구매하고 본격적으로 바롤로 생산에 돌입했다. 여기서 중요한 포인트는 레나토 라띠가 수많은 피에몬테의 와이너리 중에서 가문의 유산을 이어받지 않고 순수하게 자기 힘으로 와이너리를 설립한 몇 안 되는 곳이라는 점이다. 이런 배경 속에서 그가 얻어낸 성취나 업적은 실로 대단하다. 그는 선배들이 고수하던 고리타분한 포도 재배 방식과 와인메이킹을 거부하고 침용과 오크 숙성을 짧게 줄이는 동시에 당시에는 드물던 병 숙성을 제안하면서 센세이션을 불러일으킨 모던 바롤로의 선구자 중 하나다.

추천 와인

역사적인 마르체나스코 바롤로는 현지에 갔다면 꼭 마셔봐야 할 와인이다. 25~50hl의 오크통에서 2년 숙성을 거쳤다. 마른 허브류, 민트, 발사믹 뉘앙스가 매우 매혹적이며, 삼나무, 카카오 향의 부케도 뒤따라 올라온다. 입안을 조여오는 힘 있는 타닌과 우아함을 지닌 와인. 가격은 50유로 내외.

- 바롤로 마을에서 차로 약 10분
- 7, Frazione Annunziata, 12064 La Morra (CN)
- +39 01 73 50 185
- 월~일, 10:00~12:30, 1:30~5:30
- 홈페이지를 통한 사전 예약 필수
- www.renatoratti.com

레나토는 1970년대 마르체나스코 포도밭을 더욱 확장하고, 여러 크뤼를 추가하면서 몸집을 불렸다. 1980년대에는 바롤로 콘소르티움의 회장으로 뽑히는 한편, 아스티 콘소르티움의 제너럴 디렉터로 선출되면서 인생의 절정기를 맞았다. 재임 중 그는 알바에서 생산되는 와인들의 규정과 법을 재정비하고 DOCG 제정에 있어 필요한 제반 규정을 정리하는 데 직접 참여했다. 또한 그동안 구전으로만 전승되어오던 좋은 바롤로 포도밭에 평가를 내려 정리하고 지도로 만들어 배포하기도 했다. 이외에도 피에몬테 및 이탈리아 와인에 관해 수많은 저작물을 남기면서 바롤로 및 이탈리아 와인을 알리는 데 혁혁한 공을 세웠다. 레나토 라띠는 안타깝게도 55세의 젊은 나이에 사망했고, 1988년 그의 아들 피에트로 라띠Pietro Ratti가 와이너리를 이어받아 아버지의 빈자리를 성공적으로 이어나가고 있다. 참고로 게스트하우스도 운영하고 있다.

마쏠리노 Massolino

한국 시장에서도 꽤 유명한 바롤로 생산자다. 마쏠리노는 바롤로 DOCG를 생산하는 주요 다섯 마을 중 하나인 세라룽가 달바에 자리잡고 있다. 와이너리 역사도 오래되었고, 그들이 1900년대 초반부터 생산해 온 클래식 바롤로는 전통 바롤로를 대표하는 와인으로 높은 인지도를 지니고 있다. 마쏠리노는 1896년 지오반니 마쏠리노Giovanni Massolino에 의해 설립되었다. 어려운 시기에는 소도 기르고, 여러 작물도 함께 재배하기도 했다. 1930년대 들어 상황이 좀 나아지자 지오반니의 아들 쥬세뻬Giuseppe가 와인 셀러를 구축하면서 100% 와인 생산자로 전향했다. 쥬세뻬에게는 총 6명의 아이가 있었다. 그 중 지오반니, 카밀라Camilla, 레나토Renato가 아버지의 뒤를 이어 와이너리를 운영했다. 이들 시기에 마르게리아Margheria, 파라파다Parafada, 비냐 리온다Vigna Rionda 같은 크뤼 포도밭을 장만한다. 그리고 가문의 4대째이자 설립자의 증손자인 프랑코Franco와 로베르토Roberto가 합류해서 지금에 이르고 있다. 마쏠리노는 굳이 분류하자면 전통주의자에 속한다. 하지만 4대째부터는 프렌치 바리크를 도입하는 등 여러 혁신적인 변화를 도모했기 때문에 이제는 그렇게 부를 수는 없다. 그렇다 해도 이들이 늘 신경 써왔던 클래식 바롤로, 즉 여러 포도밭의 네비올로를 블렌딩해서 탄생시키는 매우 전통적인 바롤로는 물론, 크뤼 바롤로의 경우 여전히 바리크를 제외한 채 대형 나무통에서 오랜 숙성을 거치는 방법을 고수해오고 있다. 특히, 비냐 리온다 바롤로의 경우 대형 슬로보니안 오크통에서 무려 6년을 숙성시킨 후 출시한다.

추천 와인

일반 바롤로는 말할 것도 없고, 비냐 리온다, 파라파다 같은 싱글 빈야드 바롤로의 퀄리티는 타의 추종을 불허할 정도로 매우 훌륭하다. 심지어 흔히 맛볼 수 없는 피에몬테산 샤르도네의 품질조차 명품 와인의 대열에 낄 수 있을 만큼 풍미가 발군이다. 피에몬테에 왔다면 반드시 마셔봐야 할 와인들이다. 바롤로는 40유로, 파라파다는 50유로 내외.

- 바롤로 마을에서 차로 약 15분
- 8, Piazza Maria Cappellano, 12050 Serralunga d'Alba (CN)
- +39 01 73 61 31 38
- 예약자에 한해 오픈
- 홈페이지를 통한 사전 예약 필수
- www.massolino.it

체레또 Ceretto

피에몬테 남부의 광활한 대지를 조망할 수 있는 언덕에 자리하고 있는 곳. 특히, 와이너리 내부에 특수하게 설계된 투명한 돔에서 포도밭 전체를 조망할 수 있다. 체레또는 피에몬테의 작은 마을 산토 스테파노 벨보에서 1900년대 초에 태어난 리까르도 체레또Riccardo Ceretto에 의해서 탄생한 와이너리다. 리까르도가 처음부터 와인을 만들었던 것은 아니다. 그는 1930년대 알바의 역사적인 와이너리에서 운전사로 일을 했다. 이때 오너의 마음에 들어서 불현듯 와인메이킹을 시작했고, 뛰어난 재능을 보이면서 천직이었음을 깨달았다고 한다. 그는 점차 중요한 와이너리 비즈니스에 참여하면서 종국에는 포도밭을 사서 직접 그의 이름을 딴 와인을 만들기 시작했다. 하지만 체레또의 세계적인 성공은 그의 두 아들 브루노Bruno와 마르셀로Marcello 형제에 의해 만들어졌다고 해도 과언이 아니다. 그들은 프랑스 부르고뉴를 여행한 뒤 바롤로와 바르바레스코에 있는 포도밭을 부르고뉴처럼 나누고, 크뤼라는 개념을 도입하기로 했다. 재미있는 사실은 이 결정에 가장 반대한 사람이 아버지 리까르도였다고 한다. 하지만 형제는 바롤로가 지닌 잠재력을 믿었고, 뛰어난 품질로 성공을 거머쥐게 되었다. 고급화와 차별화가 결국 성공의 요인인 셈이다. 와이너리 트래킹부터 가벼운 테이스팅까지 다채로운 투어 옵션이 있기 때문에 와인을 잘 모르는 이들에게도 매우 추천하는 와이너리다.

- 바롤로 마을에서 차로 약 10분
- 34, Località San Cassiano, 12051 Alba (CN)
- +39 0173 26 80 33
- 월~금 10:00~17:00, 시즌마다 상이하니 홈페이지 확인
- 홈페이지나 이메일(visit@ceretto.com)로 사전 예약 필수
- ceretto.com

추천 와인

바롤로 브루나테Barolo Brunate를 추천한다. 브루나테는 라 모라를 대표하는 크뤼로 체레또는 약 5.5ha의 넓이를 소유하고 있다. 우아한 주황빛 테두리가 인상적이며, 입안에서는 묵직한 질감이 선명하게 남는다. 가격은 60유로 내외. 참고로 체레또는 인증된 친환경 농법으로 와인을 만들고 있어서 모두 BIO라는 딱지가 붙는다.

보르고뇨 Borgogno

두 가지 면에서 매우 추천하고 싶은 와이너리다. 우선 접근성이 좋다. 피에몬테에 와인 여행을 왔다면 반드시 들리게 되는 바롤로 마을 한가운데에 있다. 두 번째, 올드 빈티지 바롤로를 상대적으로 저렴한 시음비를 내고 테이스팅 할 수 있다. 시즌마다 달라지긴 하지만, 보통 1인당 25유로 정도에 2000년대 초반, 운 좋으면 1990년대 빈티지도 시음할 수 있다. 보르고뇨의 올드 빈티지 바롤로는 세계적인 와인 평론가들의 극찬을 받은 바 있다. 보르고뇨의 역사는 1761년으로 거슬러 올라간다. 역사적인 바롤로 지역에서도 가장 오래된 와인 역사를 지니고 있는 곳 중 한 곳이다. 당시 바르톨로메오 보르고뇨Bartolomeo Borgogno가 바롤로 마을에 셀러를 지은 것이 와이너리의 시초다. 이후 와이너리는 승승장구했는데, 기록을 살펴보면 1861년 이탈리아가 통일되었을 때 보르고뇨 와인이 기념비적인 점심 식사에 서빙이 되었다고 한다. 이후 체사레 보르고뇨Cesare Borgogno가 1920년 와이너리를 이어받은 후 와이너리를 리노베이션 하는 한편 전통적인 방식으로 생산된 바롤로 와인을 후대를 위해 일부 저장했다. 이 와인들이 현재 보르고뇨 바롤로의 역사적인 증거 같은 역할을 하고 있다. 체사레 이후에는 그의 손녀딸이 와이너리를 물려받았다가, 2008년 파리네띠Farinetti 가문에 의해 인수된 후 지금의 모습에 이르고 있다.

추천 와인

바롤로까지 갔다면 반드시 이 와이너리의 올드 빈티지 바롤로를 시음하든지, 한 병쯤은 구매해서 마셔보기를 권한다. 세월 속에 아름답게 익은 네비올로가 어떤 향과 맛을 지니는지 여실히 느낄 수 있다. 빈티지마다 가격 차이가 심한 편이며, 올드 빈티지일수록 가격이 올라간다. 대략 60유로 선.

- 바롤로 마을 내 위치
- 1, Via Gioberti, 12060 Barolo (CN)
- +39 01 73 56 108
- 월~일 10:30~12:30, 15:00~18:30
- 홈페이지에서 신청
- www.borgogno.com

프루노또 Prunotto

피에몬테에서 우수한 바롤로 와인을 꼽을 때 빠지지 않고 이름이 거론되는 와이너리. 피에몬테의 거인이라는 별칭을 지니고 있다. 프루노또의 시작은 협동조합이었다. 지금도 유명한 피에몬테 와인 산업의 거장 쟈코모 오데로Giacomo Oddero와 알프레도 프루노또Alfredo Prunotto가 1904년 'Ai Vini delle Langhe'라는 협동조합을 설립한 것이 와이너리의 시초다. 첫 번째 수확은 1905년에 이루어졌다. 지역의 포도 재배자와 와인 생산자를 규합하면서 성공적으로 운영되었지만, 2차 세계대전이 발발하자 심각한 재정난을 겪으면서 내리막길을 걸었다. 하지만 알프레도가 루이지나Luigina와 혼인하고, 그녀의 가문이 기울어져 가는 협동조합을 인수하면서 판도가 바뀌게 된다. 최종적으로 그의 성을 딴 프루노또 와이너리는 이 신혼부부의 열정과 노력으로 재건되었다. 그 후 프루노또 와인은 세계에서 두각을 나타냈다. 처음에는 남미, 그다음은 미국에 진출하면서 당시 이탈리아에서 몇 안 되는 글로벌 와이너리가 됐다. 알프레드는 1956년 은퇴하면서 그의 친구

베뻬 콜라Beppe Colla에게 와이너리를 넘겨주었다. 이후 콜라 가문에 의해서 유지되다가 1986년 이탈리아 와인의 거장 안티노리에 의해 인수된 이후 지금까지 안티노리 가문이 맡아오고 있다. 사무실이 딸린 본사와 투어를 할 수 있는 별도의 와이너리 위치가 다르니 주의하자.

추천 와인

단연 바롤로를 추천한다. 하지만 가격까지 고려한다면 오께띠 Occhetti라 이름 붙은 랑게 네비올로를 추천한다. 와인의 결이 마치 비단처럼 고와서 입에서 전혀 부담 없이 넘어간다. 와인의 밸런스가 훌륭하다. 가격은 20유로 내외.

- 바롤로 마을에서 차로 약 10분
- 90, Localita Bussia Soprana, 12065 Monforte d'Alba (CN)
- +39 01 73 78 334
- 사전 예약자에 한해 오픈
- 금~화만 가능, 전화나 이메일(bussia@prunotto.it)로 사전 예약
- www.prunotto.it

이탈리아 와인 여행

2022년 1월 25일 초판 1쇄 펴냄
2022년 5월 14일 초판 2쇄 펴냄

지은이 엄정선 · 배두환
발행인 김산환
책임편집 윤소영
디자인 제이
펴낸 곳 꿈의지도
인쇄 다라니
출력 태산아이
종이 월드페이퍼

주소 경기도 파주시 경의로 1100, 604호
전화 070-7535-9416
팩스 031-947-1530
홈페이지 blog.naver.com/mountainfire
출판등록 2009년 10월 12일 제82호

ISBN 979-11-6762-012-5-14980
　　　978-89-97089-51-2(세트)

지은이와 꿈의지도 허락 없이는 어떠한 형태로도 이 책의 전부, 또는 일부를 이용할 수 없습니다.
※ 잘못된 책은 구입한 곳에서 바꿀 수 있습니다.